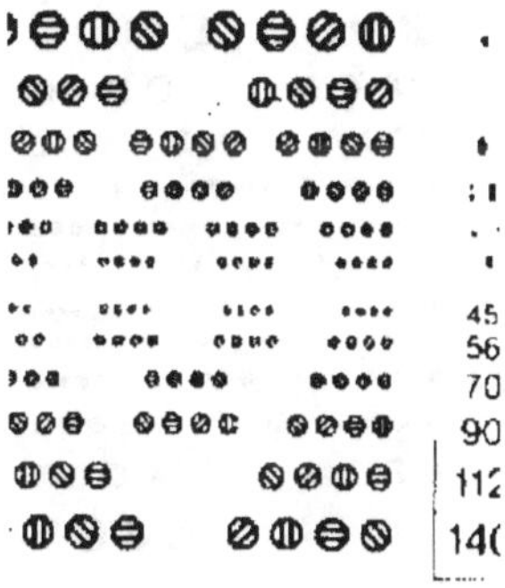

2 3

4 5

FILMÉ

FILMÉ

Z 11100

Entier

R 116662

Cde : 9641 Volts : 116 :6

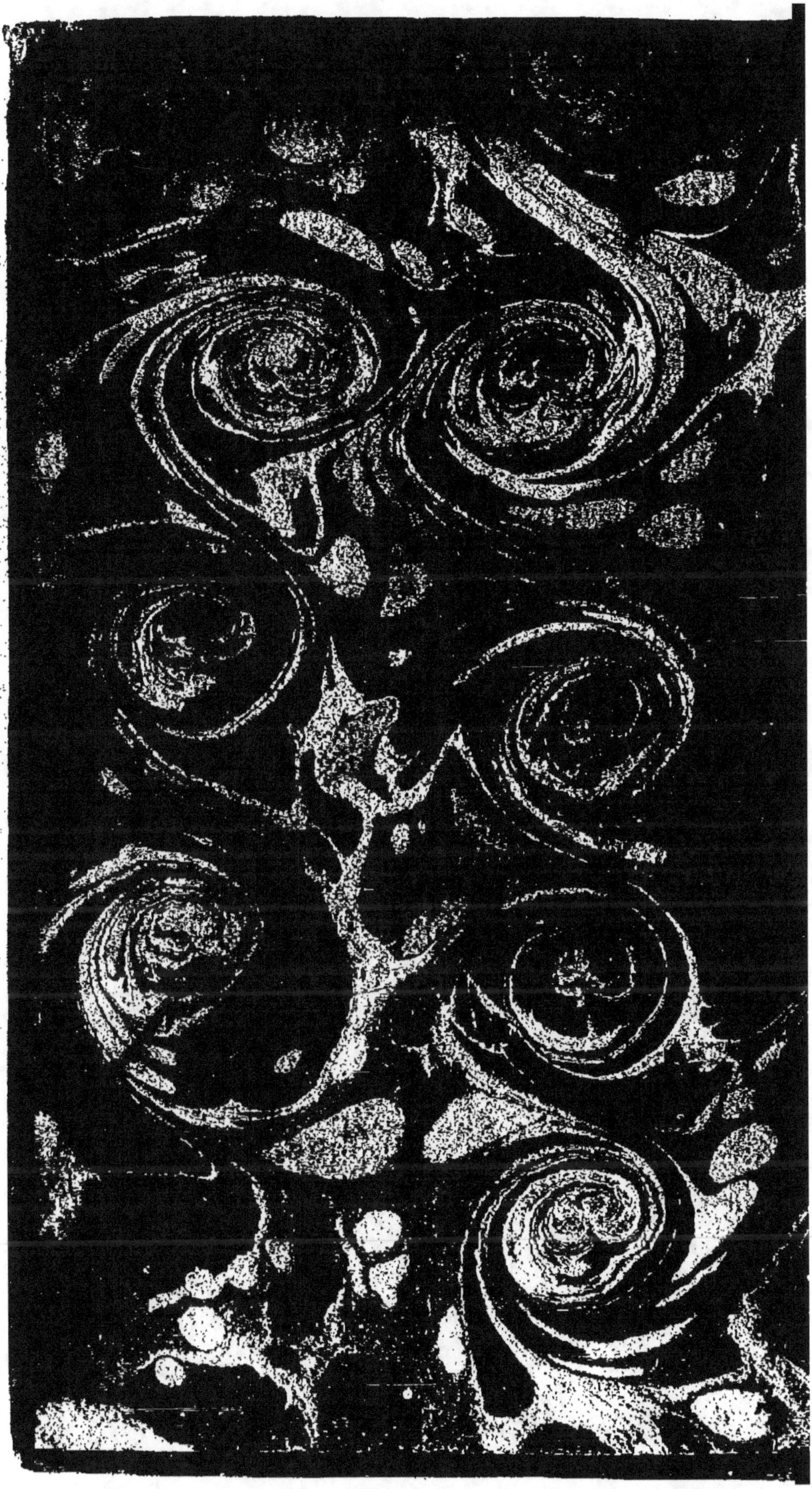

[illegible] ES

[illegible] L. R. Sep

COURS D'ÉTUDES
DES JEUNES
DEMOISELLES,

OUVRAGE non moins utile aux Jeunes-Gens de l'autre ſexe, & pouvant ſervir de Complément aux Etudes des Colléges ;

AVEC des Cartes pour la Géographie, & des Planches en taille-douce pour le Blaſon, l'Aſtronomie, la Phyſique & l'Hiſtoire-Naturelle.

Par M. FROMAGEOT, *Prieur commendataire Seigneur de Goudargues, Uſſel, &c.*

TOME CINQUIEME.

A PARIS,

Chez { VINCENT, rue des Mathurins, hôtel de Clugny.
PRAULT fils, à l'Immortalité, quai des Auguſtins.
LACOMBE, rue Chriſtine.

M DCC LXXIV.

AVEC APPROBATION, ET PRIVILÉGE DU ROI.

COURS D'ÉTUDES
DES JEUNES
DEMOISELLES.

HISTOIRE
DES SÉLEUCIDES, ROIS DE SYRIE *.

SÉLEUCUS n'eut aucune part au premier partage du royaume d'Alexandre, fait entre les généraux qui avoient ſervi ſous lui. Il fut ſeulement nommé commandant de la cavalerie. Ce ne fut que dans le ſecond, qui fut fait trois ans après, qu'il eut la Babylonie pour

* Il faut conſulter la carte de l'Aſie Mineure & de la Syrie, de M. Danville.

gouvernement. Il n'y étoit pas encore affermi, lorsqu'Antigone, qui vouloit dominer sur toute l'Asie, y passa avec ses troupes, & lui demanda compte de sa conduite & des finances de sa province. Séleucus, craignant de devenir comme Python, gouverneur des Mèdes, une victime de l'ambition d'Antigone, se retira en Egypte auprès de Ptolémée, son ancien ami. Il y alluma la premiere étincelle de la guerre qui le rétablit dans son gouvernement, & qui perdit l'ambitieux Démétrius.

Av. J.C. 312. Après la bataille de Gaza, il rentra dans la Babylonie avec le secours de huit cents hommes que Ptolémée lui avoit donnés. Dès qu'il parut devant Babylone, les habitans lui en ouvrirent les portes, & le reçurent avec tous les témoignages d'une affection sincere. Il leva des troupes, & se vit dans peu à la tête de trois mille hommes de pied & quatre cents chevaux. Avec cette petite armée, il défit Nicanor, gouverneur de Médie, qui venoit avec dix mille hommes pour le chasser de Babylone; après le combat, la plus grande partie de ceux qui échapperent à la mort, passerent sous les enseignes du vainqueur. Le vaincu, abandonné des ſiens, retourna auprès d'Antigone, & Séleucus rentra triomphant dans ſa capitale, à la tête d'une armée nombreuſe avec laquelle il conquit la Médie, la Suſiane & les contrées voiſines. La douceur de ſon gouvernement, ſa juſtice, ſa valeur & ſon humanité, le rendirent l'un des plus grands & des plus puiſſans de tous les ſucceſſeurs d'Alexandre. Après la victoire qu'il venoit de remporter, il fut ſurnommé Nicator, c'eſt-à-dire le victorieux.

Son retour à Babylone devint la plus célèbre époque de l'Orient. Elle ſervit d'ère commune ou de point fixe, duquel les nations de l'Aſie commencerent à compter les années. Il commençoit déja à étendre ſes conquêtes, lorſqu'Antigone envoya ſon fils Démétrius avec dix-neuf mille hommes contre Babylone. Patrocle qui en avoit la garde, ne ſe ſentant pas aſſez fort pour aller à ſa rencontre, fit ſortir de la ville tous les habitans avec leurs meubles les plus précieux. Démétrius y entra, s'empara d'une des forteresſes, & mit la ville au pillage. Les ravages qu'il fit dans la province, irriterent contre lui tous ceux qui tenoient encore pour le parti d'Antigone. Séleucus rentra dans Babylone aussitôt après le départ de Démétrius, & y affermit sa puissance de telle sorte, que rien ne fut capable de l'ébranler. Les autres gouverneurs, ardens à se détruire, se déchiroient les uns les autres, tandis que Séleucus, tranquille possesseur de ses Etats, en reculoit les bornes jusqu'au fleuve Indus. A son retour, il apprit qu'Antigone, Démétrius & Ptolomée avoient pris le titre de rois; il crut avoir le même droit qu'eux, & se fit nommer roi de Babylone & de Syrie.

Intéressé comme les autres à abattre la puissance d'Antigone dont le projet étoit d'envahir toutes les possessions d'Alexandre, il s'unit à eux, & fut le premier à marcher contre l'ennemi à la tête d'une armée de vingt mille hommes de pied, douze mille chevaux, quatre cents quatre-vingts éléphans, & de plus de cent charriots armés de faulx. Il se rendit avec Lysimaque dans les plaines d'Ipsus en Phrygie. C'est là que se donna cette sanglante bataille qui termina la guerre civile qui duroit depuis plus de vingt ans. Après cette expédition, il retourna à Babylone ; en passant dans la haute Syrie, il offrit un sacrifice à Jupiter du mont Cassius, & jeta les premiers fondemens de la fameuse Séleucie qu'il fit bâtir sur les bords de la mer, sur les frontieres de la Cilicie & de la Phénicie. Quelque temps après, il en bâtit une autre beaucoup plus grande sur les bords de l'Oronte, à laquelle il donna le nom d'Antioche. Cette ville ne tarda pas à devenir le siége de l'empire de Syrie, & la plus belle ville de l'Orient. Pour occuper ses troupes, il en fit bâtir encore plusieurs autres. Av. J.C. 301.

Depuis la bataille d'Ipsus, Lysimaque & Ptolémée avoient fait une ligue secrette contre le roi de Syrie. Celui-ci fit sa paix avec Démétrius, & lui demanda sa fille Stratonice en mariage; Démétrius, charmé de cette alliance, l'accorda sans balancer, & les noces furent célébrées avec magnificence. La jalousie troubla bientôt la paix entre ces deux guerriers. Démétrius venoit de s'emparer de la Cilicie; Séleucus qui craignoit le voisinage de ce prince entreprenant, la lui demanda à achecheter, ainsi que les villes de Tyr &

de Sidon avec l'île de Cypre. Démétrius refusa tout. Séleucus fit des menaces qui n'intimiderent point son beau-pere, mais qui les brouillerent ensemble.

Stratonice donna de cuisans chagrins à Séleucus par sa conduite inconsidérée. Son extrême coquetterie fit de grands ravages à la cour, & pensa coûter la vie au fils aîné du roi. Une passion excessive pour sa belle-mere le conduisit aux bords du tombeau, & son pere ne le rappela à la vie qu'en le mariant avec elle. C'est ce mariage incestueux qui forma la tige des rois de Syrie, qui furent les plus cruels persécuteurs des Juifs.

Démétrius, dont les affaires étoient en mauvais état, vivement poursuivi par Lysimaque, roi de Thrace, demanda du secours à son beau-pere. Séleucus lui fit d'abord donner des vivres; mais, craignant toujours les entreprises de ce prince inquiet, & à qui la fortune sembloit n'être contraire quelquefois que pour lui fournir des ressources dans le malheur, se joignit à ses ennemis pour l'accabler. Il marcha contre lui, le battit, le fit prisonnier, & le relégua dans la

Cherſonnèſe de Syrie, où il mourut.

De tous les généraux d'Alexandre, il ne reſtoit plus que Séleucus & Lyſimaque, roi de Thrace. Celui-ci, ayant fait mourir ſon fils Agathocle, révolta contre lui les principaux officiers de ſa cour. Philetère, garde du tréſor de Lyſimaque, à Pergame, ne put diſſimuler l'horreur que lui inſpiroit l'inhumanité d'un pere aſſez barbare pour faire verſer le ſang de ſon fils. Les propos qu'il tint à ce ſujet, furent rapportés à Arſinoë; &, pour éviter la vengeance de cette femme cruelle, il ſe révolta ouvertement. Il ſe rendit maître de Pergame, & offrit à Séleucus ſa perſonne & ſes ſervices, s'il vouloit déclarer la guerre à Lyſimaque, & venger la mort d'Agathocle. Séleucus ſe détermina à déclarer la guerre au roi de Thrace. Quoiqu'il fût fort âgé, il ſe mit à la tête d'une nombreuſe armée, & s'avança vers l'Helleſpont. Lyſimaque raſſembla ſes armées, & paſſa en Aſie. Les deux rois ſe joignirent dans les plaines de Cyropédion, ville de Phrygie, où ils ſe livrerent une bataille qui fut la derniere entre les généraux qui avoient ſervi ſous Alexandre. Ly-

ſimaque fut tué dans le combat. Séleucus, demeurant ſeul de tous les généraux d'Alexandre, regarda cette faveur comme un bienfait des dieux à qui il en rendit graces. Maître des Etats de Lyſimaque, il réſolut d'aller paſſer le reſte de ſa vie dans la Macédoine, ſa patrie. Il partit auſſitôt, traverſa l'Helleſpont, paſſa à Lyſimachie, dans la Cherſonèſe de Thrace, où il fut aſſaſſiné par Ptolémée-Céraunus, à qui il avoit donné
Av. J.C. 281. un aſile à ſa cour, & qu'il avoit comblé de bienfaits. Ainſi périt le fondateur du royaume de Syrie, la trente-deuxieme année de ſon règne, & la ſoixante-treizieme ou ſoixante-dix-huitieme de ſon âge. Philetère, roi de Pergame, racheta ſon corps du meurtrier, moyennant une ſomme conſidérable, lui fit des funérailles convenables, fit bâtir un temple en ſon honneur, & envoya ſes cendres à ſon fils, Antiochus.

Ce prince foible, au lieu de raſſembler ſes troupes, & de venger la mort de ſon pere, comme on s'y attendoit, fit un traité honteux avec l'aſſaſſin, & le laiſſa monter ſur le trône de Macédoine. Ce trait de lâcheté engagea pluſieurs villes de l'Aſie-Mineure à ſecouer le joug ſous lequel elles avoient été réduites depuis la victoire que Séleucus avoit remportée ſur Lyſimaque. Antiochus envoya Patrocle pour les faire rentrer dans l'obéiſſance ; mais ce général, auſſi foible que ſon maître, ſe laiſſa appaiſer par les ambaſſadeurs des Héracléens, & leur permit de ſe gouverner ſelon leurs lois. Il traverſa enſuite la Phrygie, paſſa en Bithynie; Zipète qui en étoit roi, alla à ſa rencontre, plaça ſon armée en embuſcade, & tailla en piéces celles de Procope qui y perdit la vie. Antiochus ſe mit en marche pour ſe venger du roi de Bithynie; mais, après ſon arrivée, il reſta pluſieurs jours en préſence de l'ennemi, & ſe retira ſans oſer l'attaquer.

Les Gaulois qui étoient paſſés en Aſie, & y avoient déja fait des conquêtes, jetoient les yeux ſur l'Orient, & étoient prêts à fondre ſur les Etats d'Antiochus. Ce prince alla au-devant d'eux juſqu'aux environs du mont Taurus. Il fut vaincu dans le premier combat; mais, dans le ſecond, il les battit, & les mit en fuite. Les Aſiatiques, en mémoire de ce qu'il les avoit délivrés des Gaulois, lui donnerent le ſurnom de *Soter* ou *Sauveur*. Il ne fut pas ſi heureux dans une entrepriſe qu'il fit contre le royaume d'Egypte. Philadelphe qui y régnoit, le repouſſa vivement; & il fut obligé de ſe retirer avec la honte d'avoir fait inutilement une entrepriſe injuſte. Il mourut dans une heureuſe vieilleſſe, après dix-neuf ans de règne depuis la mort de ſon pere.

Antiochus II, ſurnommé *le Dieu*, demeura ſeul héritier du trône; il étoit fils de Séleucus I & de Stratonice; il ſuccéda à ſon frere, & épouſa Laodice, ſa ſœur de pere. Les Miléſiens lui donnerent le ſurnom de *Dieu*, parce qu'il les avoit délivrés de la tyrannie de Timarque. Ce fut au commencement de ſon règne que Béroſe, prêtre de Bélus à Babylone, lui dédia l'hiſtoire de la Chaldée & de ſes rois. Il reprit la guerre que ſon frere avoit voulu faire au roi d'Egypte; mais elle n'eut de ſuites fâcheuſes ni pour l'un ni pour l'autre. Il y étoit occupé, lorſque les Parthes & les Bactriens, ſoulevés par Arſace, ſecouerent le joug, & formerent un empire qui devint un des plus floriſſans de l'Orient. La perte de pluſieurs provinces & les mauvais ſuccès de ſes entrepriſes ſur l'Egypte le déterminerent à faire un traité de paix avec Philadelphe, traité honteux, & qui eut les ſuites les plus funeſtes. Philadelphe lui avoit accordé la paix, à condition qu'il répudieroit Laodice, ſa femme, pour épouſer Bérénice, princeſſe d'Egypte. A peine le roi d'Egypte fut-il mort, qu'il rappela ſa premiere épouſe. Laodice étoit femme; elle avoit été outragée; elle ſe vengea: craignant encore l'inconſtance de ſon époux, elle l'empoiſonna, fit monter ſur le trône Séleucus ſon fils, & en exclut celui de Bérénice; elle ne borna pas là ſa vengeance, elle fit aſſaſſiner ſa rivale & ſon fils. Ptolémée Evergète entra dans la Syrie, vengea la mort de ſa ſœur par celle de Laodice, & parcourut tout le royaume qu'il livra au pillage.

Séleucus II, qui monta ſur le trône, étoit fort jeune. Lorſque le roi d'Egypte fut ſorti de ſes Etats, il travailla à réparer ſes pertes. La plûpart des villes maritimes de l'Aſie s'étoient révoltées, & avoient embraſſé le parti de ſon ennemi: elles rentrerent d'elles-mêmes ſous ſon obéiſſance; & il fit la paix avec le roi d'Egypte. Il avoit un frere nommé Antiochus, qui étoit gouverneur des provinces voisines du mont Taurus. Ce prince avoit levé une armée considérable, pour aller secourir Séleucus contre Evergète; son ambition lui suggéra le dessein de se servir de ses troupes, pour se rendre maître absolu & souverain des provinces de l'Asie-Mineure. Le roi marcha contre ce nouveau rival, passa le mont Taurus, & le joignit près d'Ancyre. Les deux armées se battirent, les troupes du roi furent défaites, & lui-même obligé de prendre la fuite. Peu s'en fallut que cette victoire ne devînt funeste à Antiochus. Il avoit dans son armée un corps de Gaulois, qui, sur le bruit de la mort de Séleucus, résolurent de faire mourir le vainqueur, pour s'emparer eux-mêmes de la Syrie. Le prince fut averti de ce projet, & évita le danger en assouvissant leur cupidité avec de l'argent, comme pour les récompenser de leurs services.

L'affoiblissement des troupes d'Antiochus inspira à Eumène, roi de Pergame, le même dessein qu'avoient eu les Gaulois. Il l'attaqua avec tant de violence, qu'il le défit entiérement. Il ſe retira dans la Méſopotamie ; mais Séleucus le pourſuivit avec ardeur ; &, dans un dernier combat, il lui enleva toutes ſes eſpérances ; il aima mieux demander un aſile au roi d'Egypte, que d'avoir recours à la clémence de ſon frere ; Ptolémée-Evergète, craignant ce jeune prince qui paroiſſoit ſi entreprenant, le fit enfermer. Il s'échappa par le moyen d'une courtiſane, & fut aſſaſſiné par des voleurs. Séleucus prit le nom de *Callinicus* ou *Victorieux*.

Pendant ces guerres inteſtines, les Parthes étoient devenus redoutables ; Arſace s'étoit emparé de l'Hyrcanie, & s'étoit fait un royaume de la Pathie & de cette province. Séleucus avoit perdu pluſieurs provinces de l'Aſie-Mineure. Lorſqu'il voulut marcher contre les Parthes, il n'étoit plus temps. Arſace le vainquit dans un combat, & le retint priſonnier à ſa cour, où il mourut d'une chute de cheval. Il avoit régné pendant vingt ans.

Séleucus III, ſurnommé *Céraunus*, *Foudre*, fut un prince foible qui ne régna que trois ans. Acheus, ſon oncle, prit le maniement des affaires, & eut la généroſité de refuſer la couronne Av. J.C. 227.

que les troupes voulurent lui mettre ſur la tête, après la mort du roi qui venoit d'être empoiſonné par deux de ſes premiers officiers. Il les fit punir, reprit ſur Attalus, roi de Pergame, tout ce que ce prince avoit conquis dans l'Aſie-Mineure, & mit la couronne ſur la tête d'Antiochus III, ſurnommé *le Grand*, qui étoit frere de Séleucus III.

Ce prince n'avoit que dix-neuf ans lorſqu'il prit poſſeſſion de ſon royaume. L'état chancelant dans lequel il le trouva, demandoit un prince courageux, prudent & guerrier. Ces vertus ne tarderent pas à ſe développer en lui. Achéus, ſon oncle, lui envoya une partie de ſes troupes, ſous la conduite d'Epigène, & garda le reſte pour agir contre le roi de Pergame. A Antioche, ſon conſeil mit ordre aux affaires de l'Etat.

Hermias, miniſtre haï de tous les grands de l'empire, fut la premiere cauſe des guerres inteſtines qu'Antiochus eut à ſoutenir. Son pouvoir illimité & l'ambition la plus démeſurée l'avoient rendu cruel, orgueilleux & entreprenant; il ſacrifioit ſans ſcrupule quiconque oſoit ſe montrer contraire à ses vues, qui étoient de dominer despotiquement, à la faveur du ministere, sur le roi lui-même & sur ses sujets. Les gouverneurs de Médie & de Perse furent à peine établis dans leurs gouvernemens, qu'ils se révolterent, & firent tout ce qu'ils purent pour entraîner Achéus dans leur parti; mais ce fut inutilement. Antiochus qui étoit né avec le goût des armes, avoit déja formé le projet de profiter de la vie molle & voluptueuse de Ptolémée-Philopator, pour recouvrer la Syrie dont Evergète s'étoit emparé.

Pendant qu'on faisoit des préparatifs pour cette guerre, il alla à Séleucie recevoir la princesse Laodice, fille de Mithridate, roi de Pont, qu'il épousa. Xénète & Théodote marcherent contre le gouverneur de la Médie. Molon qui s'étoit attendu à la guerre, avoit pris toutes les précautions nécessaires pour se maintenir dans son usurpation. Il alla au devant de l'armée ennemie, dont les chefs prirent la fuite à son approche, & se réfugierent dans les premieres places fortes qu'ils rencontrerent. Molon s'avança jusques sur les bords du Tygre, & s'empara de Ctésiphon. Antiochus, pénétré de douleur du mauvais succès de ses armes, vouloit aller se mettre à la tête de ses troupes; Hermias s'y opposoit encore. Cependant Molon s'étoit avancé jusqu'à Séleucie, & étoit campé à la vue des ennemis, n'en étant séparé que par le fleuve. Pour attirer Xénète & Théotode du côté où il étoit, il leur fit dire adroitement que, s'ils passoient à l'autre bord, la plus grande partie de l'armée passeroit sous leurs enseignes. Sur ces espérances, ils passerent le Tygre, un peu au-dessus du camp de Molon, qui leur tendit un autre piége dans lequel ils donnerent avec autant de facilité & d'imprudence. Il partit de nuit de son camp, & y laissa tout le bagage. Les Syriens, croyant que la frayeur de leur approche avoit mis les ennemis en fuite, s'emparerent de leur camp, & ne penserent qu'à se réjouir & à boire. Molon revint la nuit suivante les attaquer brusquement, & les surprit dans le sommeil & dans l'ivresse; il en fit un affreux carnage. Il s'empara de leur camp, passa le Tygre, prit d'assaut Séleucie, réduisit les hautes provinces, conquit tout le pays de Babylone jusqu'à la mer, pénétra juſqu'à Suſe dont il ſe rendit maître, ramena rafraîchir ſes troupes à Séleucie, & ſoumit enſuite la Méſopotamie juſqu'à Dura.

Ces nouvelles affligerent Antiochus; il prit enfin le parti de joindre ſon armée; il la conduiſit dans la province d'Apollonie, où Molon avoit raſſemblé ſes troupes. Après quelques petits combats, on en vint à une action décisive. Une partie de l'armée des rebelles ayant paſſé du côté d'Antiochus, le reſte fut défait, & taillé en piéces. Leur chef ſe donna la mort pour éviter de tomber entre les mains de ſon vainqueur; Néolas, ſon frere, égorgea de ſa propre main la mere & les enfans de Molon, & ſe tua ſur le corps de ces malheureuſes victimes: Alexandre ſuivit toute ſa famille au tombeau. Antiochus, après cette victoire, ſe rendit maître de tout ce qui avoit ſubi les lois des rebelles; il y ajouta la conquête des Atropatiens; mais il laiſſa Artabazane, leur chef, ſur ſon trône.

Hermias, par la plus noire trahiſon, avoit accuſé Epigène, ſon ennemi, d'être en relation ſecrette avec Molon; &, pour le convaincre, il avoit fait jeter dans ses papiers une lettre supposée du gouverneur de Médie. Sur ce témoignage prétendu, il l'avoit fait mourir comme criminel d'Etat. La conduite hardie de ce ministre en imposoit au roi, qui avoit même la foiblesse de le craindre. Enfin Apollophane, son médecin, lui fit ouvrir les yeux sur les causes de la haine que tous les grands avoient pour Hermias, & sur les conséquences funestes de sa crédulité; il fut frappé de l'importance de cet avis, & punit son ministre de tous ses crimes, en lui faisant donner la mort.

Cette guerre étoit à peine terminée, qu'il en eut une autre à soutenir. Achéus, son oncle, qui avoit refusé la couronne pour la lui mettre sur la tête, & qui s'étoit chargé de la guerre contre Attalus, perdit ce noble désintéressement dans la prospérité. Ce même homme, pour qui le sceptre n'avoit point eu de charmes, espérant qu'Antiochus périroit dans son expédition contre les rebelles, résolut de s'emparer de la Syrie, & ceignit le bandeau royal. Il avoit favorisé la révolte des Cyrrhestes, peuple de la haute Syrie, s'étoit assuré de leur secours, & s'appuya encore de l'alliance du roi d'Egypte, à qui il envoya des ambaſſadeurs. Antiochus, étonné d'un tel changement, lui envoya dire de quitter la pourpre, ou de s'attendre à ſe voir attaquer par toutes les forces de l'empire. Achéus fit peu de cas de ces remontrances. Le roi reprit alors la guerre de Syrie, l'interrompit par celle de l'Orient, s'empara de Séleucie occupée par les Egyptiens. Théodote, attaché au ſervice de l'Egypte, mais mécontent de Philopator, lui livra Tyr, Ptolémaïs où il commandoit, &, dans peu, Antiochus ſe rendit maître de preſque toute la Céléſyrie. Philopator mit ſes troupes en campagne pour s'oppoſer aux progrès de l'ennemi; mais elles furent battues, & le vainqueur s'empara de toute la Samarie. Le roi d'Egypte, piqué de ce mauvais ſuccès, ſe rendit lui-même en Syrie, & marcha contre Antiochus avec ſoixante-dix mille hommes de pied, cinq mille chevaux & ſoixante-trois éléphans. Ils ſe joignirent dans la plaine de Raphia; Antiochus fut vaincu : obligé de ſe retirer à Antioche, il perdit la Syrie. Craignant que Philopator ne portât la guerre jusques dans ses Etats, & qu'Achéus, profitant des circonstances, n'étendît les bornes de sa nouvelle domination, il proposa la paix au roi d'Egypte, qui, né plutôt pour le sérail que pour paroître à la tête des armées, fut charmé de terminer cette guerre par un traité qui le rendoit à ses plaisirs, en lui adjugeant la Syrie & la Phénicie.

Antiochus, forcé d'abandonner ces provinces, songea à se dédommager de cette perte, en recouvrant celles qu'Achéus avoit usurpées; il alla l'attaquer dans Sardes qu'il prit d'assaut. Achéus se retira dans la citadelle, où il soutint un siége de plusieurs mois; enfin il fut trahi, & livré entre les mains de son neveu. Antiochus le voyant, se souvint que c'étoit à lui qu'il étoit redevable de sa couronne, & s'attendrit sur le sort malheureux que son ambition lui avoit préparé. Le conseil de guerre le condamna le lendemain à avoir les mains & les pieds coupés, la tête tranchée que l'on mit dans une peau d'âne; le reste du corps fut attaché à une croix. La rigueur de ce suplice consterna ceux qui étoient dans la citadelle; ils se rendirent à discrétion. Antiochus recouvra toute l'Asie-Mineure, excepté le pays des Gaulois ou Galates, les royaumes e Pergame, de Bithynie, de Pont & Héraclée sur les bords de la mer.

Pendant qu'il avoit été occupé de la guerre de Syrie, Tyridate, roi des Parthes, s'étoit emparé de la Médie. Antiochus connoissoit trop l'importance, la force & les richesses de ce royaume, pour ne pas tenter de le recouvrer. Lorsque Tyridate apprit que ce prince s'avançoit à la tête d'une armée nombreuse, il fit combler tous les puits sur route; mais Antiochus mit en fuite s travailleurs, avança, malgré tous les bstacles, jusques dans l'Hyrcanie, où, après huit jours de fatigues & de combats, il parvint au sommet des montagnes d'où les ennemis l'accabloient de pierres & de traits. Il les chassa de leur poste, alla faire le siége de Syringe, la prit, & soumit toute l'Hyrcanie. Tyridate avoit rassemblé ses troupes avec lesquelles il arrêta Antiochus, & défendit ses Etats avec beaucoup de valeur. Antiochus, après bien des combats, voyant qu'il ne parviendroit jamais à abattre un ennemi qui s'étoit trop bien établi, fit la paix avec lui, céda la Pathie & l'Hyrcanie, à condition que Tyridate l'aideroit à recouvrer les autres provinces de l'Orient, qui s'étoient révoltées.

La Bactriane qui avoit secoué le joug depuis plus de trente ans, à la sollicitation de Théodote, étoit celle qu'il avoit principalement en vue. Elle étoit gouvernée par Euthydème, qui en avoit frustré le fils de Théodote. Euthydème, guerrier sage & courageux, la défendit avec une bravoure extraordinaire. Le premier combat fut très-sanglant. Antiochus y fit des prodiges de valeur, qui lui mériterent le surnom de *Grand*. Il y reçut une blessure à la bouche, & son cheval fut tué sous lui. Cette premiere bataille ne fut point décisive, & fut suivie de plusieurs autres qui affoiblirent également les deux partis, sans donner la victoire complette à aucun. Euthydème, voyant son armée s'affoiblir, entra en négociation avec Antiochus, & lui fit voir qu'il n'étoit pas de leur intérêt de se détruire mutuellement; que les peuples voisins, charmés de leur désunion, concevoient déja l'espérance de vaincre facilement le parti qui demeureroit supérieur, mais trop foible pour leur résister. Antiochus sentit la solidité de ces raisons, fatigué d'ailleurs d'une guerre qui, par un revers imprévu, pouvoit le précipiter dans le dernier malheur, renonça à cette conquête. Il fit un traité de paix avec Euthydème, lui laissa le titre de roi, fit déclarer son fils, Démétrius, héritier de la couronne, & lui promit une de ses filles en mariage. Euthydème répondit à ce procédé noble par un procédé aussi généreux; il lui donna tous ses éléphans, & des vivres en abondance pour son armée.

Après avoir terminé la guerre de la Bactriane, Antiochus entreprit le voyage des Indes. Il traversa cette chaîne de montagnes que les soldats d'Alexandre nommerent le mont Caucase, entra dans le royaume de Sophagasène, l'un des successeurs de Sandrocottus, & tributaire des rois de Syrie; il parcourut ses Etats, revint par l'Arachosie, la Drangiane, la Caramanie, & la Perse dont il vouloit connoître par lui-même la disposition. Plusieurs années d'absence n'avoient causé aucun trouble dans son royaume. Grand par ses victoires & par toutes ses actions jusqu'alors, il eût été le monarque le plus heureux de la terre, si l'ambition ne l'eût entraîné dans la malheureuse guerre contre les Romains. Ne jugeant aucune puissance capable de lui résister, il forma le projet d'envahir la Grèce & l'Italie elle-même, dont la capitale travailloit alors à devenir maîtresse du monde.

Un roi enfant avoit succédé en Egypte à un prince voluptueux, qui avoit laissé détendre tous les ressorts du gouvernement. Il jugea la circonstance favorable pour se rendre maître de ce royaume enrichi de la Syrie & de la Phénicie, ses dépouilles. Il voyoit sur le trône de Macédoine un roi aussi ambitieux que lui, & non moins entreprenant; il lui proposa la conquête de l'Egypte, à condition de la lui céder, se réservant seulement la Célésyrie & la Phénicie. Philippe accepta le traité avec empressement, & Antiochus commença les hostilités dans la Célésyrie. Les ministres, tuteurs du jeune prince, au lieu de faire des levées de troupes, d'en garnir les frontieres du royaume, & d'essayer au moins de résister à l'ennemi, mirent

le

le roi pupile ſous la protection de Rome, qui, de ce moment, ſe regarda & ſe conduiſit comme maîtreſſe abſolue de l'Egypte, ſous les dehors de la protection & du déſintéreſſement. Antiochus ne laiſſa pas de s'emparer de la Paleſtine. Les Juifs, charmés de rentrer ſous ſa puiſſance, reçurent ſes troupes dans leurs villes, leur donnerent des vivres, & l'aiderent à chaſſer les garniſons Egyptiennes. Il leur témoigna ſa reconnoiſſance par les grands priviléges qu'il leur accorda. Une victoire, remportée ſur Scopas, général Egyptien, le rendit maître de la Céléſyrie & de la Phénicie. Sidon, où le vaincu s'étoit retiré, fut obligé de lui ouvrir ſes portes. L'hiver qu'il paſſa à Antioche, fut employé à de nouveaux préparatifs. L'année ſuivante, il porta la guerre dans l'Aſie-Mineure, & s'empara de toutes les places maritimes des côtes de Cilicie. Les habitans de Coracéſium lui fermerent les portes de leur ville; il en fit le ſiége, & la prit. Il entra auſſi dans Lymire, Patara, Xantus & Ephèſe.

Le conſul Flaminius, à qui les habitans de Smyrne & de Lampſaque avoient porté des plaintes, ordonna aux ambaſſadeurs qu'Antiochus lui avoit envoyés pour juſtifier ſa conduite, de dire à leur maître que la république lui ordonnoit de ne point troubler le repos des villes Grecques, & d'évacuer les places maritimes qu'il avoit enlevées au roi d'Égypte. Quelque temps après, il ſe trouva lui-même à une conférence où ſe rendirent les députés des Romains. Il les aſſura que, loin de vouloir rien entreprendre contre le roi d'Egypte, il ſe diſpoſoit à faire avec lui une nouvelle alliance, en lui donnant ſa fille Cléopâtre en mariage, & lui cédant pour dot la Céléſyrie, la Phénicie & la Paleſtine, dont il demandoit qu'on lui laiſsât la jouiſſance juſqu'à ce que le roi fût en âge d'être marié. Il étoit aiſé de voir qu'il ne cherchoit qu'à gagner du temps. Quand on le preſſa d'agir ſuivant ſes promeſſes, on s'apperçut que, non-ſeulement il vouloit conſerver ce qu'il avoit uſurpé; mais qu'il portoit ſes vues encore plus loin. Le ſénat, ſur les plaintes qui lui furent faites, lui fit dire de nouveau de ſe contenir dans les bornes de ſon royaume. Mais, avant que les ambaſſadeurs fuſſent arrivés, il avoit déja paſſé l'Helleſpont, & pris toute la Cherſonnèſe de Thrace. Il fit réparer les murs de Lyſimachie; &, pendant qu'on y travailloit, il alla ravager le pays des Thraces.

Les ambaſſadeurs Romains arriverent à Lyſimachie, & lui firent de vifs reproches ſur ſes démarches, dont la hardieſſe avoit déplu à la république. Il leur répondit vivement; & la conférence amena les deux partis à une rupture ouverte. Pendant ces négociations, il ſe répandit un bruit que le jeune Ptolémée étoit mort. A cette nouvelle, il ſe crut déja maître de l'Egypte; & il partit auſſitôt avec ſa flotte, pour en aller prendre poſſeſſion. Mais, ayant appris que ce bruit étoit faux, il fit voile du côté de l'île de Cypre, dans la réſolution de s'en ſaiſir. Une violente tempête traverſa ſon deſſein; & il fut obligé d'aller radouber les débris de ſa flotte à Séleucie. Au printemps, il la ramena lui-même à Ephèſe pour ſuivre ſes projets.

Annibal, qui venoit d'être obligé d'abandonner Carthage, ſe réfugia auprès du roi de Syrie qui le reçut avec tous les témoignages de joie qui prouvoient l'estime qu'il avoit conçue pour ce fameux guerrier qui avoit acquis, par tant de victoires, la réputation du plus grand capitaine de son temps. Antiochus n'étoit pas encore déterminé à faire la guerre aux Romains; cet ennemi implacable de Rome l'engagea, par ses raisons & par les offres de service qu'il lui fit, à prendre ce parti. Dès-lors il songea à faire des alliances avec ses voisins. Il termina le mariage de sa fille Cléopâtre avec le roi d'Egypte, & céda pour dot de la princesse la Célésyrie & la Palestine, à condition qu'ils en partageroient le revenu. Peu après il en maria une autre, nommée *Antiochis*, à Ariarathe, roi de Cappadoce. Il offrit la troisieme à Eumène, roi de Pergame, qui la refusa, dans la crainte d'être enveloppé dans ses malheurs, lorsqu'il auroit déclaré la guerre aux Romains. Il perdit alors son fils aîné, jeune prince en qui l'on admiroit déja toutes les vertus qui caractérisent les héros. Quoiqu'il parut sensible à cette perte, il a été soupçonné d'avoir hâté sa fin par jalousie, & de l'avoir sacrifié à son ambition. De retour à Ephèse, il ne voulut point voir les ambassadeurs Romains.

Après leur départ, Antiochus tint un grand conseil pour prendre sa derniere résolution. On y invectiva contre les Romains pour faire la cour au roi, & l'on y résolut de leur faire la guerre. Il s'agissoit d'en choisir le théâtre; l'avis d'Annibal fut de passer en Europe & d'attaquer les Romains sur leurs terres, assurant qu'on ne pourroit jamais les vaincre ailleurs. Ce conseil venoit d'un homme qui les connoissoit bien; mais on détourna le roi de le suivre, lui faisant espérer des secours qui lui manquerent presque tous, & on le détermina à porter la guerre dans la Grèce. Il passa en Grèce avec tant de précipitation, qu'il ne prit aucune des mesures que demandoit une guerre de cette importance. Il laissa derriere lui Lampsaque, Troas & Smyrne, dont il auroit dû se rendre maître avant tout, & il n'emmena avec lui que dix mille hommes.

Il arriva en Eubée vers la fin de l'été; de-là il passa à Démétriade en Thessalie, où il tint un conseil composé des principaux officiers de son armée. Annibal parla le premier, répéta ce qu'il avoit déja dit du projet de passer en Italie ; il ajouta que puisque l'on se trouvoit dans la Grèce, il falloit, sans compter sur aucuns secours étrangers, faire venir toutes les troupes de l'Asie, marcher incessamment vers les côtes de l'Epire, & y envoyer la flotte ; que la moitié seroit employée à ravager le pays & à alarmer l'Italie, & qu'on garderoit l'autre dans quelque port voisin, pour feindre de vouloir passer dans le royaume de Naples, & y entrer effectivement si l'on en trouvoit l'occasion. C'étoit le moyen, disoit-il, de retenir les ennemis chez eux, pour y défendre leurs côtes ; & le plus propre pour porter la guerre en Italie. Ce plan étoit bien conçu ; mais les courtisans flatteurs & jaloux détournerent le roi de le suivre. Ils lui firent entendre qu'Annibal auroit seul toute la gloire de l'exécution du plan qu'il avoit proposé, & qu'il y avoit autant d'avantage à suivre celui que le roi avoit tracé lui-même, & dont personne ne pouvoit se glorifier que lui. Quels pitoyables raisonnemens ! Lorsqu'il s'agit du bien public, qu'importe qui soit l'auteur d'un bon projet? Exécutons-le d'abord, & après la réussite nous partagerons la gloire du succès : celui qui aura proposé, aura celle de l'invention; nous aurons celle de l'exécution, l'État & le roi seront bien servis. Mais, malheureusement, quoiqu'il y ait dix-neuf cents ans écoulés du siécle d'Antiochus au nôtre, nous remarquons que l'esprit des courtisans est le même, & nous les voyons tous les jours sacrifier les intérêts de la patrie à leur basse jalousie où à leurs intérêts personnels. Antiochus, malgré la justesse de son esprit, fut dupe de son amour-propre, ses flatteurs l'emporterent sur le grand Annibal, & sa sottise (qu'on me passe le terme) fut la source de ses malheurs. Philippe, sur lequel il comptoit, se déclare contre lui. Séduit par les charmes de la fille d'un citoyen de Chalcis, il l'épouse, passe l'hiver dans les plaisirs; les Romains s'avancent, & aucun de ses alliés ne se rend à son armée; ses troupes mêmes amollies & relâchées par la licence qu'il avoit laissé s'introduire pendant l'hiver, ne quittent les quartiers qu'avec lenteur & à regret, il s'empare des Thermopyles, & en est chassé par les Romains; de dix mille hommes, il ne lui en reste que cinq cents qui échappent au fer du vainqueur. Sa flotte est battue par celle des ennemis; il passe l'hiver à rétablir son armée; mais c'est en vain qu'il lutte encore contre la fortune & la valeur des Romains; son fils est obligé de lever le siége de Pergame, & d'abandonner son camp aux assiégés; le roi de Bithynie, qui voit son parti s'affoiblir de jour en jour, l'abandonne aussi & se déclare contre lui; il voit enfin les Romains prêts à passer dans l'Asie, son unique ressource est de les arrêter & de fermer le passage de l'Hellespont; mais sa flotte est battue, de quatre-vingt dix vaisseaux, il en perd quarante-deux, & son amiral est obligé de s'enfuir à Ephèse.

Antiochus fut tellement frappé de ces pertes, qu'il parut avoir perdu la sagesse, le courage & la fermeté qu'il avoit toujours fait paroître. Il prit des mesures toutes contraires à ses projets. Il retira ses troupes de l'Hellespont & de Lysimachie, dans la crainte qu'elles ne tombassent entre les mains des ennemis. Au lieu d'y envoyer un renfort pour empêcher le passage dans l'Asie, la garnison sortit de Lysimachie avec tant de précipitation, qu'elle y laissa dans les magasins toutes les munitions de guerre & de bouche; lorsque les Romains y entrerent, ils se trouverent abondamment pourvus de tout, comme s'ils eussent pris eux-mêmes beaucoup de peine à faire des provisions. Ils passerent en Asie sans aucune difficulté, & s'arrêterent quelque temps à Ilion. La joie fut grande de part & d'autre; les habitans regardoient les Romains comme leurs freres, & ceux-ci regardoient cette ville comme leur berceau; ils se félicitoient mutuellement, dans l'espérance de voir bientôt leur patrie commune, leur chere Ilion, renaître plus glorieuse que jamais.

Antiochus ayant appris l'arrivée des Romains dans l'Asie, envoya des ambassadeurs à Scipion. Tout son espoir étoit fondé sur l'humanité de ce consul, qui étoit en effet le vainqueur le plus généreux. Il espéroit le fléchir en lui faisant offrir de lui renvoyer son fils qui avoit été fait prisonnier, sans exiger de rançon. Il offroit d'évacuer Lampsaque, Smyrne & Alexandrie sur le Granique; d'abandonner les villes Grèques d'Etolie & d'Ionie qui avoient suivi son parti, & de payer la moitié des frais de la guerre. Scipion répondit à l'ambassadeur que ces propositions n'étoient pas suffisantes. Que, puisqu'il étoit l'aggresseur, il devoit payer tous les frais de la guerre; qu'il falloit qu'il rendît la liberté à toutes les villes Grèques, & qu'il abandonnât tout le pays qui est entre l'Hellespont & le mont Taurus. Héraclite représenta que ses pouvoirs ne s'étendoient pas jusques-là, & que le roi son maître n'accepteroit jamais des conditions si dures. Il essaya ensuite de gagner Scipion par les promesses les plus flatteuses, & proportionnées à son rang & à la magnificence du roi de Syrie. « Je vous » pardonne, répondit Scipion, de me » parler ainsi, parce que vous ne con» noissez ni les Romains, ni celui à qui » vous vous adressez. Antiochus a eu » l'imprudence de nous abandonner » Lysimachie, la principale clef de » l'Hellespont; désormais il n'est plus » maître de nous empêcher de passer » en Asie. Il m'insulte quand il m'offre » de l'argent pour trahir les intérêts

» de ma république; je leur ſacrifierois » plutôt la liberté & la vie de mon fils. » Si votre maître me le rend, je ſçais » quelle doit être ma reconnoiſſance; » s'il faut le racheter, ce ne ſera qu'au » prix du ſang. Ne diſſimulez rien à » Antiochus; & dites-lui que je le prie » de ſuivre mes conſeils. »

Loin de s'y rendre, il les rejeta avec hauteur, lui renvoya généreuſement ſon fils, & fit de nouveaux préparatifs de guerre. Il ſe trouva dans peu à la tête de ſoixante-dix mille hommes de pied, douze mille chevaux, & cinquante-quatre éléphans. Il alla attendre le conſul auprès de Magnéſie au pied du mont Sipyle. L'armée ennemie n'étoit compoſée que de trente mille hommes & ſeize éléphans. Malgré ſa ſupériorité, Antiochus redoutoit tellement les Romains, qu'il reſta dans ſes lignes ſans oſer en ſortir. Les Romains, au contraire, demandoient à Scipion de les mener au combat; il y conſentit, les deux armées ſe rangerent en bataille. L'action fut des plus longues & des plus ſanglantes. Antiochus y perdit cinquante-quatre mille hommes, qui reſterent ſur le champ de bataille, quatorze cents furent faits prisonniers, & quinze éléphans furent pris avec leurs conducteurs. Cette perte ruina sans ressource le roi de Syrie, & il fut obligé de prendre la fuite avec les malheureux restes de son armée. Après cette fatale journée il se vit abandonné de ses soldats qui fuyoient en désordre. Toute l'Asie-Mineure, jusqu'au mont Taurus, se soumit au vainqueur.

Dès qu'Antiochus fut arrivé à Antioche, il envoya demander la paix à Scipion. Ce généreux Romain reçut ses ambassadeurs avec bonté, lui accorda la paix à condition qu'il renonceroit à toutes les prétentions qu'il avoit sur quelque ville de l'Europe que ce pût être, qu'il évacueroit toutes celles de l'Asie en deça du mont Taurus: qu'il payeroit pour les frais de la guerre quinze mille talents d'Eubée; cinq cents talents comptant, deux mille cinq cents quand le sénat auroit ratifié le traité, & mille talents par chaque année suivante, jusqu'à la concurrence des quinze mille. Qu'il rendroit à Eumène quatre cents talens qu'il lui devoit, & le reste d'un payement pour des grains qu'Attalus avoit fournis aux rois de

Syrie. On lui demandoit auſſi vingt ôtages pour ſûreté de ſa parole, & qu'il livrât Annibal, Thoas, Mnaſicus, Philon & Eubulidas. « Si ces conditions » lui paroiſſent dures, diſoit Scipion à » ſes ambaſſadeurs, qu'il ne s'en plai» gne qu'à lui-même. Aſſurez-le néan» moins qu'il eſt de ſon intérêt de les » accepter, & qu'il eſt beaucoup plus » difficile d'entamer la puiſſance d'un » ſouverain, que de la ruiner entiére» ment quand on a commencé à l'af» foiblir. »

Tous les articles de la paix ayant été acceptés par les ambaſſadeurs, ils partirent avec L. Cotta, pour en aller demander la ratification au ſénat. On approuva à Rome tout ce qui avoit été fait par Scipion; & le ſénat régla le ſort de la nouvelle conquête, il fit rentrer Eumène en poſſeſſion de toute l'Aſie-Mineure, depuis l'Ionie juſqu'au mont Taurus. Les Rhodiens eurent la Lycie & la Carie juſqu'au fleuve Méandre; enfin il fut défendu à Antiochus de faire paſſer aucun vaiſſeau de guerre au-delà des côtes de Cilicie. Ce prince ſigna ces articles humilians, & ne s'oppoſa point a leur exécution. Quelqu'affligeante que fût sa position, il en fut moins accablé que de la dureté de sa fille Cléopâtre qu'il avoit mariée au roi d'Egypte. Oubliant tout-à-fait les intérêts de son pere & les lois de l'honneur, de la bienséance & de l'humanité, lorsqu'elle sçut qu'Antiochus avoit été vaincu au Thermopyles, elle envoya des ambassadeurs à Rome pour féliciter le sénat de la victoire que les Romains venoient de remporter, & l'exhorter à faire poursuivre le vaincu jusques dans ses Etats, ou son absence avoit occasionné de grands troubles. Ses ambassadeurs furent bien reçus, mais ils trouverent plus de modération dans un sénat ennemi, qu'Antiochus n'en éprouvoit dans sa famille.

La plus ambarrassante des conditions du traité, fut le payement des douze mille talens qu'il falloit trouver, elle lui causa la mort. Mais on ne convient pas de la maniere dont elle arriva; il est certain que ce fut la trente-sixieme année de son règne. Il mérita le surnom de *Grand* qui lui fut donné, & qui convient à si peu de rois. Sa prudence, sa valeur, son intrépidité affermirent son trône chancelant dans les premieres années de ſon règne. Mais les vertus guerrieres peuvent être celles des tyrans, c'eſt dans la paix qu'il faut examiner & juger les rois. Antiochus fit admirer ſon humanité, ſa clémence, ſa libéralité, ſa juſtice & ſon équité, qualités qu'il poſſédoit ſi éminemment, qu'il rendit un Edit public portant que, s'il ordonnoit quelque choſe d'injuſte, il défendoit à ſes ſujets de lui obéir. Il aima les ſciences, & protégea les ſçavans. Il employoit ſes momens de loiſir (les monarques qui ſçavent régner en ont bien peu) à découvrir les ſecrets de la nature, ſur-tout ceux qui pouvoient ſervir à l'humanité. Ayant trouvé un antidote ſouverain contre toutes ſortes de poiſons, il en fit graver la compoſition ſur un marbre qu'il plaça à l'entrée du temple d'Eſculape, afin que ceux qui en auroient beſoin puſſent y avoir recours. Il fut heureux juſqu'au temps fatal où il conçut le projet de faire la guerre aux Romains, ſéduit par un homme que ſa haine perſonnelle animoit contre eux. Cette entrepriſe funeſte lui coûta la meilleure partie de ſes Etats, & fut la cauſe de ſa mort.

Av. J.C. 187. Séleucus IV, son fils, lui succéda, & fut nommé *Philopator* à cause de l'attachement qu'il avoit eu pour son pere. Il maria sa fille Laodice à Persée, roi de Macédoine, fils & successeur de Philippe. Ce fut ce prince qui envoya Héliodore pour piller le temple de Jérusalem. Ce même officier, revenu de sa commission sans avoir pu l'exécuter, profita de l'absence du fils de Séleucus qui venoit de partir pour prendre la place d'Antiochus, son oncle, qui y étoit en ôtage depuis le traité de paix, pour empoisonner le roi & s'emparer du trône. Séleucus étoit dans la douzieme année de son règne.

ANTIOCHUS IV revenoit de Rome & étoit à Athènes lorsqu'il apprit la mort de son frere & l'usurpation d'Héliodore. Il s'appuya des secours d'Eumène, roi de Pergame, & d'Attalus, son frere, avec lesquels il défit les troupes de l'usurpateur, & monta sur le trône de Syrie. Cléopâtre, sa sœur, & reine d'Egypte, prétendit avoir droit à la couronne, comme fille aînée d'Antiochus le Grand. Mais le nouveau roi dissipa aisément la faction qu'elle avoit formée contre lui. Les Syriens lui donnerent le surnom d'*Epiphane*, c'est-à-dire l'illustre, titre qu'il déshonora par la conduite la plus extravagante. La douceur & la modération qu'il avoit montrées dans le commencement, n'étoient point dans son caractere; dès qu'il se vit tranquille possesseurs de son royaume, il se montra tel qu'il étoit. Il sortoit secrétement de son palais avec un ou deux de ses domestiques, & alloit courir les rues d'Antioche. Il entroit dans les boutiques, & disputoit quelquefois avec les ouvriers sur les minuties de leur art qu'il prétendoit sçavoir mieux qu'eux. Quelquefois il lioit conversation avec des gens de la lie du peuple qu'il rencontroit; il se mêloit avec eux dans les lieux où ils se trouvoient rassemblés, & quelquefois il n'avoit pas honte de les suivre dans les endroits où ils alloient boire. Lorsqu'il avoit connoissance de quelque partie de débauche de jeunes gens, il ne manquoit pas de s'y trouver, de boire, de chanter & d'extravaguer avec eux; mais le plus souvent sa présence en imposoit malgré lui, la joie & la liberté cessoient, dès qu'ils le voyoient arriver, chacun se retiroit &

on le laiſſoit ſeul. Il crut que ſes ornemens royaux inſpiroient de la contrainte, il les quitta; mais l'expérience lui apprit que c'étoit ſa perſonne même que l'on fuyoit & que l'on craignoit. Il faiſoit tous les jours cent autres extravagances de cette eſpece. Il ſe rendit mépriſable par cette conduite indigne même d'un honnête citoyen; il fut ſi débauché, que ſes excès dans ce genre faiſoient horreur à ceux mêmes qui l'étoient preſque autant que lui. Il buvoit juſqu'à perdre la raiſon, ſortoit, dans cet état, revêtu d'une robe brochée d'or, avec une couronne de roſes ſur la tête, portant des pierres dans ſes poches, qu'il jettoit aux uns & aux autres pour les ſurprendre & les engager à ſe battre. Enfin il devint ſi mépriſable aux yeux de ſes ſujets, qu'au lieu d'Epiphane on le nomma *Epimane*, qui veut dire un fou. Mais c'eſt trop nous arrêter au détail des extravagances d'un roi dont le nom ne mérite pas même une place dans l'hiſtoire.

Il arriva ſous ſon règne un événement qui eut des ſuites funeſtes pour les Juifs, & qui donna lieu à la perſécution qu'il leur fit ſouffrir. Les Juifs avoient toujours été le plus ignorant de tous les peuples. Un des premiers de cette nation, Jasus, frere du pontife Onias, ayant dessein de s'élever à la souveraine sacrificature, demanda à Antiochus la permission d'établir une académie Grèque à Jérusalem, & de donner aux habitans de cette ville les mêmes priviléges dont jouissoient ceux d'Antioche; & lui offrit cinq cents quatre-vingt-dix talens. Son but étoit de se faire des partisans, & de se frayer un chemin à la cour de Syrie, où la langue, les sciences & les manieres Grèques étoient généralement en usage; il obtint tout ce qu'il avoit demandé. Les Juifs furent alarmés de voir s'établir parmi eux une école dont le but étoit de renverser les mœurs, les usages & la religion, pour y substituer le langage & l'idolâtrie des Grecs. Les progrès de la nouvelle académie furent rapides, & dans peu l'ambition & l'amour de la nouveauté pénétrerent jusques dans le sanctuaire. Les prêtres abandonnerent leur culte pour ambrasser le polithéisme des Grecs. L'auteur de cette révolution quitta son nom, & se fit nommer *Jason*. Il succéda à son frere, qui fut tué à Antioche près de Daphné. Le nouveau pontife, pour faire sa cour à Antiochus, envoya à Tyr une somme d'argent pour servir aux sacrifices qui s'y feroient pendant les jeux que l'on devoit célébrer en l'honneur d'Hercule, & auxquels le roi de Syrie devoit assister. Ses députés, pour ne pas participer à l'idolâtrie de leur pontife, donnerent l'argent qu'ils portoient pour l'entretien de la flotte des Tyriens. Cette démarche n'empêcha pas Antiochus de le déposer, & de donner la souveraine sacrificature à Ménélaus, dont il reçut trois cents talens. Peu de temps auparavant il avoit dépouillé un Juif célèbre par ses richesses, nommé *Hircan*. Ce prince amassoit de tous côtés de l'argent, tant pour satisfaire à ses débauches que pour achever de payer les Romains. Il envoya à Rome des députés avec de riches présens : il fit demander au sénat le renouvellement de l'alliance contractée entre la république & son pere.

Il avoit ses raisons pour rechercher l'amitié des Romains. Eulée & Lénée, régens d'Egypte, pendant la minorité de Philométor, lui avoient fait demander la Célésirie & la Palestine qu'il possédoit contre la foi des traités. Sur son refus, la guerre fut déclarée. Il la poussa vivement, & il se seroit infailliblement emparé de l'Egypte entiere, si les Romains ne lui eussent ordonné de se conformer au dernier traité fait avec son pere, d'évacuer toutes les villes de l'Egypte & l'île de Cypre. Il se soumit au décret du sénat qui lui fut signifié par Popilius, qui ne retourna à Rome que lorsqu'il eut vu le roi de Syrie hors des Etats de Philométor. Sur un bruit qui avoit couru de la mort du roi pendant qu'il étoit en Egypte, Jason, qu'il avoit dépouillé de la souveraine sacrificature, rentra à Jérusalem, & en chassa Ménélaus qui se retira dans la forteresse. Les premieres nouvelles de cette révolution persuaderent Antiochus que c'étoit une révolte générale de la nation des Juifs. Il alla faire le siége de Jérusalem, la prit d'assaut, & en trois jours il fit passer quarante mille personnes au fil de l'épée, il fit un pareil nombre de prisonniers qu'il vendit aux nations voisines. Il entra dans le temple, pénétra jusques dans le sanctuaire, & pour insulter au culte de la nation, il sacrifia un porc sur l'autel des holocaustes, & arrosa toutes les parties du temple, avec le bouillon que l'on fit de cet animal, le plus impur aux yeux des Juifs. Il pilla le temple & la ville, & en emporta des richesses immenses. Pour mettre le comble au malheur des Juifs, il donna le gouvernement de la Judée à un Phrygien, nommé *Philippe*, l'homme le plus cruel & le plus barbare; celui de Samarie à Andronic, homme aussi violent; & il laissa à Ménélaus le plus méchant des trois la souveraine sacrificature; après quoi il reprit son expédition d'Egypte.

Deux ans après, lorsqu'il fut obligé de faire la paix avec Philométor, en passant par la Palestine, il détacha de son armée vingt-deux mille hommes, sous la conduite d'Appollonius, avec ordre de détruire Jérusalem. Apollonius, arrivé dans la ville, ne témoigna rien des ordres qu'il avoit; il prit un jour de sabbat & le moment où tout le monde étoit rassemblé dans les synagogues. Tous les Juifs furent massacrés, les femmes & les enfans réduits en esclavage, sans que personne osât prendre les armes pour se défendre. La ville fut pillée, on mit le feu en plusieurs endroits, & les maisons que la flamme avoit épargnées furent démolies. Apollonius fit construire une forteresse qui dominoit le temple, & y laissa une bonne garnison.

Antiochus ne s'en tint pas à ces premiers essais de cruauté ; il ordonna que tous les peuples de son royaume quittassent les anciennes cérémonies de leur religion, & leur culte particulier pour se conformer à celui du prince. Il envoya en même temps des commissaires dans toutes les provinces pour veiller à l'exécution de ces ordres. Les nations idolâtres n'eurent pas de peine à s'y conformer ; les Samaritains mêmes ne firent aucune résistance. Mais les Juifs souffrirent une cruelle persécution. Athènes fut envoyé à Jérusalem pour y établir le culte des faux dieux. Il dédia le temple saint à Jupiter Hospitalier. Il obligeoit les Juifs à manger de la chair de porc & à se trouver aux bacchanales. Antiochus, apprenant que ses ordres ne trouvoient pas en Judée la même soumission que dans les autres provinces, s'y rendit lui-même. Il exerça des cruautés inouies sur tous ceux qui refuſerent de ſacrifier à ſes dieux. L'ancien pontife Eléazar, les Machabées & leur mere, & une infinité d'autres furent livrés à toute la rage & la barbarie des bourreaux.

Mattathias s'étoit réfugié dans les montagnes avec une troupe d'Iſraëlites, pour éviter la perſécution. Il réſolut de faire face à l'ennemi de ſa nation; il fit d'abord décider que la loi du repos du ſabbat ne devoit point empêcher un Juif de défendre ſa vie contre l'ennemi qui l'attaquoit. Ayant recueilli une petite armée, il parcourut la Judée, abattit les temples & les idoles des faux-dieux, & remporta pluſieurs victoires ſur les gouverneurs Syriens. Les fatigues de cette guerre lui cauſerent la mort environ un an après qu'il fut ſortit de ſa retraite. Antiochus avoit mépriſé les efforts de ce zélé reſtaurateur; de retour dans ſa capitale, il ſe livroit de nouveau à tous les excès de la débauche & de ſes anciennes folies.

Il venoit de faire un traité d'alliance avec Eumène, roi de Pergame, pour ſecouer le joug des Romains. Quelque ſecret qu'ils euſſent gardé, il en tranſpira

pira quelque chose à Rome. Le sénat envoya en Syrie Tibérius Gracchus pour examiner & s'informer adroitement de la vérité de ce bruit. Antiochus, qui devina le motif de l'ambassade, reçut l'envoyé avec toutes sortes d'honneurs. Il le loga dans son palais, le fit manger à sa table, & lui donna tous les témoignages possibles d'estime, d'affection & de déférence. Gracchus en fut ébloui; &, lorsqu'il fut de retour à Rome, il assura que la république n'avoit pas d'ami plus sincère ni d'allié plus fidèle qu'Antiochus.

Pendant qu'il amusoit ainsi l'envoyé des Romains, & qu'il se livroit au plaisir, Judas Machabée, qui avoit succédé à Mattathias, continuoit avec zèle ce que ce généreux défenseur de la loi avoit commencé. Deux grandes victoires qu'il remporta sur les ennemis alarmerent le roi de Syrie & le mirent en fureur. Obligé de mettre ordre à une révolte qui s'étoit élevée dans ses provinces orientales; il chargea le gouverneur de la Célésyrie & de la Palestine de la guerre contre les Juifs. On lui envoya quarante mille hommes de pied, sept mille chevaux & des éléphans. On lui écrivit que la volonté du roi étoit d'exterminer entiérement les restes de la nation rebelle, de ruiner Jérusalem & tout ce qui pourroit en rappeler le souvenir, de faire revenir des étrangers dans le pays, & de les y fixer en leur distribuant des terres.

Judas Machabée, à la tête de ses six mille hommes, déterminés à périr les armes à la main, se retira à Maspha. Il apprit que Gobrias, l'un des généraux de Macron, venoit avec cinq mille hommes par des chemins détournés pour le surprendre. Il partit aussitôt de son camp, alla lui-même se jeter sur celui des Syriens, y sema l'épouvante & la mort, tua tout ce qui se présenta devant lui, & resta maître du camp. Pendant ce carnage, Gobrias étant arrivé au camp des Juifs, & l'ayant trouvé désert, crut que son approche avoit dissipé les ennemis; il retournoit à celui des Syriens, lorsque ses soldats, qui le virent en feu, jetterent leurs armes & ne penserent qu'à fuir. Les Juifs les poursuivirent avec chaleur, & il ne leur en échappa qu'un très-petit nombre. Cette victoire ranima le courage de sa petite armée, augmentée de trois ou quatre mille hommes. Il marcha contre deux autres généraux, Timothée & Bacchides, qui levoient des troupes au-delà du Jourdain. Il les vainquit dans une grande bataille, & leur tua plus de vingt mille hommes. Cette journée coûta la vie aux principaux persécuteurs de la nation Juive. Philarque, qui lui avoit fait souffrir tant de maux, resta sur le champ de bataille. Callisthène fut brûlé dans une maison où il s'étoit retiré. Nicanor évita la mort en fuyant sous l'habit d'un esclave; mais il fut accablé du mépris & des railleries des habitans d'Antioche.

Lysias, qui avoit été chargé spécialement de cette guerre, craignant qu'Antiochus n'en rejetât sur lui le mauvais succès, fit une levée de soixante mille hommes de pied, & de cinq mille chevaux; il se mit à la tête de cette armée, & alla camper dans les plaines de Bethsura, au midi de Jérusalem. Judas, avec ses dix mille hommes, alla l'attaquer. Lysias fut si épouvanté de l'intrépidité des Juifs, qu'il reconduisit son armée vaincue à Antioche, se promettant de se remettre en campagne l'année suivante. Judas profita de sa retraite, reprit Jérusalem, & y rétablit le culte du Dieu de ses peres, en abolissant toutes les traces de l'impiété d'Antiochus. Ce prince venoit de vaincre & de mettre dans les fers Artaxias, roi d'Arménie; il se disposoit à passer en Perse, pour punir les peuples qui avoient refusé de payer le tribut. Il alla droit à Persépolis, où on lui avoit dit qu'il y avoit un temple de Diane rempli de richesses. Les habitans, qui sçurent que son projet étoit de piller leur ville & le temple, lui en fermerent les portes, & firent sur lui une si vive sortie qu'il n'osa en approcher. Il se retira à Ecbatane où il apprit ce qui s'étoit passé en Judée. Il partit aussitôt pour aller se venger sur les Juifs de l'opprobre dont il avoit été couvert à Persépolis, & des victoires remportées sur ses généraux; il vouloit, disoit-il, faire de Jérusalem le tombeau de tous les Juifs. Il étoit en chemin lorsqu'il fut attaqué d'une colique qui lui faisoit souffrir les douleurs les plus violentes. Son char, dont il faisoit précipiter la course, fut renversé, & la chute lui froissa tous les membres. On le transporta à Tabes, sur les frontieres de la Perse & de la Babylonie. Il lui creva un abcès dont il sortoit une prodigieuse quantité de vers; il en exhaloit une infection insupportable à lui-même & à ceux qui le servoient : réduit au désespoir, il se repentit des maux qu'il avoit fait souffrir aux Juifs, & promit de les réparer si la santé lui étoit rendue. Il mourut enfin, abandonné de tous ses domestiques, après avoir souffert les douleurs les plus aiguës, & à demi rongé par la pourriture de son ulcere.

Dès le commencement de sa maladie, il avoit remis l'anneau royal entre les mains de Philippe, & l'avoit nommé régent du royaume. Antiochus V, âgé de neuf ans, avoit été confié aux soins de Lysias, qui, au premier bruit de la mort d'Antiochus, s'empara de la régence & du gouvernement, sous le nom d'*Eupator*. Philippe se retira en Egypte auprès de Ptolémée Philométor, dans l'espérance d'obtenir de ce prince les secours qui lui étoient nécessaires pour rentrer dans ses droits & chasser Lysias.

Les Juifs se virent de nouveau persécutés, non-seulement par les Syriens, mais encore par tous les peuples voisins qui en massacrerent un nombre prodigieux. Judas Machabée vengea ces perfidies, & remporta une grande victoire sur Timothée, le même qu'il avoit déja vaincu deux ans auparavant; il lui tua vingt-cinq mille hommes de pied, & cinq cents cavaliers. Il le poursuivit jusqu'à Gazara, ville de la tribu d'Ephraïm, la prit d'assaut, le fit prisonnier & le condamna à mort, ainsi que Cherée, son frere, & Apollophane, l'un de ses premiers officiers. Judas fit face à tous ses ennemis, & fut par-tout victorieux. Lysias, alarmé de ces succès continuels, leva une armée de quatre-vingt mille hommes, fit marcher toute la cavalerie du royaume, & se rendit en Judée. Il commença la campagne par le siége de Bethsura. Judas alla l'attaquer, lui tua onze mille hommes d'infanterie, seize cents cavaliers, & mit tout le reste en fuite. Après cette action, Lysias regardant les Juifs comme invincibles, fit la paix avec eux, & leur permit l'exercice libre de leur religion. Malgré ce traité, signé par le jeune roi, les Juifs ne furent pas moins obligés de se défendre contre leurs voisins, à qui Lysias avoit permis secrétement de continuer leurs hostilités. Leur défense fut regardée comme une infraction du traité qui fut rompu ouvertement par les Syriens.

Lysias rassembla une armée de cent mille hommes de pied, vingt mille chevaux, trente-deux éléphans, & trois cents charriots de guerre. Il conduisit le jeune roi à cette expédition, pour animer les troupes par sa présence. La campagne fut encore commencée par le siége de Bethsura. Judas Machabée, avec sa petite troupe, alla surprendre les ennemis pendant la nuit dans leur camp, il leur tua quarante mille hommes, & se retira avant que le jour leur permît de se remettre de la terreur où il les avoient jetés. Lysias, transporté de fureur, voulut en venir à une bataille rangée; les Juifs se mirent en défense, passerent sur le ventre à six cents hommes choisis, & firent leur retraite à la vue de l'ennemi qui n'osa pas les poursuivre. Eléazar, l'un des freres de Judas, voyant un éléphant d'une grosseur prodigieuse, & magnifiquement caparaçonné, imagina que c'étoit celui du roi. Il se fit jour à travers une foule d'ennemis, renversant tout ce qui se présentoit devant lui, arriva auprès de l'éléphant, & ne pouvant le blesser au flanc à cause de la cuirasse dont il étoit couvert, il se mit sous le ventre, le perça de son épée, & fut écrasé lui-même sous le poids de cet animal énorme.

Judas s'étoit retiré à Jérusalem. L'armée ennemie y entra sans obstacles, & fit le siége du temple qui servoit de retraite aux Juifs. La famine les menaçoit déja de ses horreurs, lorsqu'une révolution imprévue les tira du danger. Philippe n'ayant pu obtenir de Ptolémée les secours dont il avoit besoin, avoit repris le chemin de l'Orient, s'étoit fait un parti de Perses & de Mèdes, avec lequel il se rendit à Antioche pendant l'abscence du roi, & s'y fit reconnoître régent du royaume. Lysias effrayé fit lever le siége du temple de Jérusalem, & la paix fut conclue à condition que les Juifs exerceroient librement leur religion. Le retour de l'armée du roi à Antioche eut bientôt dissipé l'autorité que Philippe imaginoit y avoir acquise. Il périt les armes à la main en voulant la défendre.

Le jeune roi avoit à Rome un rival, qui, avec un droit spécieux de prétendre au trône, étoit résolu de tout entreprendre pour y parvenir : c'étoit Démétrius, petit-fils d'Antiochus le Grand, qui y étoit en ôtage. Après avoir demandé au sénat la permission de retourner à Antioche pour monter sur le trône qu'un autre avoit usurpé, ce qui lui fut refusé, il trouva moyen de s'enfuir de Rome, & de repasser en Syrie. Il y avoit fait courir le bruit qu'il venoit sous l'autorité des Romains prendre possession du royaume. Les troupes furent les premieres à se déclarer; Eupator fut enlevé de son palais avec Lysias; l'un & l'autre furent conduits à Démétrius qui les fit mourir.

DÉMÉTRIUS I prit aussitôt possession du trône des Séleucides. Les commencemens de son règne sembloient promettre aux Syriens des jours heureux. Les deux premiers officiers de la Babylonie avoient véxé la province, l'un par des exactions arbitraires, l'autre par une autorité tyrannique; Démétrius les fit arrêter tous deux, condamna l'un à la mort & l'autre à l'exil. Les Babyloniens, en reconnoissance, lui donnerent le surnom de *Soter* ou *Sauveur*. Le reste de son règne n'eut

Av. J.C. 162.

rien qui répondit à ce trait d'équité; il fut facile à prévenir, livré à ses passions, violent dans ses caprices, & il se fit haïr de tous ses sujets. Il recommença la guerre contre les Juifs à la sollicitation d'Alcime, que Lysias avoit élevé à la dignité de grand prêtre, & qui, rejeté de sa nation parce qu'il avoit abandonné sa religion pour embrasser l'idolâtrie des Grecs, souleva contre Judas tous les Juifs apostats. Cet imposteur accusa Judas de les avoir obligés à fuir de leur patrie par les cruautés qu'il avoit exercées contre eux, par la seule raison qu'ils étoient soumis au roi de Syrie.

Démétrius, animé par ces calomnies, ordonna à Bacchide, gouverneur de la Mésopotamie, de marcher contre les Juifs à la tête d'une nombreuse armée. Il confirma Alcime dans la charge de souverain sacrificateur, & il l'associa à Bacchide pour le commandement des troupes. Ce traître étant arrivé près de Jérusalem fit proposer une conférence à Judas, qui, se méfiant de lui, refusa toute entrevue. Les Alcidéens furent les victimes de leur bonne-foi. Ils allerent le trouver, & il en fit égorger soixante.

Cette perfidie fit liguer tout le monde contre lui, & il fut obligé de retourner à Antioche, sans avoir rien fait dans cette campagne. Le roi envoya Nicanor dans la Palestine avec de nouvelles troupes. Ce général eut plusieurs conférences avec Judas, pour qui il conçut toute l'estime qu'il méritoit: la paix alloit être faite; mais Alcime, qui craignoit qu'on ne lui ôtat la souveraine sacrificature, s'y opposa, & fit donner des ordres à Nicanor de continuer la guerre. Elle le fut & très-vivement. Il attaqua un Juif nommé *Razias*, qui, par ses richesses, soutenoit le parti de ses freres, fidèles à leur religion; Nicanor avoit envoyé cinq cents hommes pour investir sa maison, & le lui amener chargé de chaînes. Ce vieillard, se voyant prêt à tomber entre les mains de ses ennemis, se perça de sa propre épée; le coup n'étoit pas mortel, il monta à l'endroit le plus élevé de sa maison, d'où il se précipita: survivant encore à sa chute, il s'arracha lui-même les entrailles qu'il jeta aux soldats.

Nicanor, sçachant que Judas étoit passé avec les siens dans la province de Samarie, résolut d'aller l'attaquer un jour de sabbat. Il marcha à la tête de trente-cinq mille hommes contre cette poignée de soldats que conduisoit Judas Machabée. Dès le commencement de la bataille, Nicanor fut tué. Ses soldats, sans chef, ne purent soutenir la vive attaque des Juifs, qui en firent un carnage horrible : ils poursuivirent sans relâche ceux qui avoient pris la fuite, &, de cette nombreuse armée, il ne se sauva pas un seul homme. Le corps de Nicanor fut trouvé sur le champ de bataille; Judas lui fit couper la tête & le bras droit, & on les exposa sur une des tours de Jérusalem. Sa langue fut coupée en morceaux pour servir de pâture aux oiseaux. Le vainqueur pensa que le roi de Syrie, sensible à la défaite de son armée, ne manqueroit pas de faire de nouveaux efforts pour se venger. Pour prévenir les effets de sa colere, il proposa aux Juifs de faire alliance avec les Romains. Son projet fut approuvé; l'on envoya des ambassadeurs à Rome. Ils y furent bien reçus, & le sénat accepta l'alliance du peuple Juif, & le prit sous sa protection. Démétrius se hâta de tirer vengeance de cette nation avant qu'on lui eût signifié le décret qui la rendoit amie & alliée des Romains. Il renvoya une seconde fois Bacchide & Alcime en Judée. A leur approche, les troupes de Judas prirent l'épouvante & s'enfuirent. Il resta avec huit cents hommes qui périrent avec lui, après avoir enfoncé & taillé en piéces une partie de l'armée ennemie. Ainsi mourut ce grand homme, à qui l'amour de la patrie & le zèle pour la religion avoient mis les armes à la main.

Les Juifs sentirent la perte qu'ils faisoient. Jonathas, son frere, fut nommé pour remplir sa place; mais il ne put rétablir les affaires de sa nation. Alcime fut bientôt maître de toute la Judée, dont le gouverneur tomba entre les mains d'une troupe de scélérats qui y commirent toutes sortes de violences. Ceux qui étoient demeurés fidèles, conjurerent Jonathas de ne pas laisser périr le reste de la nation. Il se retira avec le peu de troupes qu'il avoit au-delà du Jourdain. L'impie Alcime mourut l'année suivante d'une paralysie qui le rendit perclus de tous ses membres, sans pouvoir proférer une seule parole. Bacchide, qui n'étoit venu en Judée que pour le faire reconnoître, partit pour Antioche aussitôt après sa mort.

Démétrius qui, s'étant enfui de Rome malgré le sénat, avoit fait mourir Antiochus, protégé par les Romains, & qui tout récemment encore venoit de faire la guerre aux Juifs leurs alliés, crut devoir faire des démarches pour recouvrer leur amitié. Il envoya des ambassadeurs pour la leur demander; ils l'accorderent, & les anciens traités de paix & d'alliance furent renouvelés. Mais il oublia bientôt l'article qui lui ordonnoit de ne plus molester les Juifs, il leur fit la guerre lorsqu'il apprit que Jonathas rétablissoit avec succès l'ordre dans la Judée. Bacchide y fut renvoyé pour la troisieme fois. Il essaya d'abord de faire enlever Jonathas; mais les cinquante hommes qu'il avoit chargés de l'exécution de ce projet, ayant été arrêtés, furent mis à mort. Bacchide l'attaqua à force ouverte, & l'assiégea dans Bethbessen. En deux sorties que Simon Machabée fit sur lui, il brûla ses machines de guerre, battit ses troupes, & en passa la plus grande partie au fil de l'épée. Ces heureux succès furent suivis de la paix, & Bacchide retourna en Syrie.

A ce premier ſujet de plainte que Démétrius venoit de donner aux Romains, il en ajouta un ſecond en favoriſant l'uſurpation d'Holopherne contre Ariarathe, roi de Cappadoce. Cet Holopherne étoit un impoſteur qui ſe diſoit fils d'Ariarathe & d'Antiochis, fille d'Antiochus le Grand, & qui, en cette qualité, prétendoit monter ſur le trône de Cappadoce. Aidé par le roi de Syrie, il en chaſſa en effet Ariarathe; mais ſa mauvaiſe conduite ayant révolté ſes ſujets, ils le chaſſerent. Les deux concurrens s'adreſſerent au ſénat qui ſe laiſſa ſéduire par Holopherne, & ordonna que les deux compétiteurs partageroient les honneurs du trône; mais Holopherne, haï de tous les Cappadociens, fut chaſſé une ſeconde fois. Il ſe retira à la cour de Syrie où il partagea les plaiſirs de Démétrius, qui, depuis quelques années ſe rendoit mépriſable aux yeux de ſes ſujets par ſes débauches. Il les porta à un tel excès, qu'il ſe forma une conjuration contre lui, & les mécontens réſolurent de le dépoſer. L'un des principaux conjurés fut Holopherne, compagnon de ſes plaiſirs, qui ſe flattoit de parvenir à la couronne par cette révolution. La conjuration fut découverte, Holopherne fut empoisonné avec plusieurs de ses complices. La mort de quelques-uns d'entr'eux n'effraya point les mécontens. Ptolémée, roi d'Egypte, Attalus, roi de Pergame, & Ariarathe, roi de Cappadoce, favorisoient sous main les révoltés. Ces trois princes, mécontens de Démétrius, entreprirent de lui enlever la couronne; &, pour en avoir un prétexte plausible, ils lui susciterent un rival, comme il en avoit protégé un contre Ariarathe. Ils jetterent les yeux sur Héraclide pour la conduite de cette affaire. C'étoit le receveur des finances de Babylone, qu'il avoit exilé au commencement de son règne.

Héraclide trouva à Rhodes, où il s'étoit réfugié depuis sa disgrace, l'homme dont ils avoient besoin. C'étoit un jeune homme de basse extraction, mais qui étoit hardi, entreprenant, rusé, politique, ambitieux & propre à jouer un grand rôle. Il se nommoit *Alexandre Balas*. Il l'instruisit de tout ce qu'il avoit à dire pour se faire passer pour fils d'Antiochus Epiphane, & frere de Laodice, veuve de Persée. Il le conduisit à Rome avec Laodice, & fit si bien, qu'il fut reconnu par le sénat pour héritier légitime de la couronne de Syrie; qu'il lui fut permis d'aller se mettre en possession du royaume, & qu'on lui promit de lui donner tous les secours qu'il avoit demandés. Héraclide, muni d'un décret si avantageux, partit aussitôt de Rome, leva des troupes dans la Grèce, alla à Ephèse, où il fit les préparatifs de la guerre. Il se rendit maître de Ptolémaïs, & s'avança vers la Syrie.

Démétrius, voyant l'orage qui se formoit & qui étoit prêt à fondre sur sa tête, mendia des secours de tous côtés. Ne doutant point que ses ennemis n'eussent recours aux Juifs, dont la valeur étoit reconnue, il les prévint; il permit à Jonathas de faire des levées de troupes, de faire fabriquer des armes: il lui fit remettre ses ôtages, & le déclara son allié. Alexandre résolut d'enlever à Démétrius le secours qu'il attendoit des Juifs. Il écrivit à Jonathas: « Nous » avons appris que vous êtes un homme » puissant & digne d'être notre ami. Si » vous voulez entrer dans notre allian» ce, nous vous établissons dès aujour» d'hui grand-prêtre de votre peuple;

» nous vous donnons le titre d'ami du » roi ; & nous voulons que vous ſoyez » toujours attaché à nos intérêts. » Il envoya avec cette lettre une robe de pourpre & une couronne d'or. Jonathas ne ſe déclara encore pour aucun parti ; mais le ſouvenir des perſécutions de Démétrius, & le reſſentiment que l'on en conſervoit, faiſoient pencher pour celui d'Alexandre ; on le préféra malgré toutes les promeſſes de Démétrius. Jonathas accepta la ſouveraine ſacrificature vacante depuis la mort d'Alcime, & ſon élection fut confirmée par les ſuffrages de tout le peuple.

Les deux armées ſe mirent en campagne dès que la ſaiſon le permit. Démétrius remporta la victoire dans la premiere bataille ; mais il n'en tira aucun avantage. Alexandre reçut des troupes des Romains, des Juifs, de l'Egypte, de Pergame & de la Cappadoce. Se voyant à la tête d'une armée nombreuſe, il alla avec confiance contre l'ennemi. Démétrius, au contraire, commençoit à craindre l'iſſue de cette guerre. Comme il étoit généralement haï, il apprenoit tous les jours quelques nouvelles déſertions. Il envoya ſes enfans à Cnide; il les confia avec une groſſe ſomme d'argent à un de ſes amis. Alexandre revint contre lui, & le preſſa de maniere qu'il fut obligé d'en venir à un combat déciſif. Ses troupes furent battues; il fut obligé de s'enfuir, & entra malheureuſement dans un marais d'où ſon cheval ne put ſe tirer. Le brillant & la richeſſe de ſes armes le firent reconnoître; les ennemis coururent à lui, & l'accablerent d'une grêle de traits, ſous leſquels il expira dans la douzieme année de ſon règne.

ALEXANDRE BALAS devint maître de l'empire par la mort de Démétrius. Lorſqu'il en eut pris poſſeſſion, il envoya des ambaſſadeurs à Ptolémée Philométor, pour lui demander ſa fille Cléopâtre en mariage; Ptolémée la lui accorda, la conduiſit juſqu'à Ptolémaïs où les noces ſe célébrerent avec magnificence. Jonathas y fut invité, & s'y rendit avec un grand cortége & des préſens magnifiques pour les deux princes & pour Cléopâtre. On lui accorda tous les honneurs dûs à un ſouverain, & Alexandre lui donna les plus grandes marques d'amitié. Les ennemis

Av. J.C. 151.

du grand-prêtre préſenterent au roi de Syrie un mémoire d'accuſations graves contre lui. Mais Alexandre n'y fit aucune attention ; il le combla d'éloges, le fit toujours aſſeoir auprès de lui ; il le nomma prince de Judée conjointement avec lui ; enfin retourna à Jéruſalem comblé d'honneurs & de bienfaits.

Dès qu'Alexandre ſe vit tranquille poſſeſſeur du royaume, il ne ſongea plus qu'à ſe livrer aux plaiſirs. Il avoit laiſſé le ſoin des affaires à ſon favori Ammonius qui diſpoſoit de tout à ſon gré. Ce miniſtre cruel fit mourir Laodice, ſœur de Démétrius, & Antigone, fils de ce prince, qui n'avoit pas été envoyé à Cnide avec les autres. Une telle conduite ne tarda pas à attirer la haine du peuple ſur le roi & ſur ſon miniſtre. Démétrius, l'aîné des fils du roi détrôné, étoit en âge de prendre les armes. Il ſongea à profiter du ſoulèvement du peuple pour reprendre ſa couronne. Laſthène, à qui ſon pere l'avoit confié, lui fit avoir quelques compagnies de Crétois, avec leſquelles il entra dans la Cilicie. Son armée, groſſie par les mécontens, ſe trouva bientôt aſſez forte pour lui ſoumettre la province. Jonathas prit les armes pour ſon bienfaiteur, & alla aſſiéger Joppé, dont les habitans ſe rendirent malgré la garniſon. De-là il alla attaquer les ennemis près d'Azot; il leur tua huit mille hommes en bataille rangée, prit la ville, la réduiſit en cendres avec le temple de Dagon & tous ceux qui s'y étoient réfugiés. Les citoyens d'Aſcalon allerent au-devant de lui, & le reçurent avec de grands honneurs. Enfin il retourna à Jéruſalem, chargé des dépouilles des troupes d'Appollonius qu'il avoit diſſipées. Pour récompenſer un ſervice de cette importance, Alexandre lui envoya une agrafe d'or, que les ſeuls princes de la maiſon royale avoient droit de porter, & lui fit préſent de la ville d'Accaron avec ſon territoire. Son règne ne dura que cinq ans. Le même Ptolémée qui l'avoit fait monter ſur le trône, l'en chaſſa, l'obligea de s'enfuir en Arabie, où il périt par les ordres de Zabdiel, prince Arabe, chez qui il s'étoit réfugié.

DÉMÉTRIUS II, déja proclamé roi de Syrie, prit le ſurnom de *Nicanor*. Il n'étoit monté ſi facilement ſur le trône de ses aïeux que par la haine que les Syriens avoient pour les vices d'Alexandre; il est étonnant qu'il n'ait rien fait pour se concilier l'amour & le respect des peuples. Facile à persuader & à se laisser conduire, il fut uniquement occupé de ses plaisirs, & laissa le soin des affaires à Lasthène à qui son pere l'avoit confié, & qui l'avoit mis sur le trône. Lasthène étoit un homme corrompu, emporté, soupçonneux & cruel, qui, parvenu au comble des grandeurs, oublia sa premiere obscurité. Sur des soupçons mal fondés, oubliant les services que les Egyptiens avoient rendus à son maître, il fit massacrer tous ceux qui se trouverent en Syrie. Cet attentat révolta les Syriens mêmes : ils ne purent s'empêcher de faire éclater leurs plaintes & leurs murmures. Lasthène en fit mourir plusieurs, & irrita de plus en plus les esprits.

Jonathas profita de ces troubles pour attaquer la forteresse de Jérusalem qui étoit toujours occupée par les Syriens. Démétrius, qui fut informé de cette entreprise, se rendit à Ptolémaïs, & ordonna à Jonathas de venir lui rendre compte de sa conduite. Jonathas sçut si bien se disculper, qu'il dissipa tous ses soupçons, & en reçut de nouvelles marques de bienveillance. Le roi retourna à Antioche où il se rendit méprisable & odieux à ses sujets. Triphon, qui sous Alexandre avoit été gouverneur d'Antioche, profita des dispositions des Syriens pour tenter de mettre sur le trône le fils d'Alexandre. C'étoit un enfant de quatre ans. Triphon vouloit s'emparer de la régence, gagner l'amitié des Syriens, & se défaire ensuite du prince enfant, pour usurper la couronne. Il le demanda à Zabdiel qui le lui refusa d'abord, & qui l'accorda enfin à ses instances & à son importunité.

Cependant la révolte commençoit à éclater, & Démétrius, qui en craignoit les suites, crut les prévenir en désarmant les habitans d'Antioche; mais ils refuserent de donner leurs armes; il en fit égorger plusieurs dans leurs maisons. Ces cruautés ayant soulevé toute la ville, il eut recours aux Juifs qui venoient eux-mêmes le prier de retirer la garnison de la forteresse de Jérusalem. Il leur promit de faire tout ce qu'on lui demandoit, à condition qu'ils lui donneroient promptement des troupes pour châtier les rebelles. Jonathas lui envoya trois mille hommes. Lorſqu'ils furent arrivés, le roi ſe crut aſſez fort pour tout entreprendre. Il ordonna une ſeconde fois aux habitans de remettre leurs armes entre ſes mains. Au lieu d'obéir, ils allerent au nombre de cent vingt mille inveſtir le palais, réſolus de tuer le tyran. Les Juifs tomberent ſur cette populace, tuerent près de cent mille hommes, & brûlerent une partie de la ville. Le reſte des mutins demanda grace. Démétrius l'accorda; mais oubliant le danger qu'il venoit de courir, il continua ſes cruautés, & fit mourir pluſieurs perſonnes pour raiſon de la révolte. Il pouſſa la folie juſqu'à irriter les Juifs en révoquant les priviléges qui leur avoit été accordés. Ses ſujets irrités n'attendoient qu'une occaſion pour renverſer du trône ce prince qui n'avoit fait que le déshonorer. Elle ne tarda pas à ſe préſenter. Triphon qui avoit enfin tiré des mains de Zabdiel, Antiochus, fils d'Alexandre, publia un manifeſte dans lequel il expoſoit les prétentions de ce jeune prince. Sans examiner ſi elles étoient juſtes, les troupes

pes que Démétrius avoient licentiées imprudemment dès le commencement de ſon règne, ſe rendirent auprès de lui; les mécontens ſe rangerent en foule du côté du jeune prince. Cette armée marcha contre le roi, le battit, s'empara de la capitale, conduiſit Antiochus au palais, & l'aſſit ſur le trône de Syrie. Démétrius ſe retira à Séleucie où il en établit un autre qui doit être regardé comme le véritable trône de l'empire, puiſqu'Alexandre, qui étoit un uſurpateur, ne pouvoit donner aucun droit légitime à ſon fils. Cet enfant ne ſurvécut que trois ans à ſon élévation.

Triphon gouverna abſolument; il confirma à Jonathas & aux Juifs tous les priviléges qui leur avoient été accordés, & les combla de nouvelles faveurs pour les attirer dans ſon parti. Jonathas promit tous les ſecours qu'il pourroit fournir; il leva une nouvelle milice & marcha contre Démétrius, dont il battit les troupes en deux rencontres, & leur enleva un butin conſidérable. Demétrius étoit à Séleucie, fort peu inquiet des mauvais ſuccès de ſes armées, & il y étoit auſſi cruel, auſſi débauché qu'il avoit été à Anthioche. Une conduite si déraisonnable, dans des circonstances aussi critiques, enhardit Triphon à tenter l'exécution de son projet, de monter sur le trône. Il ne craignoit point Démétrius, il lui étoit aisé de se défaire d'Antiochus; mais il redoutoit la probité de Jonathas qui avoit promis de défendre les intérêts du jeune prince: il résolut de se défaire de lui. Il alla en Judée, le combla de présens, lui promit de lui donner la ville de Ptolémaïde, & l'engagea à l'y suivre pour en prendre possession. Jonathas s'y étant rendu avec mille hommes seulement, dès qu'il fut dans la ville, Triphon en fit fermer les portes, fit massacrer la garde de Jonathas, & le chargea de chaînes. Les Juifs, consternés de ce malheur, élurent Simon, son frere, à sa place. La fureur & le désespoir leur donnerent des forces pour s'opposer à toutes les entreprises du traître Triphon, qui venoit de faire mourir Jonathas & ses deux fils. Il n'osa plus attaquer les Juifs, & consomma son crime en faisant assassiner Antiochus, dont il prit la place.

Simon, aussi courageux que tous ses prédécesseurs, se rendit encore plus redoutable par les alliances qu'il fit. Il se reconcilia avec Démétrius, fit une nouvelle alliance avec les Romains, demanda des secours aux Spartiates ; & ces traités, qui subsisterent sans aucune altération, procurerent une paix solide à la nation Juive. Il se rendit maître de la forteresse de Jérusalem, qui, depuis vingt-six ans, étoit occupée par les Syriens; il en fit raser les fortifications & applanir la montagne où elle étoit située.

Démétrius sortit enfin de la mollesse léthargique dans laquelle il avoit vécu depuis le commencement de son règne. Mithridate, roi des Parthes, vainqueur des Bactriens, des Mèdes, des Hyrcaniens & des Elyméens, étoit prêt d'entrer dans la Mésopotamie. Le roi de Syrie se détermina à marcher contre ce redoutable guerrier. Dès qu'il fut au-delà de l'Euphrate, les Elyméens, les Perses & les Bactriens se joignirent à lui, & avec leur secours il battit plusieurs fois les Parthes. Mithridate, craignant le succès de ses armes, lui fit proposer une entrevue pour terminer la guerre. Démétrius s'y étant rendu, Mithridate le fit enlever, se jeta sur son armée & la mit en déroute. Il retint le roi prisonnier de guerre, lui donna sa fille Rhodogune en mariage, & lui assigna l'Hyrcanie pour sa résidence. Il ne fut relâché qu'après dix ans de captivité, par Phraate, fils & successeur de Mithridate.

Triphon se livra à toute la violence de son caractere, lorsque par la détention de Démétrius il parut n'avoir plus rien à craindre. Sa domination devint un joug accablant pour les grands & pour le peuple; on ne chercha plus qu'à s'en délivrer par une révolte. La jalousie de Cléopâtre y donna lieu. Ayant appris le mariage de Démétrius avec Rhodogune, elle chercha à se venger de cette infidélité. Elle se renferma dans Séleucie, attira une partie des troupes de Triphon, envoya proposer sa main & la couronne de Syrie à Antiochus, frere de Démétrius, qui étoit à Rhodes. Ce prince accepta l'offre; mais, avant de se rendre auprès de Cléopâtre, il s'assura de l'alliance & de la protection des Juifs, & fit tous les préparatifs nécessaires pour cette guerre. Il se rendit à Séleucie, y épousa Cléopâtre, & peu après il se vit à la tête de cent vingt mille hommes d'infanterie & de huit mille chevaux. Il alla attaquer Triphon qui se retira & se renferma dans Dora, ville maritime de Phénicie. Antiochus l'assiégea par mer & par terre ; &, pendant qu'il le tenoit bloqué avec une petite partie de ses troupes, il alla se présenter avec le reste de son armée devant les grandes villes de Syrie & de Phénicie qui lui ouvrirent leurs portes. Enflé de ces succès, il retourna au siége de Dora, &, espérant réduire la Judée aussi facilement, il rompit ouvertement avec les Juifs. Triphon, voyant que la ville ne pouvoit pas tenir encore long-temps, en sortit, se réfugia à Orthosie, de-là à Apamée avec l'argent du trésor, dont il répandit une partie sur sa route pour arrêter les ennemis qui le poursuivirent. Mais ce stratagême ne retarda sa fin que très-peu de temps. Lorsqu'il vit que la ville alloit être prise, il se retira dans la citadelle, où, quand il se vit prêt à tomber entre les mains de l'ennemi, il se précipita dans un bûcher qu'il avoit fait allumer. C'étoit la cinquieme année de son usurpation.

Av. J.C. 189.

Antiochus prit le nom de *Soter* : on

lui donna auſſi celui de *Sidete*, ſoit parce qu'il aimoit la chaſſe, comme ce nom Phénicien le ſignifie, ſoit parce qu'il avoit fait quelque ſéjour à Side, ville maritime de Pamphilie. A peine fut-il délivré de Triphon, ſon rival, qu'il déclara la guerre aux Juifs, demandant à Simon la reſtitution de Joppé & de Gazara, dont il s'étoit emparé. Sur le refus de Simon, Antiochus envoya Cendebée avec une armée nombreuſe pour réduire la Judée. Simon leva une armée de plus de vingt mille hommes, dont il donna le commandement à ſes deux fils Judas & Jean, étant trop âgé pour ſoutenir lui-même les fatigues de la guerre. Ses fils, héritiers de la valeur de leurs ancêtres, firent des prodiges. Dès la premiere bataille, Judas mit en fuite l'armée des Syriens & fut bleſſé; Jean, ſon frere, pourſuivit les fuyards & les chaſſa entiérement. Après cette expédition, ils rentrerent en triomphe dans Jéruſalem. Antiochus, redoutant la bravoure & l'intrépidité des Juifs, ne penſa plus à les attaquer. Mais quatre ans après, Simon, faiſant la viſite de la Judée pour y rétablir l'ordre que tant de guerres avoient altéré, fut aſſaſſiné à table avec ses deux fils Mattathias & Judas, à Jéricho, par Ptolémée, son gendre, gouverneur de cette contrée. Ce misérable envoya aussi des assassins à Gazara pour massacrer Jean Hyrcan, l'aîné des fils de Simon; mais celui-ci ayant été averti, les fit arrêter & mettre à mort. On soupçonna avec raison que le roi de Syrie étoit complice de cette affreuse trahison. L'infame Ptolémée vouloit s'élever à la souveraine sacrificature. Dès qu'il eut exécuté son parricide, il envoya demander des troupes à Antiochus pour consommer son projet, lui promettant de le rendre maître de toute la Judée. Antiochus alla lui-même assiéger Jérusalem à la tête d'une armée nombreuse. Jean Hyrcan, reconnu pour successeur de son pere, s'y étoit renfermé avec toutes ses forces; tous les efforts du roi de Syrie furent inutiles, & il fit la paix avec les Juifs malgré ses principaux officiers. Il connoissoit le courage & la valeur de cette nation, & il vouloit s'en servir pour recouvrer les provinces que Mithridate, roi des Parthes, avoit enlevées à Démétrius.

Pour exécuter ce projet, il leva une

armée de quatre-vingt ou cent mille combattans, & de plus de deux cents mille autres personnes qui la suivoient, comme vivandiers, cuirassiers, cuisiniers, domestiques & autres. Il fit marcher à sa suite des comédiens, des musiciens; le luxe répondoit à cette prodigieuse quantité de gens inutiles. Lorsqu'il parut avec cette brillante armée, la plûpart des princes & des peuples de l'Orient se joignirent à lui. Il vainquit trois fois les Parthes qu'il obligea de se retirer dans leur capitale. Au commencement de l'hiver, il dispersa ses troupes en différens quartiers du pays conquis. Son armée ne pensa plus qu'à se réjouir. Il faisoit lui-même une dépense étonnante; &, pour la soutenir, il dépouilloit les peuples. On le regardoit comme un fléau terrible; la crainte seule étouffoit les murmures & le désir de se venger. Phraate connoissant la disposition de ses peuples, en profita pour faire massacrer tous les Syriens dans un même jour. Antiochus y périt avec ses soldats.

Antiochus fut regretté de ses sujets; il étoit humain, affable, juste, ami de la vérité, qualité précieuse & rare dans les rois, bienfaisant. Il aimoit passionnément la chasse. Un jour qu'il s'étoit livré plus vivement à la poursuite d'une bête fauve, il s'étoit écarté sans s'en appercevoir, & la nuit le surprit au milieu d'une forêt. Ne sçachant où aller, il demanda le couvert à des bûcherons qu'il rencontra par hasard. Ils le reçurent de leur mieux sans le connoître. Pendant le souper, après avoir parlé de choses indifférentes, il fit tomber la conversation sur la personne & la conduite du roi ; ils dirent que c'étoit un bon prince, mais que sa trop grande passion pour la chasse lui faisoit négliger les affaires de son royaume, qu'il se reposoit sur des courtisans qui ne répondoient pas toujours à ses bonnes intentions. Il ne répondit rien à cette leçon donnée par la bonne foi & la vérité. Le lendemain, étant retourné à son palais, il raconta ce qui lui étoit arrivé la veille, & dit aux principaux de sa cour : « Il » est triste pour moi que depuis plu» sieurs années que je vous ai attachés » à mon service, aucun de vous ne » m'ait dit la vérité sur ce qui me re» garde, & que je l'aie seulement ap» prise hier, par ceux de qui je ne pou» vois l'attendre. »

Phraate, pour obliger Antiochus à retourner en Syrie, avoit donné la liberté à Démétrius II, eſpérant que les deux freres s'affoibliroient mutuellement par une guerre civile, & qu'il lui ſeroit aiſé de s'emparer de la Syrie. Mais le parti qu'il avoit pris avoit dérangé tous ces projets. Démétrius ne perdit point de temps, & ſe rendit promptement en Syrie, où il remonta ſur le trône. Il l'occupa encore quatre ans qui ſe paſſerent dans les agitations de la guerre qu'il s'attira en prenant part aux troubles qui régnoient en Egypte. Ptolémée Phyſcon, pour ſe venger, lui ſuſcita un impoſteur, fils d'un petit marchand d'Alexandrie, qui ſe préſenta en Syrie comme fils adoptif d'Alexandre Balas, ſous le nom d'Alexandre Zébina. Les Syriens qui haïſſoient ſouverainement Démétrius, l'abandonnerent pour couronner ſon rival, ſe mettant peu en peine de ſçavoir à qui ils alloient ſe ſoumettre, pourvu qu'ils ſe délivraſſent de l'objet de leur haine. Ce prince ſe retira à Tyr où il fut aſſaſſiné.

Alexandre II, ſurnommé *Zébina*, fit une alliance avec Jean Hyrcan, dont celui-ci tira de grands avantages pour sa nation. En montant sur le trône, cet usurpateur s'étoit attendu à avoir bientôt un rival à combattre. Séleucus, fils aîné de Démétrius II, voyoit avec peine un étranger occuper le trône de ses peres. Il entreprit d'y monter & d'en chasser celui qui le lui avoit ravi. Cléopâtre sa mere s'opposoit à cette entreprise, parce qu'elle craignoit de perdre la portion du royaume dont elle s'étoit emparée, & dont Zébina la laissoit jouir tranquillement. Il se fit proclamer malgré elle; mais elle le fit assassiner. Ce crime atroce révolta contre elle tous ses sujets. Pour le réparer aux yeux du public, & faire croire qu'elle n'avoit point exclu ses enfans du trône, elle fit couronner Antiochus, son second fils, âgé de dix-neuf à vingt ans, qu'elle rappela d'Athènes; mais elle ne lui donna que le titre de roi, se réservant toute l'autorité.

Zébina, se croyant irrévocablement affermi sur le trône de Syrie, commit une faute qui le précipita du faîte de la grandeur dans le dernier malheur. Il crut n'avoir plus besoin du roi d'Egypte, il voulut en secouer le joug &

rompit avec lui. Ptolémée, indigné de cette ingratitude, se réconcilia avec Cléopâtre, sa sœur, souleva les Syriens contre Zébina, & protégea ouvertement Antiochus. Deux de ses principaux officiers entrerent dans la ligue & s'emparerent de Laodicée. Alexandre reprit la ville, fit prisonniers les deux traîtres; mais, au lieu de les faire mourir comme il le pouvoit, il leur pardonna. Ce trait de clémence ramena dans son parti plusieurs de ceux qui l'avoient abandonné; mais craignant l'inconstance du peuple, & n'ayant point de confiance en ses troupes, il n'osa risquer une bataille. Il s'enfuit & emporta tous ses trésors. Poursuivi très-vivement, il se réfugia à Antioche avec quelques troupes. Comme il manquoit d'argent pour les payer, il enleva du temple de Jupiter une statue d'or. Le peuple l'auroit mis en piéces s'il ne se fût retiré très-promptement. Il fut arrêté & conduit à Antiochus qui le fit mourir.

ANTIOCHUS VIII, surnommé *Grypus*, parce qu'il avoit le nez long & aquilin, partagea pendant quelque temps les honneurs du trône avec sa mere. Mais la jalousie & l'ambition de

Cléopâtre troublerent cette heureuſe intelligence. Cette cruelle marâtre réſolut de ſe défaire encore de ce ſecond fils, & de lui ſubſtituer un autre enfant qu'elle avoit eu d'Antiochus Sidete, & qui, étant encore en bas âge, lui faiſoit eſpérer de conſerver long-temps l'autorité royale. Cette femme ambitieuſe ayant préparé elle-même un breuvage empoiſonné, le préſenta à Antiochus un jour qu'il revenoit de la chaſſe, & lui ordonna de le boire. Son fils, ſurpris & outré d'une pareille propoſition, oublia à ſon exemple tous les ſentimens de la nature, & lui ordonna de prendre la coupe qu'elle lui offroit. Cette ſcène horrible d'une mere qui vouloit empoiſonner ſon fils, & du fils qui, pour ſauver ſa vie, étoit obligé de l'ôter à ſa mere, ſe termina par la mort de la barbare qui y avoit donné lieu. Antiochus lui conſeilla de préférer ce ſupplice à un plus cruel & plus ignominieux dont il puniroit ſon crime. Cléopâtre, effrayée de la réſolution de ſon Av. J.C.
fils, avala le poiſon dont elle mourut 121.
bientôt après.

La Syrie épuiſée par les pertes qu'elle avoit faites les années précédentes, avoit besoin d'une longue paix pour rétablir ses forces. Antiochus ne fit aucune entreprise pendant l'espace de huit ans; mais lorsqu'il se préparoit à faire la guerre aux Juifs. Il fut obligé de se défendre lui-même contre son frere Antiochus, surnommé *Cyzicénien*, qui entreprit de lui enlever la couronne. Il étoit fils de Démétrius, & étoit né pendant la premiere année de sa captivité. Cléopâtre, sa mere, l'avoit envoyé à Cyzique pour le mettre en sûreté. Les troubles de la cour d'Egypte lui procurerent un secours auquel il n'avoit pas lieu de s'attendre. Cléopâtre, répudiée par Ptolémée Latyre, s'attacha à lui, & lui donna pour dot une armée de six mille hommes que Latyre détacha des troupes Egyptiennes. Le Cyzicénien, avec ce corps de troupes & quelques Syriens, se crut en état d'attaquer son frere. Il lui livra bataille, fut vaincu & obligé de se retirer à Antioche avec sa femme; il la laissa dans cette ville pendant qu'il alloit lever de nouvelles troupes. Grypus, informé de son absence, alla assiéger Antioche & la prit. Triphène, sa femme, irritée de ce que sa sœur Cléopâtre avoit épousé le Cyzicénien, la fit condamner à mort par les troupes. Cette princeſſe ſe réſugia dans un temple; mais Triphène y envoya des ſoldats qui, ne pouvant lui faire quitter la ſtatue du dieu qu'elle tenoit embraſſée, lui couperent les bras, & dans la crainte que ſes cris n'attiraſſent le peuple, ils lui plongerent le poignard dans le ſein; elle expira aux pieds de l'autel. Les Syriens ſe liguerent pour ſon époux, & obligerent ſon frere à partager la couronne avec lui.

Depuis cette époque les Séleucides furent toujours en guerre les uns contre les autres, juſqu'à ce que les Syriens, las du pillage, des meurtres & des violences que leurs princes exerçoient pour s'abattre & ſe détruire, épuiſés d'ailleurs par ces guerres continuelles & meurtrieres qui duroient depuis pluſieurs années, prirent la réſolution d'exclure du trône les princes de la famille de Séleucus, & d'y faire monter un prince étranger qui les délivrât des maux auxquels ces diviſions les expoſoient. Lorſqu'il s'agit de choiſir celui à qui l'on donneroit ſa confiance, les ſentimens furent partagés. Les uns vouloient que ce fût à Mithridate, roi de

Pont, prince puiſſant & belliqueux; & adoré des ſes ſujets; les autres vouloient que ce fût à Ptolémée, roi d'Egypte. Mais il y avoit de grandes difficultés pour l'un & pour l'autre. Mithridate étoit actuellement en guerre avec les Romains, & la Syrie avoit beſoin d'une paix ſolide & tranquille. D'autre part il étoit à craindre que les rois d'Egypte, devenus maîtres de la Syrie, ne ſe vengeaſſent par un gouvernement tyrannique des anciennes querelles des deux nations. Ces conſidérations porterent les Syriens à choiſir Tigrane, roi d'Arménie, qui avoit ſur pied des armées nombreuſes, allié des Parthes & de Mithridate, dont il avoit épouſé la fille. Après cette réſolution, les Syriens lui envoyerent des ambaſſadeurs au nom de la nation, pour le prier de venir prendre poſſeſſion de leur royaume.

Tigrane ſe fit reconnoître en Syrie, & y établit Mégadate en qualité de vice-roi, après quoi il retourna en Arménie. Jaloux d'immortaliſer ſon nom, il y bâtit entre le Tigre & le lac Mantiave, une ville d'une grandeur prodigieuſe, qu'il nomma *Tigranocerta*. Il la fortifia de murailles qui avoient cinquante coudées de haut. Des palais magnifiques embellissoient le dedans; des parcs & des cirques pour les divertissemens publics rendoient les dehors agréables. Il engagea les grands de son royaume & les plus riches de ses sujets à y fixer leur demeure. Mithridate, roi de Pont, son gendre, se servit adroitement du zèle & de l'ardeur de son beau pere à remplir sa nouvelle ville d'habitans, pour l'engager, sans qu'il s'en apperçût, dans la guerre contre les Romains. Il lui conseilla de faire la conquête de la Cappadoce, pour en transporter les habitans dans sa nouvelle ville. Tigrane, avide de gloire, suivit ce projet sans examiner les suites de l'entreprise : il fit la conquête de la Cappadoce & de douze villes Grèques, d'où il tira trois cents mille habitans : il en tira de même de la Cilicie, dont les Romains venoient de se rendre maîtres, de l'Abdiene, de l'Assyrie & de la Gordienne qui appartenoient aux Parthes. Pour dédommager les nouveaux habitans, il partagea les terres de son royaume par familles, en donnant à chacun autant qu'il lui en falloit pour sa subsistance.

Ce que Mithridate avoit prévu, arriva. Les Romains furent irrités des incursions faites dans la Cappadoce & la Cilicie; ils résolurent d'en tirer vengeance; mais ils commencerent par Mithridate, qui étoit l'auteur du projet. Le sénat envoya contre lui les consuls L. Lucullus, & Marcus Cotta, chacun à la tête d'une armée. Lucullus eut dans son département l'Asie, la Cilicie & la Cappadoce. Cotta eut la Bithinie & la Propontide. Cotta fut battu par Mithridate, & perdit en même temps la plus grande partie de sa flotte. Mithridate, fier de ce succès, entreprit le siége de Cyzique dans la Propontide. Il l'investit par terre avec trois cents mille hommes, & par mer avec quatre cents vaisseaux. Lucullus accourut au secours de cette ville, obligea les ennemis à lever le siége, & les battit ensuite; il poursuivit Mithridate jusques dans le sein de ses Etats, où il se hâta de lever de nouvelles troupes qu'il joignit à celles qu'il attendoit d'Arménie, de Scythie, des Parthes & d'autres peuples.

Lucullus, sans s'effrayer des préparatifs de Mithridate, entreprit en même temps le siége de trois villes. Le roi de Pont eut quelqu'avantage en deux rencontres ; mais il fut défait entiérement dans un troisieme combat, & obligé de s'enfuir. Il se retira auprès de Tigrane, qui, mécontent de ce qu'il l'avoit engagé dans cette guerre, ne voulut point le voir ; il le fit enfermer comme un prisonnier dans un lieu mal sain, où il le laissa près de dix-huit mois. Lucullus, après s'être emparé d'Amise, arriva sur les frontieres de l'Arménie. Il envoya Appius Clodius, son beau-frere, auprès de Tigrane pour lui demander Mithridate. Ce prince étoit alors occupé à réduire quelques villes de Phénicie. Appius l'attendit, &, pendant son séjour à Antioche, il gagna aux Romains plusieurs Satrapes qui n'obéissoient que malgré eux au roi d'Arménie. Ce roi, à qui tout avoit réussi depuis qu'il étoit sur le trône, avoit oublié les temps qui avoient précédé son élévation. Son pere avoit été obligé par le sort des armes de l'envoyer en ôtage chez les Parthes, il se racheta après la mort de ce prince ; il n'avoit obtenu sa liberté qu'au prix de soixante-dix vallons de l'Arménie. Mais le premier usage qu'il fit de sa liberté, fut de les recouvrer les armes à la main, & d'en chasser les Parthes. Il leur enleva aussi la Mésopotamie, l'Assyrie, l'Abdiene, l'Atropatene, la Gordienne. La réputation qu'il s'étoit aquise par ces conquêtes, avoit porté les Syriens à le placer sur leur trône, ce qui lui donna l'entrée dans la Cilicie & la Cappadoce, ensuite dans le pays des Arabes Scénites. Ces prospérités & ce haut point d'élévation l'avoient rendu orgueilleux au point de se regarder lui-même comme un dieu, & l'arbitre souverain de la nature. Il avoit à sa cour plusieurs rois qui le servoient comme ses esclaves. Quatre étoient sans cesse à ses côtés pour recevoir ses ordres. S'il montoit à cheval, ils marchoient devant lui à pied; lorsqu'il étoit assis sur son trône, pour rendre la justice, ils étoient à ses côtés, debout & les mains croisées sur la poitrine : posture humiliante chez les Orientaux, qui signifioit qu'on renonçoit entiérement à sa liberté.

Appius ne fut point ébloui par le faste de cette cour; il dit ouvertement à Tigrane qu'il venoit lui demander Mithridate, ou lui déclarer la guerre s'il refusoit de le lui remettre. A cette déclaration pleine de fierté, le roi fut ému de colere; il dissimula, mais la révolution qui s'étoit faite en lui, n'avoit échappé à personne. Il répondit à Appius qu'il ne livreroit point Mithridate, & que si les Romains lui déclaroient la guerre, il tâcheroit de se défendre & de les en faire repentir. Il fit de riches présens à Appius qui les lui renvoya; il lui en fit offrir de plus magnifiques: Appius ne voulant pas qu'il crût qu'il les refusoit par mépris ou parce qu'il le regardoit comme ennemi, accepta une simple coupe & renvoya tout le reste. Il prit congé du roi, & lui déclara formellement la guerre.

Tigrane, en montant sur le trône de Syrie, avoit laissé la reine Sélene maîtresse de la portion du royaume dont elle s'étoit emparée, ne jugeant pas qu'il fût glorieux pour lui de prendre les armes contre une femme. Mais cette princesse, que l'ambition aveugloit, voulut étendre sa domination, & engagea plusieurs villes à se ranger sous ses lois. Le roi marcha contre elle à la tête d'une armée, l'assiégea dans Ptolémaïs, la fit prisonniere, & l'emmena jusqu'à

Séleucie, où il ordonna qu'on la fît mourir. Il fit un traité d'alliance avec les Juifs, afin de n'avoir rien à craindre d'eux pendant qu'il se défendroit contre les Romains.

Lucullus s'annonçoit déja comme un ennemi courroucé, sur les confins de l'Arménie. Tigrane n'avoit pas un moment à perdre pour mettre ses Etats en sûreté; mais il ne jugeoit pas le péril aussi grand qu'il l'étoit effectivement. Le premier qui osa l'en avertir, fut la victime de son zèle; il lui fit trancher la tête sur le champ. Ce coup d'éclat ferma la bouche à tous les courtisans; ils ne parlerent des Romains que comme d'une troupe de lâches qui n'oseroient jamais approcher de ses armées, & Tigrane se laissoit persuader par ces discours flatteurs. Cependant un de ses généraux l'ayant assuré que le péril étoit plus pressant qu'il ne pensoit, le roi lui ordonna d'aller au-devant de l'ennemi avec trois mille chevaux & quelqu'infanterie, & de lui amener Lucullus chargé de chaînes. Mitrobarzane fut obligé d'exécuter sa commission, & il y périt avec toute sa troupe. Etonné de ce premier essai de la valeur de ces ennemis qu'il avoit cru si foibles, il abandonna Tigranocerta, & se retira sur le mont Taurus, où il avoit dessein de rassembler toutes ses troupes. Mais Lucullus ne lui en donna pas le temps. Il envoya d'un côté Muréna attaquer ceux qui venoient le joindre, & de l'autre Sextilius pour arrêter un corps d'Arabes. Sextilius surprit ceux-ci, & les tailla en piéces. Muréna épioit le moment d'attaquer Tigrane avec avantage; il le chargea vivement au passage d'une vallée longue, étroite & difficile. Le roi s'enfuit dès le commencement de l'action, & abandonna tous ses bagages. Il resta un grand nombre d'Arméniens sur le champ de bataille, & celui des prisonniers fut encore plus considérable.

Sextilius, après la déroute des Arabes, alla droit à Tigranocerta; Lucullus y arriva presqu'en même temps & l'investit de toutes parts. La garnison se défendit avec courage. Tigrane, du mont Taurus d'où il n'osoit sortir, envoya demander du secours à toutes les nations voisines. Il en reçut de toutes parts, & son armée se montoit, suivant les meilleurs historiens, à trois cents ſoixante mille hommes: avec cette multitude il ſe crut invincible. Cependant Mithridate lui fit obſerver qu'il ſeroit impoſſible de faire agir de concert ces troupes, qui, étant de différentes nations, avoient un langage, des mœurs, & une maniere de combattre différente. Il lui conſeilla de mettre ſeulement ſa cavalerie en campagne, & de harceler l'ennemi ſans en venir à une bataille générale. Cet avis fut rejetté, & Mithridate accuſé de ne l'avoir donné que par jalouſie, pour dérober à ſon gendre la gloire d'un ſuccès éclatant. Plein de cet eſpoir, Tigrane ſe mit en marche ſans attendre que Mithridate fut revenu de l'Aſie-Mineure, où il étoit allé avec un corps de troupes. Il paſſa le Tigre & s'avança du côté de Tigranocerta. Lucullus laiſſa devant la ville un corps de ſix mille hommes ſous les ordres de Muréna, & marcha contre Tigrane avec vingt-quatre cohortes, compoſées de dix milles légionnaires, de mille archers ou frondeurs, & de ſa cavalerie. Le roi les voyant approcher, s'applaudit de n'avoir pas ſuivi le conſeil de Mithridate. Cette poignée de ſoldats, qui

qui venoient combattre une armée de trois cents mille hommes, fournit matiere aux plaiſanteries des courtiſans. Il dit lui-même à cette occaſion un bon mot qui fut fort applaudi. Parcourant des yeux le camp des Romains avec les principaux officiers de ſa cour, il leur dit : « S'ils viennent en qualité » d'ambaſſadeurs, ils ſont beaucoup; » mais s'ils viennent comme ennemis, » ils ſont trop peu. »

Lucullus anima ſes ſoldats par les motifs qui faiſoient faire aux Romains des miracles de bravoure; l'honneur & la gloire. Ces hommes & ces chevaux bardés de fer, leur diſoit-il, ſeront plus difficiles à dépouiller qu'à vaincre. Ecartez leurs lances, qui ſont toute leur force, & il ne leur reſtera que la peſanteur & l'embarras de leur armure. Il dit auſſi à ſes cavaliers de ne frapper la cavalerie ennemie qu'aux cuiſſes & aux jambes, les ſeules parties du corps qu'ils euſſent découvertes. Après avoir donné ſes ordres, il paſſa la riviere qui ſéparoit les deux camps; monta rapidement ſur la hauteur où les ennemis s'étoient retranchés; fondit avec impétuoſité ſur la cavalerie qui couvroit le front de l'aile droite, commandée par le roi des Mèdes. La vivacité de cette attaque y porta un tel effroi, qu'elle n'eut pas le courage de la soutenir; elle prit la fuite avec des cris effroyables, & alla se jeter sur l'infanterie qu'elle devoit couvrir. Tigrane avoit pris la fuite dès le premier choc. La victoire fut assurée aux Romains avant même qu'il y eût une goutte de sang répandue; ils poursuivirent les fuyards l'espace de cent vingt stades, ou six grandes lieues; & ils ne cesserent de tuer, que lorsque la nuit leur déroba leurs victimes. Suivant les ordres de Lucullus, personne ne s'étoit arrêté au pillage, ce qui rendit le carnage plus horrible. Les Romains, qui ne faisoient pas la vingtieme partie de l'armée de Tigrane, étoient honteux d'avoir fait usage de leurs armes sur de si vils guerriers. Le butin fut immense. Cette bataille fut donnée le 6 Octobre, qui répond au 6 Juillet depuis la réformation du calendrier; soixante-neuf ans avant l'ère vulgaire.

Mithridate, qui n'imaginoit pas que Lucullus eût ainsi brusqué l'événement de cette guerre, ramenoit ses troupes à petites journées. Quelques jours après la bataille, il arriva ſur les bords du Tigre, où il rencontra un grand nombre de ſoldats nuds & bleſſés, qui erroient dans la campagne, & qui lui apprirent la défaite de Tigrane. Il en fut pénétré, le fit chercher avec ſoin; il le trouva abandonné de tout le monde, dans un état pitoyable. Au lieu de lui reprocher la dure fierté avec laquelle il l'avoit traité lorſqu'il s'étoit réfugié auprès de lui, il n'oublia rien pour le conſoler. Tigrane, ſenſible à cette noble conduite, le laiſſa maître abſolu de tous les mouvemens de la guerre qu'ils alloient recommencer, & jura qu'il ne ſe conduiroit que par ſes conſeils, dont il reconnoiſſoit la ſageſſe, mais trop tard.

Lucullus reprit le ſiége de Tigranocerta qu'il emporta d'aſſaut. Il l'abandonna au pillage. Il trouva dans le tréſor royal huit mille talens d'argent monnoyé, ou vingt-quatre millions, dont il donna quatre cents livres à chaque ſoldat. Cette ville n'étoit peuplée que d'étrangers, que Tigrane avoit amenés par force de la Cappadoce, de la Cilicie & d'autres endroits; il leur permit de retourner dans leur patrie;

& cette ville, l'une des plus grandes du monde, fut réduite en peu de jours à un aussi petit nombre d'habitans qu'un simple village. Le général Romain gagna par sa douceur la plûpart des peuples voisins, qui lui envoyerent des ambassadeurs qu'il reçut avec affabilité.

Mithridate, qui s'étoit chargé de réparer les malheurs de son gendre & les siens propres, écrivit au roi des Parthes pour l'engager à prendre les armes contre les Romains, qui ne tarderoient pas à envahir ses Etats, comme ils vouloient faire de l'Asie entiere. Arsace, avant de recevoir la lettre de Mithridate, avoit proposé un traité d'alliance à Lucullus, qui avoit envoyé des ambassadeurs pour en conférer avec lui. Mais, lorsqu'il vit que le roi de Pont lui ouvroit une voie pour rentrer dans la Mésopotamie, il renvoya les Romains sans leur donner de réponse positive. Lucullus vit bien qu'il ne falloit plus compter sur lui, & il résolut de porter la guerre dans ses propres Etats; mais il fut arrêté par une difficulté à laquelle il ne s'attendoit pas. Ses soldats, comblés de biens, riches des dépouilles des ennemis qu'ils avoient vaincus ſous ſon commandement, devenus licentieux par l'oiſiveté dans laquelle ils vivoient depuis un an, refuſerent de le ſuivre. Ils lui dirent poſitivement qu'ils vouloient retourner en Italie, jouir des biens & du repos qu'ils avoient mérités. Cette rébellion obligea Lucullus à abandonner ſes projets ſur les Parthes.

TIGRANE & ANTIOCHUS XIII, ſurnommé l'*Aſiatique*. Tigrane ayant beſoin de toutes ſes forces contre les Romains, rappela Mégadate, vice-roi de Syrie, avec toutes les troupes qui y étoient. Antiochus XIII profita de ce moment pour y rentrer, comme dans un héritage qui lui appartenoit, comme fils d'Antiochus-Eusèbe & de Sélène. L'occaſion étoit favorable; Tigrane étoit trop occupé en Arménie pour s'oppoſer à ſon entrepriſe, & il reſta maître pendant quatre ans de la partie du royaume dont il s'étoit emparé.

Mithridate avoit aſſemblé une armée de ſoixante-dix mille hommes, qu'il avoit exercés avec ſoin à la maniere de combattre des Romains, & munis de bonnes armes. Lucullus entra dans l'Arménie, battit pluſieurs détachemens, pilla aux environs toutes les proviſions, que l'on avoit faites pour l'armée de Tigrane; enfin il trouva moyen de forcer les deux rois à combattre malgré eux. Ce fut en mettant le siége devant Artaxate, où Tigrane avoit laissé ses femmes, ses enfans, & le reste de ses trésors; persuadé que le roi viendroit au secours d'une ville qui renfermoit tout ce qu'il avoit de plus cher. Il ne se trompa point; Tigrane s'avança en pleine campagne: ses troupes soutinrent avec assez de courage le premier choc; mais la valeur & l'intrépidité des Romains les déconcerterent. Le trouble & la frayeur leur firent prendre la fuite. Les vainqueurs les poursuivirent pendant toute la nuit; las enfin de tuer, de faire des prisonniers & d'enlever du butin, ils se retirerent dans leur camp. Si la saison n'eût pas été si avancée, Lucullus auroit continué sa marche vers Artaxate & les autres contrées de l'Arménie; mais il fut obligé de conduire son armée dans la Mésopotamie, où il prit d'assaut la ville de Nisibe. Cette conquête étoit importante pour les Romains. Ils y mirent une forte garnison qui mettoit leur empire à couvert des incursions des Parthes & des Perses. Ils la conserverent pendant plus de quatre cents ans.

Les heureux succès de Lucullus promettoient beaucoup pour la suite de cette guerre; mais il fut encore arrêté par ses soldats. Ils se plaignoient de sa hauteur & de son indifférence à leur égard. On en fit des plaintes au sénat, qui consentit à le révoquer plutôt pour appaiser les troupes mutinées, que pour le punir. Pompée fut choisi pour le remplacer; il reçut sa commission dans l'Asie-Mineure où il étoit occupé à terminer la guerre des pirates. Pompée prit à tâche de casser & d'annuller toutes les ordonnances de Lucullus, qui, après quelques contestations fort vives, fut obligé de retourner à Rome. Les honneurs du triomphe furent la seule récompense qu'il reçut de la république. Il se consola par la dépense qu'il fit, & les richesses immenses qu'il avoit rapportées de ses expéditions.

Les mutineries & la résistance des troupes avoient facilité à Mithridate les moyens de recouvrer une partie de ses Etats. Il avoit vaincu en différentes batailles les généraux Fabius, Sornatius & Triarius; &, dans la derniere, les

Romains avoient perdu plus de sept mille hommes. Il étoit allé ravager la Cappadoce, & ce fut là que Pompée alla le trouver. Mithridate n'osa l'attendre, & prit le chemin de la grande Asie. Pompée le poursuivit jusques sur les bords de l'Euphrate, où il ne l'atteignit que le soir. Craignant qu'il ne lui échappât, il l'attaqua la nuit même, au clair de la lune, avec des cris si épouvantables, que les ennemis, saisis de frayeur, prirent aussitôt la fuite; il resta plus de dix mille hommes sur le champ de bataille. Mithridate, accompagné de huit cents chevaux, se fit jour au travers des Romains. Cette escorte se dispersa insensiblement, & il se trouva seul avec deux de ses gens, & Hypsicratie, sa maîtresse, femme pleine de courage & de résolution. Ils gagnerent la forteresse d'Inora, où étoient ses trésors. Il en sortit pour se rendre auprès de Tigrane qui étoit à Artaxate. Il lui envoya des ambassadeurs pour lui exposer sa triste situation, & lui demander un asile: Tigrane fit arrêter les ambassadeurs, les mit dans les fers, les envoya à Pompée, & les suivit de près pour remettre sa couronne & sa personne même en sa puissance. Pompée le reçut avec humanité, & lui conserva le royaume d'Arménie.

La soumission de Tigrane mettoit Pompée en état de poursuivre Mithridate qui s'étoit réfugié dans les Palus-Méotides : il vainquit tous les peuples qui essayerent de s'opposer à son passage. Les Albaniens, les Ibériens, les habitans de la Colchide furent obligés de se soumettre. Mithridate s'étant retiré dans le pays des Scythes Sarmates, Pompée ramena ses troupes au midi ; il défit Darius, roi des Médes, à la tête de sa nation. Douze rois & plusieurs gouverneurs, effrayés de ces succès rapides, lui envoyerent des ambassadeurs, & voulurent l'avoir pour protecteur & pour ami. Le roi d'Egypte lui envoya une couronne d'or. Aristobule, roi des Juifs, lui fit présent de ce riche & admirable chef-d'œuvre que son pere Alexandre Jannée avoit consacré dans le temple de Jérusalem, comme un monument de sa piété. C'étoit un cep d'or, qui sortoit d'une colline de même métal, accompagné de toutes sortes de fruits, & de plusieurs animaux, comme de cerfs, de lions, qui reposoient à l'ombrage de cette vigne. On l'estimoit cinq cents talens, c'est-à-dire cinq cents mille écus. Du temple sacré de Jérusalem, elle fut transportée dans celui de Jupiter au Capitole, où elle devint l'objet de l'admiration publique.

La soumission de tous ces princes ne satisfaisoit pas encore l'ambition de Pompée. Il vouloit étendre les bornes de l'empire Romain jusqu'à la mer Rouge. Il résolut de subjuguer la Syrie, la Judée & l'Arabie. Il envoya Gabinius & Scaurus avec des troupes, pour attaquer la Syrie du côté de l'Euphrate. Ces deux généraux ne trouverent aucun obstacle. Antiochus, abandonné de ses sujets, prit le parti d'aller au-devant de Pompée pour le prier de lui conserver la possession du trône de ses ancêtres; mais ses prieres furent inutiles, & il fut dépouillé de cet empire qui avoit subsisté deux cents quarante-huit ans depuis Séleucus, son fondateur. La Syrie, dans ses commencemens, s'étendoit depuis l'Hellespont jusqu'au fleuve des Indes, & elle comprenoit tout ce qui est renfermé entre la Méditerranée, le Pont-Euxin, la mer Caspienne

& l'Océan Persique. Les Parthes ou Arsacides en démembrerent la plus grande portion du côté de l'Orient, & insensiblement ils s'avancerent jusqu'à l'Euphrate. Après eux s'éleverent vers l'Occident les rois de Bithynie, de Pergame, de Pont & de Cappadoce, qui partagerent entre eux l'Asie-Mineure jusqu'à la Cilicie & au mont Amanus; Antiochus le Grand perdit ces provinces par le traité honteux qu'il fut obligé de faire avec les Romains. Alors cet empire, si vaste dans son origine, fut resserré entre l'Euphrate & la mer de Tyr. La Judée seule se trouva assez puissante pour s'en faire craindre, & pour obliger les Séleucides à rechercher son alliance. Ces princes, quoique souvent issus du même sang, ne paroissoient occupés qu'à se détruire eux-mêmes par la division qui les arma les uns contre les autres. La Syrie, réduite à peu de chose depuis Antiochus le Grand, se trouva quelquefois partagée entre deux ou trois princes qui se faisoient la guerre pour se détruire. Les maux que les Syriens en souffrirent, les engagerent à appeler Tigrane; & la défaite de celui-ci fit tomber l'empire en la puissance de Pompée, qui la réduisit en province Romaine, dont il donna le gouvernement à Scaurus. Il rendit la liberté à la ville de Séleucie, sur l'Oronte, & à plusieurs autres; il parcourut tout le pays, & détruisit tous les tyrans qui avoient profité des derniers troubles pour établir leur domination.

Ayant pris connoissance des troubles qu'Hyrcan, frere aîné d'Aristobule, roi des Juifs, avoit excités dans la Judée, il se déclara contre Aristobule, attaqua les Juifs, se rendit maître de Jérusalem & du temple, & réduisit la Judée en province Romaine. Après cette expédition, il reprit le chemin de Rome, emmenant avec lui Aristobule, ses deux filles & ses deux fils, chargés de chaînes. Il y reçut les honneurs du triomphe pour la troisieme fois.

Il y avoit long-temps que les dieux, le culte, les mœurs & le langage des Grecs s'étoient introduits dans l'Orient; Pompée tâcha d'y substituer la langue & les usages des Romains, en y laissant presque toute son armée; mais le latin n'y prévalut jamais sur le grec, qui demeura la langue dominante jusqu'au parfait établissement des Turcs, qui firent disparoître l'ombre de politesse qui y restoit encore dans le langage, dans les sciences & les arts, & y introduisirent la barbarie de leur nation.

Fin de l'Histoire des Séleucides.

HISTOIRE
*DES PARTHES**.

Les Parthes étoient originaires de Scythie; la signification de leur nom, qui veut dire *fugitifs* ou *exilés*, semble annoncer qu'une colonie de ces barbares forma ce peuple féroce, qui conserva toujours le génie & le fond du langage des Scythes. Comme ils étoient en petit nombre, ils furent long-temps soumis aux Assyriens, aux Mèdes & aux Perses. Alexandre les avoit vaincus & soumis à ses lois, comme tous les peuples de l'Orient; & depuis sa mort ils faisoient partie du royaume de Syrie. Sous le règne d'Antiochus II, surnommé *le Dieu*, l'attentat d'Agathocle, gouverneur du pays des Parthes, donna lieu à la révolution qui les délivra du joug, & jeta les fon-

* La meilleure Carte à consulter pour cette partie d'Histoire, est celle de l'empire des Parthes, gravée chez Pierre Mortier, à Amsterdam.

demens de cet empire qui fut un des plus florissans & des plus redoutables de l'Asie.

Agathocle avoit fait violence à un jeune homme nommé *Tiridate*. Arsace, son frere, furieux d'un affront dont il se croyoit flétri lui-même, lava dans le sang du gouverneur l'outrage qu'en avoit reçu son frere; &, après avoir justifié sa conduite devant plusieurs personnes, il se retira avec ses amis chez les Dahes Parniens. On lui promit de prendre les armes pour sa défense; en peu de temps il se forma un parti, chassa du pays les garnisons Macédoniennes, & se mit en état de régner lui-même. Les Parthes secouerent alors le joug des Syriens. Leur exemple fut suivi de la plûpart des peuples de l'Orient. Antiochus, occupé de la guerre qu'il faisoit à Ptolémée Philadelphe, roi d'Egypte, ne put empêcher ces révoltes qui lui firent perdre toutes les provinces Orientales au-delà du Tigre, & qui firent partie du royaume des Parthes. Il y avoit déja plusieurs années écoulées depuis cette révolution, lorsque Séleucus Callinicus, fils d'Antiochus, entreprit de remettre les ré-

Av. J.C. 256.

voltés ſous l'obéiſſance. Arſace, qui s'étoit attendu à la vengeance du roi de Syrie, ſe trouva prêt à recevoir ſon armée. Vainqueur & ſouverain de l'Hyrcanie, il s'étoit ligué avec le gouverneur de la Bactriane, qui en étoit devenu roi, & ſon armée étoit composée de tout ce qu'il y avoit de plus brave dans ſa nation. Dès la premiere bataille, Séleucus fut vaincu, ſon armée miſe en déroute, & lui-même fait priſonnier. Son vainqueur le traita avec humanité; mais ſa captivité ne finit qu'avec ſa vie.

Arſace n'oublia rien de ce qui pouvoit contribuer à rendre ſon royaume floriſſant. Il leva des troupes en grand nombre, & les diſciplina avec ſoin. Il ſe mit à l'abri des incurſions, en fortifiant les villes. En peu de temps ſon empire devint conſidérable; la plûpart des peuples voiſins ſe rangerent ſous ſa puiſſance, & il dût ces conquêtes plus à la douceur & à l'équité de ſa domination qu'à la force de ſes armes. Ce prince mourut à la fleur de ſon âge, dans la cinquieme année de ſon règne. Il fut généralement regretté, on le plaça au rang des dieux. Il ne fut pas permis d'élever ſur le trône d'autres ſujets que ceux qui étoient iſſus du ſang d'Arſace : on les nomma les *Arſacides.*

Tiridate, ſon fils, lui ſuccéda. Ce fut ſous ce règne qu'Antiochus le Grand entreprit de recouvrer les provinces que les Parthes avoient enlevées à la Syrie. Il paſſa par la Médie, & s'avança juſqu'à Ecbatane qu'il prit. Il s'avança juſques dans l'Hyrcanie ; mais, après des tentatives inutiles, il traita avec Tiridate, lui laiſſa la Parthie & l'Hyrcanie à condition qu'il l'aideroit à recouvrer la Bactriane. Mais ce projet n'eut point lieu ; les guerres des Romains, & des Juifs ſous les Machabées, empêcherent les rois de Syrie de penſer au royaume des Parthes. La fin du règne de Tiridate fut tranquille. Priapatius gouverna les Parthes pendant quinze ans, après la mort de Tiridate, & laiſſa deux fils en âge de régner, Phraate & Mithridate. Le premier, comme aîné, monta ſur le trône. Il fit la conquête des Mardes, peuple belliqueux & féroce, qui juſqu'alors avoit été indomptable. Il ne porta pas long-temps la couronne. Se ſentant attaqué d'une maladie ſérieuſe, il aima mieux donner le ſceptre à ſon frere, que de le laiſſer entre les mains de ſes fils, encore enfans, parce qu'il craignoit d'expoſer ſon royaume aux funeſtes révolutions d'une longue régence ; & ſacrifia l'ambition au bonheur de ſon peuple.

Mithridate répondit parfaitement à l'idée que ſon frere avoit eue de lui. Eucratide, roi de la Bactriane, étoit en guerre avec les princes de la Sogdiane, de la Drangiane & des Indes. Il venoit de vaincre ce dernier, de le pourſuivre juſqu'aux Indes, & de le rendre tributaire, lorſque ſon fils, qu'il avoit aſſocié au trône, l'aſſaſſina ſur le chemin, fit paſſer ſon char ſur ſon corps, & le priva des honneurs de la ſépulture. La Bactriane étoit épuiſée par les guerres qu'elle venoit de ſoutenir. Mithridate profita des circonſtances, y entra avec une armée nombreuſe, vainquit le jeune roi parricide, & ſoumit toute la Bactriane. Peu de temps après, il fit ſubir le même ſort aux Sogdiens & aux Drangiens. Aprés de ſi heureux commencemens, il ſe crut en état de tout entreprendre. Il attaqua & ſubjugua les Mèdes, acheva la conquête de l'Hyrcanie, conquit la Perſe, & ſe rendit maître de tous les peuples qui habitoient entre le mont Caucase, l'Euphrate & les Indes.

La rapidité de ses conquêtes l'avoit rendu fier, il traitoit avec dureté les peuples vaincus : ce défaut de prudence pensa lui coûter cher; il ne se tira du danger que par une insigne fourberie. Les Grecs qui habitoient les hautes provinces de l'Asie, appelerent à leur secours Démétrius, roi de Syrie. Dès qu'il eut passé l'Euphrate, les Grecs, les Perses & les Bactriens se rangerent sous ses drapeaux, & lui formerent une armée formidable avec laquelle il battit plusieurs fois celle de Mithridate. Celui-ci, craignant les suites d'une guerre qui ne tournoit pas à son avantage, fit proposer au roi de Syrie une entrevue pour traiter de paix. Démétrius, qui ne soupçonnoit pas la perfidie de son ennemi, se rendit au lieu de la conférence; il y fut enlevé par les ordres de Mithridate, & mis dans les fers: il tomba ensuite sur ses troupes, les défit & les dispersa; il poussa ses conquêtes jusques dans la Mésopotamie, prit Babylone, &, retournant vers l'Orient, il soumit tous les peuples jusqu'au Gange.

La révolte des Bactriens & des Perses lui avoit appris qu'en bonne politique, il ne faut pas traiter trop durement les peuples que l'on a soumis par les armes. Il devint plus humain, & s'appliqua à connoître les lois, les mœurs & les usages des nations qu'il avoit subjuguées, pour établir chez les Parthes ce qu'il y trouveroit de meilleur. Il jouit de ses victoires en héros, c'est-à-dire sans faste & sans orgueil. Les dernieres années de son règne furent employées au bonheur de ses sujets; aussi fut-il regretté autant que l'avoit été le premier des Arsacides.

Il eut pour successeur Phraate, qui fut malheureux sans mériter de l'être. Antiochus Sidete, qui avoit pris les rênes du gouvernement de l'empire de Syrie, à la place de son frere captif, sous prétexte de le délivrer, prit les armes, & déclara la guerre aux Parthes. A la tête d'une armée de cent mille hommes, il vit se ranger de son côté la plûpart des peuples de l'Orient, qui n'attendoient qu'une occasion de secouer le joug des Parthes; il battit plusieurs fois ces barbares, les repoussa jusques dans leur capitale, & ne leur

laissa que la Parthie; il avoit pillé & ravagé tous les pays qu'il avoit parcourus, & les vaincus avoient vu avec le plus grand désespoir leurs richesses servir au luxe, à la débauche & à la prodigalité des Syriens. Phraate, pour se délivrer d'Antiochus, renvoya Démétrius, son frere, dans son royaume. Antiochus, sans abandonner son projet, donna des ordres pour prévenir les entreprises de son frere en Syrie. Le roi des Parthes, voyant que sa politique n'avoit pas le succès qu'il en avoit espéré, envoya des ordres secrets dans toutes les villes ou les Syriens étoient en quartiers, pour les égorger à certain jour & à l'heure qu'il indiqua. Ses ordres furent si bien exécutés, que toute l'armée Syrienne périt. Antiochus luimême se donna la mort, craignant de tomber entre les mains de son ennemi. Av. J.C. 129.
Son cadavre ayant été apporté sous les yeux de Phraate, il l'apostropha en termes injurieux, lui reprochant son ambition qui avoit été cause de sa perte. Cependant il lui fit rendre les derniers devoirs d'une maniere convenable à son rang.

Lorsque les Syriens avoient commencé à ravager ses provinces, Phraate avoit envoyé des ambassadeurs aux Scythes pour leur demander du secours, promettant de les récompenser lorsqu'il seroit délivré de ses ennemis. Malgré la promptitude avec laquelle les Scythes se rassemblerent pour marcher à son secours, ils n'arriverent qu'après le massacre des Syriens; ils lui demanderent néanmoins la récompense dûe à leur démarche, ou de les conduire contre d'autres ennemis. Phraate ayant tout refusé, ils résolurent d'enlever de force ce qu'on ne vouloit pas leur accorder de bonne grace, & commencerent à ravager le pays. Phraate marcha contre eux à la tête d'une armée presque toute composée des prisonniers Grecs que l'on avoit faits dans la guerre d'Antiochus, & qui avoient été enrôlés par force. Il avoit confié le gouvernement à Himere, lui avoit donné le titre & l'autorité de vice-roi. Ce ministre parcourut les villes qui s'étoient livrées aux Syriens, il y exerça toutes sortes de vexations & de cruautés, voulant effrayer les autres par la rigueur du châtiment. L'odieux de ce procédé injuste retomba sur Phraate qui en fut la victime. Les Grecs convinrent de se réunir aux Scythes à la premiere bataille ; ils exécuterent ce dessein, &, ayant enveloppé le roi éloigné de ses gardes, ils le massacrerent.

La couronne passa sur la tête d'Artaban, oncle de Phraate. Les Scythes profiterent du temps qu'il employa à lever des troupes, pour ravager & piller tout le pays, après quoi ils retournerent chez eux chargés de butin. Il eut affaire à Tocharis, prince de la même nation : il lui livra une bataille où il reçut une blessure au bras, dont il mourut.

Artaban avoit un fils nommé *Mithridate*, qui monta sur le trône des Parthes après lui. Ses exploits militaires & ses victoires lui mériterent le nom de *Grand*. Il recula les bornes de son empire, en subjugant la plûpart des princes voisins ; il punit les Scythes des ravages qu'ils avoient faits dans la Parthie sous les deux règnes précédens : il attaqua les Arméniens, & remporta sur eux une victoire complette qui le rendit maître de la meilleure & de la plus belle partie de ce royaume. Il envoya une ambassade solennelle aux Romains, qui, ſous la conduite de Sylla, commençoient à étendre leurs conquêtes du côté de l'Orient. Le général Romain, flatté de la démarche des Parthes, reçut leur ambaſſadeur avec diſtinction. Il lui donna audience dans ſa tente, en préſence d'Ariobarſane, roi de Cappadoce. Mithridate ayant appris que ſon ambaſſadeur n'avoit occupé dans cette entrevue que la troiſieme place, ſe crut mépriſé dans ſa perſonne, & le punit de mort pour avoir ſouffert un tel affront.

Son caractere féroce & ſanguinaire le fit déteſter de ſes ſujets, dont il étoit plutôt le tyran que le roi. Las enfin de le voir ſacrifier à ſa violence les premiers & les plus riches particuliers de l'Etat, ils ſe ſouleverent contre lui, & l'obligerent de ſortir du royaume. Les grands permirent qu'Orode, ſon frere, prît la couronne; mais il ſemble que ce ne fut qu'à condition qu'il tireroit vengeance de tout le ſang qui avoit été répandu. Mithridate s'étoit réfugié à Babylone. Orode, à la tête d'une armée, l'y aſſiégea, obligea les Babyloniens à lui ouvrir leurs portes, & à lui livrer ſon frere, qu'il condamna à mort, & qu'il fit exécuter en sa présence.

Les Romains, qui depuis quelques années se mêloient de toutes les affaires des rois Orientaux, sous le spécieux prétexte de protéger les plus foibles contre les entreprises des plus forts, alloient sourdement à leur but, qui étoit de se servir des uns pour subjuguer les autres. Déja Mithridate, roi de Pont, & Tigrane, roi d'Arménie, étoient aux prises avec eux, & obligés de défendre leur liberté qui ne tarda pas à leur être ravie. L'étendue & les richesses du royaume des Parthes, avoient excité la cupidité de Lucullus & de Gabinius; mais ils n'avoient pu entrer dans leurs Etats. Le premier, de retour à Rome, parloit souvent de la puissance & des richesses de ce peuple, qu'il disoit avoir absorbé tout ce que l'Orient avoit de beau, de rare & de précieux; lorsque M. Licinius Crassus fut nommé gouverneur de Syrie. Sur ce qu'il avoit entendu dire à Lucullus, il forma le projet de les vaincre & de les soumettre au pouvoir de la république. Ce fut en vain qu'on lui représenta l'injustice d'une telle guerre, il partit pour son gouvernement; &, malgré l'opposition des tribuns & de Rome entiere, il ne pensa qu'à l'exécution de son dessein.

A peine eut-il pris possession de son gouvernement, qu'il passa à Jérusalem, & enleva du temple plus de trente millions d'argent, l'ayant dépouillé de tout ce qu'il y avoit de plus beau & de plus précieux. Enrichi de ces dépouilles, il leva des troupes, passa l'Euphrate, & entra sans peine dans la Mésopotamie. Après ce léger succès, il retourna en Syrie, & laissa aux Parthes le temps de faire des préparatifs contre ses entreprises. César, qui l'avoit encouragé à la guerre contre les Parthes, lui envoya son fils qui servoit sous lui, avec mille cavaliers choisis. Le jeune Crassus avoit fait ses premieres armes sous le vainqueur des Gaules, & en étoit très-estimé. Tandis que Crassus rassembloit son armée, il reçut une ambassade de la part d'Orode, qui le prioit de ne pas allumer le feu de la guerre entre les Parthes & les Romains, dont ceux-ci avoient bien voulu se déclarer alliés; il l'exhortoit à retirer les troupes qu'il avoit laissées en Mésopotamie, & promettoit d'oublier cette premiere inſulte, par égard pour ſon âge. Craſſus répondit aux ambaſſadeurs qu'il leur feroit ſçavoir ſes intentions quand il ſeroit dans Séleucie. Le plus âgé d'entr'eux lui répondit, en lui montrant la paume de ſa main : « Craſſus, il croîtra » du poil dans le creux de ma main » avant que tu voie Séleucie. »

Malgré le rapport des ſoldats revenus de Méſopotamie, & les conſeils de tous les officiers, il partit & réſolut de ſuivre ſon projet. Pendant que ſon armée paſſoit l'Euphrate ſur le pont de Zeugma, elle fut ſurpriſe par un orage épouvantable. Le bruit du tonnere effraya les chevaux qui ſe précipitoient dans le fleuve avec leurs cavaliers. Le feu du ciel tomba ſur le pont, abattit une arche, & enſevelit dans les flots une partie de l'arriere-garde. Les ſoldats effrayés regarderent cet accident comme de mauvais augure pour la guerre qu'ils alloient commencer. Ils n'enviſagerent plus que les malheurs qui les menaçoient s'ils étoient attaqués par les Parthes, n'ayant aucun eſpoir de ſalut.

Craſſus marcha le long de l'Euphrate; au bout de quelques jours, ſes coureurs lui dirent qu'il ne paroissoit personne dans la campagne, qu'ils avoient vu les traces d'une armée de cavalerie qui avoit pris la fuite. Ces nouvelles ranimerent le courage des Romains; ils commencerent à regarder les Parthes comme des lâches qui n'osoient en venir aux mains. Cassius faisoit ce qu'il pouvoit pour diminuer cette confiance. Il conseilla de côtoyer l'Euphrate, afin d'empêcher la cavalerie des Parthes d'envelopper l'armée; il vouloit aussi qu'on s'approchât des villes de Mésopotamie où l'on avoit des garnisons, afin de faire reposer les troupes & de s'informer du nombre des ennemis, de leur situation & de leurs desseins. Crassus trouva ces avis fort bons, mais il n'en suivit aucun. Un Arabe perfide se présenta à lui, flatta son amour-propre, & n'eut pas de peine à le persuader que les Parthes n'oseroient soutenir la vue de son armée. Il lui dit qu'il la fatiguoit inutilement par une marche longue & difficile, & qu'il valoit mieux aller droit à l'ennemi qui n'avoit pas encore rassemblé toutes ses forces; enfin il s'offrit à lui servir de guide. Le général accepta ses offres, & se laissa conduire dans des plaines ſablonneuſes, où il manqua de tout, où il n'y avoit ni maiſons, ni aſiles, & point de fourrages pour les chevaux. Quelqu'évidente que fût cette trahiſon, Craſſus ne la vit point, ou ne voulut point la voir.

Le moment où cet aveuglement fatal devoit ceſſer étoit ſur le point d'arriver. Une partie des coureurs qui avoient été à la découverte, revint annoncer que l'ennemi n'étoit pas éloigné. Le détachement avoit donné dans une embuſcade des Parthes qui l'avoient taillé en piéces. Cette nouvelle fut un coup de foudre pour les Romains & pour Craſſus. Cependant il rangea ſon armée en bataille, & ſuivit l'avis de Caſſius qui lui conſeilla de donner la plus grande étendue à ſon infanterie, & de l'appuyer de ſa cavalerie. Mais il n'étoit plus maître de lui-même, il changea cet ordre de bataille, reſſerra ſon infanterie, en forma un bataillon quarré, qui préſentoit un front de douze cohortes, ſur une pareille profondeur; chaque cohorte étoit ſoutenue d'une compagnie de cavalerie. Caſſius commanda l'une des ailes, le jeune Craſſus étoit à la tête de l'autre,

& il reſta lui-même au centre. Il fit avancer l'armée dans cet ordre juſqu'à ce qu'il put découvrir l'ennemi. Lorſque les deux armées furent en préſence, celle des Parthes ne parut ni ſi forte, ni ſi terrible qu'on l'avoit annoncée; mais c'étoit une ruſe de Suréna.

Suréna, le plus intrépide & le plus habile guerrier des Parthes, avoit été chagé de cette guerre: à trente ans, il avoit déja la réputation d'un général conſommé; ſa figure noble & ſa taille avantageuſe annonçoient qu'il étoit de la plus haute naiſſance. Le feu de ſes yeux marquoit ſa vivacité, & cette vivacité étoit tempérée par la prudence. Le roi ſon maître, comptant plus ſur un tel guerrier que ſur lui-même, l'avoit laiſſé maître de conduire la guerre contre les Romains. Suréna, à l'approche de l'ennemi, avoit caché une partie de ſes troupes, qui, en ſe déployant tout-à-coup, ſe rangerent en bataille, & firent retentir les airs du bruit effroyable de leurs cris, mêlés à celui de leurs timbales & de leurs tambours, & porterent l'épouvante dans l'armée Romaine. Le Parthe eſſaya en vain de rompre le bataillon quarré des Romains, il se retira un peu en désordre; mais sa cavalerie s'étendit sur les ailes, & enveloppa l'ennemi. Crassus, le croyant affoibli par la grandeur de la ligne qu'il présentoit, le fit charger par ses archers & par ses soldats armés à la légere. Aussitôt la cavalerie des Parthes s'enfuit pour attirer les Romains & les débander, &, en se retirant, elle les accabla d'une si horrible quantité de traits, qu'ils furent obligés de regagner le gros de l'armée. Crassus espéroit qu'on en viendroit à se battre de plus près lorsque leurs traits seroient épuisés. Mais il perdit cette espérance lorsqu'il s'apperçut qu'ils avoient grand nombre de chameaux chargés, & qu'après avoir employé ceux qu'ils portoient, ils alloient en prendre d'autres. Il ordonna à son fils de fondre sur eux avec l'élite de ses troupes. Le jeune Crassus s'avança à la tête de treize cents chevaux, cinq cents archers & huit cohortes pesamment armées. Les Parthes recommencerent leur manœuvre, & parurent ne vouloir pas attendre cette troupe. Le jeune Crassus, croyant leur fuite sincere, se mit à les poursuivre, & il s'éloigna du corps de

F iv

l'armée. Les Parthes s'arrêterent tout-à-coup, & formerent un bataillon qui s'opposa aux Romains, tandis que la cavalerie légere les enveloppoit. Refusant toujours de combattre de près, ils accabloient les Romains de leurs flèches, sans recevoir eux-mêmes un seul coup. Crassus, désespéré de ne pouvoir les obliger à en venir aux mains, s'abandonna au mouvement de son impétuosité, & s'élança sur eux à la tête de sa cavalerie Gauloise, avec toute l'ardeur imaginable; mais ce dernier effort fut encore inutile. Les terribles coups des Gaulois frappoient, sans les blesser, les Parthes garnis de cuirasses bardées, & munis de boucliers d'acier ou couverts de plusieurs peaux; tandis qu'étant presque nuds, ils n'évitoient pas un coup de l'ennemi. Contraints de se retirer, ils se retrancherent sur une butte de sable, espérant tenir quelque temps contre les Parthes; mais par leur position ils se trouverent encore plus exposés aux coups de l'ennemi; enfin Crassus, criblé de coups, n'ayant plus qu'un souffle de vie, ordonna à son écuyer de le percer de son épée. Tout son détachement périt les armes à la main, excepté cinq cents hommes que leurs blessures mortelles délivrerent bientôt de leur captivité.

Crassus avoit été trompé comme son fils par la fuite des Barbares. Pendant qu'il les poursuivoit, il s'étoit retiré avec son armée sur un côteau. Au moment où il s'attendoit à le voir revenir victorieux, il apprit sa premiere défaite, & que sa perte étoit certaine s'il ne recevoit un prompt secours. Comme il se disposoit à se mettre en marche, les Parthes parurent, portant la tête du jeune Crassus au bout d'une pique, & insultant à son pere en lui criant qu'un homme aussi lâche ne méritoit pas d'avoir un fils aussi brave. Crassus, accablé de douleur, fit de vains efforts pour ranimer la valeur des Romains, la crainte & la frayeur avoient glacé leur courage : le discours qu'il leur fit, fut à peine entendu : il donna le signal du combat qui ne dissipa point leur découragement ; ils étoient à moitié vaincus. Les Parthes se présenterent avec cette audace que donne un premier succès; leur cavalerie légere prit en flanc les ailes de l'armée Romaine, & leur cavalerie pe famment armée, attaqua leur centre la lance à la main. Le combat finit avec le jour, & le carnage fut horrible. La nuit fut affreuse pour ceux qui échapperent à cette fatale journée; sans espoir de pouvoir éviter les Barbares, chefs & soldats, tout étoit dans la plus grande consternation. Cassius & Octavius cherchoient Crassus pour délibérer sur le parti que l'on prendroit : ils le trouverent dans sa tente étendu sur la terre, la tête enveloppée dans son manteau. Ils essayerent en vain de le consoler, il les écouta sans leur répondre. Cassius, le voyant hors d'état de prendre un parti, assembla le conseil des Tribuns, des Centurions & des chefs de bandes, & il fut résolu que l'on décamperoit sur le champ. On partit aussitôt; mais les malades & les blessés qui se virent abandonnés, pousserent des cris terribles qui firent croire à l'armée qu'on étoit poursuivi par l'ennemi. L'avant-garde se rangea en bataille, & revint sur ses pas : on emmena tout ce qu'on put des soldats blessés, & l'on se remit en route. Ignatius, qui commandoit un détachement de trois cents chevaux, ne s'étant point arrêté, arriva à Carres vers minuit; il ne s'y arrêta point, mais il dit ſimplement aux ſentinelles qui étoient ſur les murailles, que Craſſus avoit livré un grand combat aux Parthes. Le gouverneur, qui conclut de la maniere dont cet avis étoit donné, que la victoire n'avoit pas été pour les Romains, fit prendre les armes à ſa garniſon, alla au-devant de Craſſus, & le conduiſit dans la ville.

Le lendemain, les Parthes entrerent dans le camp des Romains; ils y égorgerent quatre mille bleſſés qui n'avoient pu ſuivre l'armée, & une grande quantité d'autres ſoldats égarés dans la campagne. Suréna, incertain de la route que l'armée Romaine avoit priſe, & déſeſpéré d'avoir laiſſé échapper un ennemi qu'il avoit déja vaincu, envoya un eſpion à Carres pour ſçavoir ſi Craſſus y étoit effectivement. Pour s'en aſſurer, l'eſpion devoit demander que Craſſus & Caſſius paruſſent ſur les murailles, & leur propoſer une conférence de la part de Suréna. Craſſus parut ſur les murs de la ville, & répondit lui-même qu'il étoit diſpoſé à prendre les voies d'accommodement pour terminer cette guerre. Le général des

Parthes, à qui le héraut assura qu'il avoit vu Crassus en personne, voulut en être plus certain. Il y envoya quelques soldats Arabes à qui Crassus étoit connu. Ils lui parlerent aussi d'accommodement, & firent leur rapport à Suréna, qui sur le champ prit le parti de l'assiéger dans cette ville. Il parut devant les murs, où il insulta les Romains en leur faisant dire qu'ils ne devoient espérer aucun quartier s'ils ne lui livroient Crassus & Cassius. Cette proposition fit horreur, & l'on résolut de prendre la fuite. Il étoit important de le faire sans que les Carréniens s'en apperçussent; mais Crassus eut l'imprudence de confier son secret à l'un d'eux, nommé *Andromaque*. Ce perfide en donna avis à Suréna, & offrit ses services au général Romain pour le conduire par le plus court chemin. Il fit faire à l'armée Romaine plusieurs circuits aux environs de la ville, sans l'éloigner, afin de ménager aux Parthes l'occasion de la combattre lorsque le jour paroîtroit. Tant de détours firent soupçonner la bonne foi du guide. Cassius quitta l'armée, passa l'Euphrate, & se retira en Syrie. Un corps de cinq mille hommes paſſa dans les défilés du mont Sinnaque. Craſſus ne fut convaincu de la fourberie qu'au lever du ſoleil, lorſqu'il ſe vit tout prêt de l'ennemi. Il prit auſſitôt le chemin du mont Sinnaque. Les Barbares le pourſuivoient, & étoient près de l'atteindre lorſqu'Octavius deſcendit à ſon ſecours avec cinq mille hommes qu'il y avoit conduits. Ils chargerent les Parthes avec tant de violence, que ceux-ci furent obligés de ſe retirer.

Suréna, qui craignoit qu'au retour de la nuit, les Romains ne lui échapaſſent, fit lâcher par ſes ſoldats quelques propos de paix qui paſſerent dans le camp des Romains, par le moyen de quelques priſonniers qu'il laiſſa aller. Il s'avança lui-même ſans armes, avec ſes principaux officiers, vers le côteau, & invita Craſſus à ſe prêter à la paix qu'il vouloit faire. Les Romains, ſéduits par les apparences, trouverent étrange que Craſſus héſitât d'avancer pour conférer avec les Parthes. Il eut beau leur dire que cette ſincérité apparente n'étoit qu'un piége ; ils le forcerent par leurs emportemens & leurs outrages à ſortir du camp, & à ſe remettre entre les mains des Parthes, pour aller signer le traité de paix aux bords de l'Euphrate, sur la parole de Suréna. Il sortit enfin avec un petit nombre d'amis & une escorte peu nombreuse. Il fut à peine parmi ses ennemis, qu'ils l'envelopperent, lui firent mille insultes, & le tuerent d'un coup de lance. Ses amis, & tous ceux qui l'avoient suivi, eurent le même sort. La mort du général fut suivie du carnage de l'armée Romaine, désespérée de la perte de son chef & de ses premiers officiers. Suréna fit déclarer que ceux qui voudroient mettre bas les armes, ne recevroient aucun mauvais traitement. Sur sa parole, dix mille Romains se rendirent prisonniers, & se fixerent chez les Parthes. Tout le reste périt par le glaive, excepté un petit nombre qui passa heureusement en Syrie.

Av. J.C. 53.

La tête de Crassus fut portée à Orode qui étoit en Arménie. Le courrier arriva pendant qu'il étoit à table avec Artavasde & toute sa cour, qui faisoit les réjouissances du mariage de Pacore, fils du roi des Parthes, avec une princesse Arménienne. Ce mariage avoit été fait pour confirmer le traité de paix que les deux rois venoient de conclure. Le porteur de ce barbare trophée ne craignit point de révolter les convives, en exposant à leurs yeux les objets hideux dont il étoit chargé. Il mit la tête de Crassus entre les mains de son maître, qui lui fit toutes sortes d'outrages. Elle passa entre les mains de tous ceux qui étoient au festin, & chacun lui fit son insulte ou sa raillerie. Il sembloit que le plaisir d'avoir vaincu les Romains eût fait perdre la tête aux Parthes. Suréna inventa une pompe triomphale cruellement burlesque & très-indécente, à laquelle il donna ironiquement le nom du *Triomphe de Crassus*. Il s'étoit trouvé, parmi les prisonniers, un Romain qui ressembloit parfaitement à ce malheureux général. Suréna lui donna un habit de Parthe; il le dressa à parler comme celui qu'il devoit représenter, & à bien jouer son rôle. Il marchoit à la tête des troupes, précédé de trompettes & de licteurs qui portoient les faisceaux & les haches. Tout ce cortége étoit monté sur des chameaux. Il avoit fait attacher des bourses vuides aux faisceaux, pour symbole du mauvais succès de la cupidité de Crassus. Les haches étoient surmontées de têtes de Romains nouvellement coupées. Après eux, marchoit un chœur de courtisanes de Séleucie, qui chantoient des chansons de plaisanterie sur la mollesse & sur la lâcheté du général Romain. Suréna, avec ce cortége bouffon, entra pompeusement dans Séleucie. Ses heureux succès contre les Romains donnerent de la jalousie à Orode. Ses richesses & ses débauches honteuses acheverent de le perdre : son maître le fit mourir quelque tems après la défaite de Crassus.

Orode, imaginant que la bataille de Carres avoit totalement détruit le parti des Romains dans la Syrie, envoya une partie de ses troupes pour s'en emparer. Cassius, qui venoit d'accepter le commandement des restes malheureux de l'armée, rassembla promptement les troupes des garnisons voisines, & repoussa les Parthes au-delà de l'Euphrate. Orode envoya, l'année suivante, une armée plus nombreuse en Syrie, sous le commandement de son fils Pacore & d'Orsace, général expérimenté, qui devoit diriger les opérations du jeune prince. L'armée marcha droit à Antioche, & en forma le siége. Cassius, trop foible pour résister en pleine campagne à l'ennemi, s'y étoit retiré avec toutes ses troupes. Cicéron, qui étoit préfet de Cilicie, fit avancer celles qu'il commandoit vers la frontiere de sa province, pour empêcher le roi d'Arménie de donner du secours aux Parthes; & il plaça un autre corps d'armée dans les défilés du mont Amanus, où les troupes taillerent en piéces un détachement considérable des Parthes qui vouloient entrer en Cilicie par ces défilés: il n'en resta pas un.

Cet heureux événement, & la marche de Cicéron vers Antioche, obligerent les Parthes à lever le siége. Cassius, qui n'avoit cessé de les fatiguer pendant tout le tems qu'ils avoient été devant la ville, en sortit, lorsqu'il apprit qu'ils se retiroient, &, avec l'élite de ses troupes, alla les attendre dans les défilés du mont Piérius, où il les battit & en fit un grand carnage, après avoir sçu les attirer dans les lieux impraticables où son armée les attendoit. Orsace y périt, & Pacore conduisit le reste de son armée au-delà de l'Euphrate. Cassius retourna à Rome, & Bibulus devint, après lui, gouverneur de Syrie. Les

Parthes n'avoient pas abandonné leur projet de se rendre maîtres de cette province importante. Ils avoient repassé l'Euphrate, & avoient pris leurs quartiers d'hiver dans la Cyrrhastique, petite province au nord de la Syrie. Bibulus se retira dans Antioche : mais pour ne pas partager avec un autre la gloire d'avoir fait retirer les ennemis, il n'écrivit point à Cicéron, dont les mouvemens & la manœuvre avoient été d'un si grand secours à Cassius. Cette vaine gloire pensa coûter à Rome la province de Syrie. Que de royaumes à qui la jalousie des chefs a coûté bien du sang, des richesses & des villes ! Il étoit bloqué dans Antioche, sans espoir de sauver la ville, lorsqu'il vint à bout d'engager un des officiers généraux, mécontent d'Orode, à faire proclamer Pacore roi des Parthes. Ce coup de politique mit la discorde parmi les ennemis. Orode rappela ses troupes, & Bibulus fut délivré d'un mauvais pas où il s'étoit engagé témérairement.

La guerre civile d'entre César & Pompée suspendit, pour quelque tems, la guerre contre les Parthes ; mais aussitôt après la victoire de Pharsale, César fut chargé de la guerre de l'Orient. Il étoit prêt à partir, lorsqu'il fut assassiné en plein sénat par Brutus & Cassius. Ces deux chefs de la conjuration, obligés de sortir de Rome, s'emparerent, le premier, de la Grèce & de la Macédoine; le second, de la Cilicie, de la Syrie & de l'Orient. Antoine s'étant réconcilié avec Octave, après la bataille de Philippes, où les assassins de César furent vaincus, passa en Syrie, où il fit des exactions qui le rendirent odieux.

La tentative qu'il fit contre la ville de Palmyre, l'une des plus belles & des plus riches des contrées orientales, qu'il abandonna au pillage, sans autre motif que de s'emparer des richesses immenses qui s'y trouvoient, fut la cause de la seconde guerre contre les Parthes. Les Palmyréniens, qui en furent avertis, passerent de l'autre côté de l'Euphrate, avec ce qu'ils avoient de plus précieux, & se mirent sous la protection des ennemis des Romains. Les habitans de la plûpart des villes de Syrie prirent les armes, égorgerent les garnisons Romaines, & appelerent les Parthes à leur secours. Ceux-ci avoient parmi eux un général Romain, nommé *Labiénus*, qui, ayant ſuivi le parti de Brutus & de Caſſius, s'étoit trouvé à la cour d'Orode, à qui il venoit de mander du ſecours, lorſque les conjurés furent vaincus à Philippes. Il étoit reſté au ſervice des Parthes. Il fit tous ſes efforts pour engager leur roi à profiter des circonſtances favorables qui ſembloient lui livrer la Syrie. Octave étoit occupé en Italie contre le jeune Pompée. Antoine l'étoit plus de ſon amour pour Cléopâtre que de la guerre d'Aſie. Enfin les Syriens & les peuples voiſins déteſtoient la domination Romaine. Ces circonſtances étoient trop favorables pour qu'Orode n'en profitât pas. Il envoya ſon fils en Syrie avec Labiénus à la tête d'une forte armée. Labiénus, qui dirigeoit les opérations de cette guerre, ſoumit en peu de temps toute la Syrie, battit deux fois Saxa qui en étoit gouverneur, & qui périt dans la ſeconde bataille. Antoine ſe préſenta ſur les côtes maritimes avec la flotte que Cléopâtre lui avoit donnée; mais les ayant trouvées toutes occupées par les Barbares, il paſſa en Italie. Labiénus profita de ſon abſence, & s'empara de la Paleſtine. L'armée des Parthes, encouragée par ces ſuccès, franchit les montagnes de la Cilicie, & subjugua presque toute l'Asie. Labiénus prit le titre de général des Parthes.

Antoine, à qui tout l'Orient étoit échu par le partage du triumvirat, chargea Ventidius d'aller arrêter les progrès de Labiénus. Le lieutenant d'Antoine leva une armée, & parut en Asie, avant même que l'on eût connoissance de ses premiers mouvemens. Il surprit Labiénus dont les troupes étoient dispersées. Effrayé de l'arrivée subite de Ventidius, & ne se sentant pas en état de le combattre, il reprit le chemin de Syrie : mais les Romains l'arrêterent dans les défilés du mont Taurus, où Ventidius remporta sur les Parthes une victoire complette. Le vainqueur le poursuivit jusques dans les plaines de Cilicie. Labiénus n'ayant pu déterminer les Parthes à engager une seconde action, se retira seul pendant la nuit, & fut arrêté par Démétrius, gouverneur de Cypre pour Antoine. La retraite de leur général dissipa les Parthes, qui allerent s'emparer d'un fort qui commandoit les passages du mont Amanus, qui sépare la Cilicie de la Syrie. Ventidius fit rentrer toute la Cilicie dans l'obéissance ; &,

après y avoir rétabli le bon ordre, il marcha au ſecours de Popédius Silon, qu'il avoit envoyé attaquer un fort occupé par les Parthes. Il les en chaſſa; tua Phraate leur chef; entra en Syrie, & la ſoumit entiérement. A peine en étoit-il maître, qu'il apprit que Pacore étoit prêt à paſſer l'Euphrate & à venir l'attaquer. Cette nouvelle lui cauſa beaucoup d'inquiétude. Toutes ſes troupes étoient dans différens quartiers d'hiver, en Cilicie, en Paleſtine, & le reſte dans la Syrie. Il étoit perdu, ſi Pacore, en habile général, ſe fût informé de ſa ſituation, & fût venu en diligence attaquer ſéparément ces différens corps de troupes, incapables de lui réſiſter. Ventidius ſe tira d'embarras par une ruſe. Il avoit près de lui un petit prince d'Aſie qu'il ſçavoit être plus attaché aux Parthes qu'aux Romains. Il lui fit une fauſſe confidence, & lui dit que, ſuivant les avis qu'il avoit reçus, les Parthes devoient paſſer l'Euphrate beaucoup au-deſſous de l'endroit où ils le paſſoient ordinairement, & que c'étoit ce qui pouvoit lui arriver de plus malheureux, parce qu'ils entreroient d'abord dans des plaines où leur cavalerie pourroit manœuvrer plus aisément. Cette confidence fut rendue aux Parthes comme il s'y étoit attendu. Ils prirent la route que le général Romain sembloit appréhender : ils perdirent beaucoup de tems dans le passage. Il en profita pour rassembler ses troupes, & se trouva en état de les recevoir. Il les laissa passer le fleuve sans les inquiéter, & se laissa insulter jusqu'aux portes de son camp. Il vouloit leur faire croire qu'ils avoient à faire à des lâches : mais lorsqu'il les vit dans une parfaite sécurité, & dans le désordre qu'elle produit ordinairement, il fit sortir une partie de ses légions, qui mirent en fuite le quartier qu'elles attaquerent. Pacore donna dans cette embuscade ; croyant que l'armée entiere des Romains étoit à la poursuite des fuyards, il se jeta dans le camp ennemi avec tout ce qui lui restoit de troupes. Comme il étoit placé avantageusement sur une hauteur, dès que les Barbares furent arrivés au haut, Ventidius sortit sur eux avec tout son monde, les obligea de lâcher pied & de redescendre avec précipitation. Le désordre où ils se trouverent, & sa position, lui donnerent tout l'avantage ;

ses frondeurs les accablerent d'une grêle de pierres qu'ils ne pouvoient éviter. L'infanterie portoit des coups terribles, & renversoit hommes & chevaux. Le prince Pacore, obligé de défendre sa vie comme un simple soldat, fut enveloppé dans le carnage, malgré les efforts de ses gardes. Sa mort acheva de mettre la confusion parmi les siens : ils ne penserent plus qu'à prendre la fuite, sans songer à se défendre. Il en périt plus de vingt mille dans cette action, qui se donna le même jour de la défaite de Crassus à la bataille de Carres, quatorze ans auparavant. Depuis l'établissement de la monarchie, les Parthes n'avoient pas encore reçu un échec aussi funeste & aussi humiliant. Ils regretterent généralement le prince qui avoit perdu la vie dans le combat : sa douceur, sa bonté, sa clémence, sa justice & sa valeur promettoient à ses sujets le règne le plus florissant & le plus heureux. Son pere en fut affligé au point d'en perdre la parole, & de ne vouloir, pendant plusieurs jours, ni boire, ni manger. Ce qui augmenta son inquiétude & ses regrets, c'est que, parmi trente fils qu'il avoit eus pendant le cours de son règne, il il ne sçavoit auquel il devoit assurer la couronne après sa mort : il eut le malheur de donner la préférence à celui qui la méritoit le moins. Ce fils ingrat, craignant que son pere ne changeât de résolution, fit égorger secrétement ses freres, qui étoient nés d'une fille d'Antiochus, & qui l'effaçoient par leur mérite & leur extraction. Il donna du poison, au lieu d'un breuvage ordonné par le médecin, à son malheureux pere, qu'une hydropisie & ses chagrins conduisoient au tombeau, trop lentement, au gré de ce fils dénaturé. Le poison ayant servi de remede à l'hydropisie, par les transpirations & l'écoulement des eaux, Phraate, désespéré d'avoir manqué son coup, l'étrangla de ses propres mains. Il avoit régné environ cinquante ans.

Ce crime atroce, qui fait frémir d'horreur, ne fut que le prélude de ceux dont Phraate se souilla ; dès qu'il fut sur le trône, il condamna à mort tous les enfans qu'Orode avoit eus de ses différentes femmes. Tant d'exécutions révolterent ses sujets. il craignit une sédition. Aussi mauvais pere qu'il avoit été mauvais fils, dans la crainte qu'on ne lui ôtât la couronne pour la donner à son fils, il en fit une nouvelle victime de sa cruauté. Après avoir assouvi sa barbarie sur toute la maison royale, il n'épargna pas les grands de son royaume. La naissance, les richesses & le mérite étoient à ses yeux des crimes dignes des supplices : il en fit périr plusieurs. D'autres qui craignoient le même sort, passerent dans les pays étrangers. Monésès, un des principaux de la nation, alla, avec beaucoup d'autres officiers, offrir ses services à Marc-Antoine.

Antoine voulut tirer parti de ces circonstances : il se prépara à passer dans la Parthie. La guerre commença par la conquête des royaumes d'Albanie, d'Ibérie & d'Arménie, faite par Canidius-Crassus, général Romain, sous les ordres d'Antoine. Celui-ci étoit prêt à se mettre en marche, lorsqu'il eût le chagrin de voir passer du côté de ses ennemis Monésès, le plus habile général des Parthes, sur lequel il s'étoit reposé du plan & de la conduite de la guerre. Phraate, qui sçavoit ce qu'il avoit perdu, en le laissant passer du côté des Romains, l'avoit envoyé prier, de sa part & de celle de toute la nation, de revenir prendre le commandement de ses armées. Monésès, qui auroit cru manquer à sa patrie, en ne se rendant pas aux prieres qu'elle lui faisoit, demanda son congé, & retourna chez les Parthes. Marc-Antoine le fit accompagner par les ambassadeurs qu'il envoyoit à Phraate, pour négocier un traité de paix dont les conditions étoient, qu'il rendroit les enseignes Romaines que les Parthes avoient enlevées à Crassus, & les prisonniers qu'on avoit faits dans la journée de Carres. Le dessein du général Romain étoit d'amuser Phraate, & de se jetter dans la Mésopotamie : mais son projet échoua, & il fut obligé de prendre sa route par l'Arménie. Il y fit la revue de son armée, qui se trouva composée de soixante mille Romains naturels, de dix mille cavaliers Espagnols & Gaulois, & de trente mille hommes d'infanterie & de cavalerie de différentes provinces. Le roi d'Arménie, qui lui fournissoit six mille chevaux & sept mille hommes de pied, le trahit. Il lui conseilla d'entrer dans la Médie, & de s'en emparer pour s'ouvrir une route sûre vers la Parthie. Il lui fit prenun détour de plus de cent lieues, ce qui fatigua beaucoup ſes troupes. Antoine ravagea la province d'Atropathène en Médie, & laiſſa en chemin ſes machines de guerre, qui, diſoit-il, retardoient ſa marche. Il entreprit le ſiége de Phraata, capitale de cette province. Phraate, qui arriva à la tête d'une armée nombreuſe, ayant vu les travaux des aſſiégeans, n'eut pour Antoine que du mépris. Il envoya l'élite de ſa cavalerie pour s'emparer des machines de guerre qu'il avoit laiſſées à l'entrée de la Médie, ſous la garde d'un corps de troupes. La cavalerie Parthe tailla en piéces dix mille hommes de ce détachement, fit beaucoup de priſonniers, & brûla toutes les machines de guerre. Le commandant Statien fut trouvé parmi les morts. Polémon, roi de Pont, fut fait priſonnier, ſe racheta par une forte rançon, & ſe retira dans ſes Etats. Artavaſde, roi d'Arménie, ne parut point à ce combat, & ſaiſit cette occaſion de rompre avec Antoine. Celui-ci, inſtruit du deſſein des Parthes, alla au ſecours de ſon détachement, & n'y arriva que pour faire les obsèques de ſes ſoldats; après-quoi, il reprit le ſiége de

Phraata où il perdit beaucoup de monde, fatigua inutilement ſes troupes, & fut enfin obligé de demander la paix à Phraate qui lui laiſſa la liberté de ſe retirer. Antoine, charmé de ſortir ainſi d'une entrepriſe qui lui devenoit de jour en jour plus funeſte, leva le ſiége ſans emporter aucune des machines de guerre qui y avoient ſervi. Les habitans y mirent le feu, ſous les yeux même des Romains.

Phraate ne s'étoit prêté ſi facilement à la paix, que dans l'eſpérance de tomber ſur eux, lorſqu'ils ſeroient engagés dans les plaines qu'ils avoient à traverſer. Un ſoldat Marde s'offrit pour conduire l'armée par un chemin beaucoup plus court, & où l'on trouveroit des proviſions pour les troupes. Antoine prit ce parti. Au troiſieme jour de marche, il fut attaqué par les Parthes qu'il repouſſa d'abord heureuſement; mais cette affaire devint ſérieuſe par l'imprudence d'un de ſes lieutenans-généraux. Cet homme entreprenant étoit Flavius Gallus, qui repréſenta qu'on pouvoit aiſément chaſſer l'ennemi & s'en défaire. Il ſe chargea de l'entrepriſe, & ne demanda pour l'exécuter qu'une partie de l'infanterie légere.

& de la cavalerie. Il chargea les ennemis avec intrépidité, & les mit en fuite. Il se laissa emporter par son ardeur, & les poursuivit trop loin. Lorsque les Parthes le virent éloigné du gros de l'armée, ils tournerent bride, & tomberent sur lui après l'avoir envelopé. Antoine, qui fut averti du danger où il se trouvoit, fit une autre faute, en n'envoyant à son secours qu'un petit corps de troupes qui fut vaincu. Celui-là fut suivi de plusieurs autres qui eurent le même sort. Enfin cet action imprudente coûta à l'armée Romaine trois mille hommes qui y périrent, & cinq mille qui furent blessés.

Les Parthes, enflés de leur victoire, s'attendoient à piller, le lendemain, le camp des Romains qu'ils imaginoient devoir prendre la fuite pendant la nuit. On les vit en effet au nombre de plus de quarante mille. Antoine harangua ses soldats, & les exhorta à ne pas ternir leur ancienne gloire par une fuite honteuse. Les ennemis se présenterent plusieurs jours de suite au combat; mais ils furent toujours repoussés avec perte. Cependant la marche des Romains ralentie leur avoit fait consommer plus de vivres ; la famine, ennemi plus terrible que ceux qui les poursuivoient, commençoit à se faire sentir. Ils ne pouvoient avoir du blé qu'à la pointe de l'épée, & leurs bêtes de somme, chargées des blessés, ne pouvoient leur servir à porter les moulins ; ils avoient été contraints de les laisser. En peu de tems, ils furent réduits à manger des racines, parmi lesquelles il s'en trouva qui donnerent des maladies & la mort à ceux qui en avoient fait usage. L'armée, dans cette cruelle situation, ne faisoit que quelques lieues par jour, & n'étoit occupée qu'à se défendre contre l'ennemi qui la harceloit toujours. Phraate, voyant qu'il ne pouvoit rompre leur ordre de bataille, ni les empêcher d'avancer, feignit de se réconcilier avec eux, & leur enseigna même la route la plus commode pour se retirer. Antoine étoit sur le point de suivre les conseils du roi des Parthes, lorsqu'un officier entra dans le camp, avertit le Romain que s'il prenoit la plaine qu'on lui avoit indiquée, il pouvoit s'attendre à éprouver le même sort que Crassus. On profita de l'avis ; mais le lendemain, on fut attaqué comme auparavant sans perte. Le même officier revint le soir, & dit au général qu'il falloit qu'il marchât toute la nuit; qu'ensuite il laissât reposer ses troupes, & qu'enfin il se hatât de passer une riviere qu'il trouveroit; que c'étoit-là le terme de la poursuite des Parthes. Il lui dit aussi qu'il devoit ces avis à Monésès, qui les lui faisoit donner en reconnoissance des biens & des honneurs dont il l'avoit comblé. On pria cet officier d'accepter quelques flacons d'or avec leurs coupes.

Pendant la derniere nuit, quelques soldats mécontens exciterent du bruit dans le camp, à la faveur duquel ils se jeterent sur le trésor de l'armée qu'ils pillerent, ainsi que la vaisselle du général. On se crut attaqué par l'ennemi. Antoine, effrayé, appelle Rhamnus son affranchi, lui fait jurer de le tuer au moment qu'il le lui ordonnera, & de lui couper la tête, afin que les Barbares ne le reconnoissent pas. Ses amis calmerent son inquiétude, en lui apprenant la cause du tumulte. Il rangea aussitôt son armée, & décampa. Au lever du soleil, on apperçut en même tems la riviere que l'on devoit passer, & les Barbares répandus dans la plaine. Malgré la terreur qui s'emparoit de tous les esprits, Antoine disposa ses troupes avec la plus grande prudence. Les Parthes se jeterent sur l'arriere-garde, qui les reçut avec fermeté sans s'ébranler. Pendant ce tems, la tête de l'armée gagna la riviere. La cavalerie, rangée des deux côtés, servoit de ramparts à l'infanterie qui passoit au milieu. On fit d'abord passer les malades & les blessés ; ensuite le corps de l'armée, tandis que l'arriere-garde avançoit insensiblement : enfin toute l'armée se trouva à l'autre rivage, & n'eut plus rien à craindre de la part des Parthes, qui n'avoient pu s'empêcher d'admirer l'ordre avec lequel ils l'avoient vu défiler.

Elle arriva près de l'Araxe, qui sépare la Médie de l'Arménie, six jours après le passage de cette petite riviere. Marc-Antoine, ayant fait la revue de ses troupes, trouva qu'il avoit perdu vingt mille hommes de pied & quatre mille chevaux. Cette belle rerraite avoit duré vingt-sept jours, pendant lesquels les Romains avoient combattu dix-huit fois contre les Parthes, & presque toujours avec avantage. Mais ces demi-victoires les avoient beaucoup incommodés, tant à cauſe du retard de la marche, que par les pertes qu'elles leur avoient occaſionnées par la famine & les maladies.

Les Romains regardoient le roi d'Arménie comme la premiere cauſe de tous leurs malheurs ; ils vouloient l'en punir. Mais leur général, content d'être arrivé, ne penſoit qu'à retourner en Egypte auprès de Cléopâtre, diſſimula, & ne laiſſa rien appercevoir de ce qu'il penſoit des fourberies d'Artavaſde. L'impatience qu'il avoit de revoir la reine d'Egypte, lui fit entreprendre de traverſer les montagnes d'Arménie couvertes de neige. Pour empêcher les murmures & les plaintes, il défendit qu'on lui fît aucune repréſentation ſur la difficulté des chemins. Il reçut, avant de partir, de l'argent, des habits & des vivres que Cléopâtre lui envoyoit, ce qui lui fit prendre le parti de continuer ſa route.

Tandis qu'il ſe livroit à Alexandrie, aux plaiſirs & à la débauche, le roi des Mèdes lui envoya propoſer de retourner en Orient, lui promettant de l'aider de tout ſon pouvoir. Il n'héſita point d'accepter la propoſition, apprenant de tous côtés que le royaume des Parthes étoit plein de ſéditions & de révoltes.

Pour rendre ſon entrepriſe plus certaine, & ſe venger des perfidies d'Artavaſde qu'il avoit diſſimulées, il réſolut de s'emparer de l'Arménie, & tâcha d'attirer le roi en Egypte, ſous prétexte d'arranger avec lui le plan de la guerre qu'il vouloit entreprendre. Artavaſde, qui ſe doutoit de ce qu'on tramoit contre lui, donna des raiſons ſpécieuſes pour ſe diſpenſer de ſortir de ſes Etats. Antoine lui envoya demander ſa fille en mariage pour un fils qu'il avoit eu de Cléopâtre; mais ce ſtratagême n'ayant pas réuſſi, il partit au commencement du printems pour ſe rendre en Arménie. Lorſqu'il fut arrivé à Nicopolis, il Av. J. C.
envoya prier Artavaſde de venir le trouver. 34.
Refuſer, c'eût été donner des ſoupçons contre lui; il ſe rendit auprès d'Antoine qui ſe ſaiſit de ſa perſonne, & lui déclara qu'il falloit qu'il rachetât ſa couronne & ſa vie en livrant ſes tréſors; il le fit charger de chaînes d'argent, diſant qu'il ne convenoit pas qu'un roi fût dans les fers. Les Arméniens mirent ſur le trône Artaxias, fils aîné de leur roi, & jurerent de ſe venger de la perfidie d'Antoine. Artaxias commença la guerre; mais Antoine, après pluſieurs

victoires, s'empara de toute l'Arménie. Il maria son fils Alexandre à une princesse de Médie, distribua les quartiers à son armée, donna l'Armenie au roi des Mèdes, retourna en Egypte, emmena avec lui Artavasde, & le donna à Cléopâtre.

Antoine étoit à peine en Egypte, qu'Artaxias & Phraate entrerent dans la Médie, & l'attaquerent. Artabaze soutint leurs efforts avec courage pendant toute la premiere campagne. Comme il s'attendoit à être attaqué de nouveau l'année suivante, il fit prier Antoine de lui rendre la cavalerie Mède qu'il avoit emmenée, & de lui envoyer quelques troupes. Mais Antoine, qui se voyoit menacé de la guerre, au lieu de renvoyer la cavalerie, retira toutes les troupes qu'il avoit en Orient. Artabaze, sans secours, succomba sous les efforts de ses deux ennemis. Il fut fait prisonnier, & perdit pour toujours les deux royaumes qu'il possédoit. C'est ici le plus haut point de la grandeur des Parthes. Ces terribles ennemis des Romains, dont ils avoient été redoutés, vont les craindre à leur tour, & recevoir des lois de ce peuple vainqueur, qui diſpoſera de leurs droits & de la couronne de leurs princes.

Phraate, fier des ſuccès de ſes armes contre les Romains & contre le roi des Mèdes, reprit ſon ancienne maniere de gouverner. On vit renaître les proſcriptions, les exils, les ſupplices & les cruautés du commencement de ſon règne. Ses ſujets, las de ſa tyrannie, le chaſſerent, & mirent à ſa place le chef de la ſédition, Tiridate, qui ſe diſoit du ſang des Arſacides. Phraate gagna par ſes prieres & ſes promeſſes les villes frontieres, & les Scythes dont il forma une armée avec laquelle il battit l'uſurpateur, l'obligea de s'enfuir, & remonta ſur le trône. Tiridate ſe rendit en Syrie, auprès d'Octave, qui y étoit occupé à faire reconnoître ſon autorité après la bataille d'Actium. Il implora ſon ſecours, pour recouvrer le trône qui venoit de lui être enlevé. Phraate envoya des ambaſſadeurs, pour faire connoître que Tiridate n'avoit aucun droit à la couronne des Parthes. Octave ne décida point cette affaire, & remit à l'examiner, après qu'il auroit terminé celles de l'Egypte qui l'occupoient tout entier. Le parti de Tiridate

Av. J.C. 20.

se releva; il passa lui-même à Rome. Phraate y envoya aussi ses ambassadeurs. Le sénat remit l'affaire à la décision d'Octave. Le vainqueur d'Actium profita, en habile politique, des craintes du roi des Parthes. Il lui rendit son fils que Tiridate lui avoit livré. Il l'assura de la protection des Romains, & lui laissa la couronne, à condition qu'il renverroit les prisonniers Romains qui étoient dans ses Etats, & les enseignes enlevées à Crassus. Phraate promit tout; mais trois ans s'écoulerent sans qu'il satisfît à sa promesse. Lorsqu'il vit que l'Arménie s'étoit soumise à l'autorité romaine, ce qui laissoit une entrée libre dans son royaume, craignant d'ailleurs qu'Octave, qui étoit en Syrie, ne cherchât à le punir, il rendit la liberté à tous les Romains, & les renvoya avec les trophées de la journée de Carres. La joie fut inexprimable à Rome, & cet heureux succès qui humilioit & réduisoit les Parthes sans avoir tiré l'épée, fit plus pour la gloire de cet illustre Romain que toutes les victoires qu'il avoit remportées. Il fit présent au roi des Parthes d'une femme Italienne, nommée *Thermuse*, d'une beauté merveilleuſe. Phraate en fut épris auſſitôt qu'il la vit, & la déclara la premiere de ſes femmes. Au bout de dix-neuf ans de ſoumiſſion & de dépendance, il ſaiſit une occaſion de ſecouer le joug des Romains. Voici ce qui la fit naître.

Depuis la défaite de Mithridate & de Tigrane par Pompée, les Romains s'étoient arrogé le droit de diſpoſer de la couronne d'Arménie, ou de confirmer le choix que le peuple faiſoit. Les Arméniens, ennuyés de cette honteuſe dépendance, firent main-baſſe ſur les garniſons Romaines, & engagerent le roi des Parthes à défendre avec eux la liberté des royaumes d'Aſie. Ils chaſſerent Artabaze, & mirent Tigrane ſur le trône. Octave, inſtruit de ces mouvemens, envoya ſon fils Caïus Céſar, qui n'étoit encore âgé que de dix neuf ans. Ce jeune guerrier étoit à peine arrivé en Syrie, que Phraate, épouvanté, envoya des ambaſſadeurs à Rome, pour appaiſer Auguſte, & s'excuſer auprès de lui d'avoir pris trop légèrement le parti des Arméniens. Satiſfait de cette démarche, l'Empereur lui ordonna de retirer les troupes qu'il y avoit envoyées.

Phraate, en paix avec les Romains, gouvernoit toujours ses Etats en tyran. L'amour qu'il avoit pour Thermuse lui fit faire une faute dont il fut la premiere victime, & après lui, toute la nation des Parthes. Cette femme, ambitieuse & adroite, souhaitoit de voir son fils monter sur le trône des Parthes; mais les autres fils du roi étoient un obstacle à ses projets. Elle eut l'adresse de persuader à Phraate de les envoyer tous à Rome, pour s'assurer de plus en plus de l'amitié d'Auguste; &, le prenant par son foible, elle lui fit entendre que les mécontens de son royaume ne penseroient pas à le détrôner, quand ils n'auroient plus de princes pour le remplacer. C'étoit-là sa grande inquiétude; il donna dans le piége que l'adroite Italienne lui avoit tendu, & envoya ses fils à Rome. Phraatace, fils de Thermuse, s'ennuyant d'attendre la couronne de Phraate, le fit assassiner par le conseil de sa mere, & usurpa l'autorité souveraine. L'horreur qu'excita ce parricide le fit chasser du royaume, & il mourut peu après.

La mort de Phraate & l'éloignement de ses fils laisserent le royaume exposé à une anarchie dangereuſe. Les grands de l'empire réſolurent d'offrir la couronne à Orode, du ſang des Arſacides. Il l'accepta ; mais ſes hauteurs, ſes injuſtices & ſa cruauté ſouleverent tout le monde contre lui ; il fut aſſaſſiné.

On prit enfin le parti de choiſir un roi dans la famille de Phraate. Le conſeil députa des ambaſſadeurs à Rome, chargés de demander un des princes pour occuper le trône de ſon pere. Auguſte choiſit Vonone comme le plus digne de régner. Il l'envoya comblé de préſens, ainſi que les ambaſſadeurs. Ce prince, élevé à Rome, n'avoit rien conſervé des mœurs de ſes ſujets ; il y avoit pris le goût des occupations nobles & utiles, & ce fut en cela qu'il leur déplut. Les Parthes trouvoient mauvais qu'il ne fût pas toujours occupé de la chaſſe & de chevaux. La délicateſſe de ſa table les choquoit. Sa douceur & ſon affabilité leur déplaiſoient. Ils offrirent la couronne à Artaban, roi des Mèdes, qui tenoit aux Arſacides du côté de ſa mere. Il l'accepta, & ſe préſenta à la tête d'une armée pour en prendre poſſeſſion. Mais comme il n'étoit ſoutenu que de la noblesse, & que le peuple avoit pris le parti de Vonone, il fut vaincu & repoussé jusques dans les montagnes de Médie. Artaban ayant augmenté ses forces, vainquit Vonone, qui fut obligé de se retirer en Arménie. Cette disgrace lui arriva, l'année de la mort d'Auguste, la onzieme de son règne. Il envoya demander du secours à Tibere, pour se faire déclarer roi d'Arménie. Mais cet empereur, ne voulant point irriter les Parthes, le lui refusa; ce qui l'obligea à se retirer en Syrie. Artaban donna à son fils la couronne d'Arménie, & demeura possesseur de celle des Parthes.

Dep. J. C. 16.

Germanicus entreprit d'augmenter l'autorité que les Romains avoient sur les Parthes & sur l'Arménie. Il entra dans ce royaume, en chassa Orode, & mit à sa place le fils de Polémon, roi de Pont, à qui il fit prendre le nom d'*Artaxias*. Les Arméniens avoient vu élever chez eux ce prince dès sa plus tendre enfance. Artaban, loin d'entreprendre de rétablir son fils, ne pensa qu'à appaiser Germanicus. Ils eurent une conférence sur les bords de l'Euphrate, où ils renouvelerent les anciens traités d'alliance & de paix entr'eux & les Romains. Artaban y fut fidèle jusqu'à la mort de Germanicus & d'Artaxias. Ce fut alors que n'ayant plus rien à craindre de Tibere qui étoit fort âgé, il entra dans l'Arménie, & plaça sur le trône Arsace, l'aîné de ses fils. Il prétendit aussi rentrer dans tous les droits des rois de Perse & d'Alexandre, & s'emparer de la Syrie & de tout ce qui avoit dépendu de l'ancien empire des Perses. Pendant qu'il étoit occupé de ces vastes projets, un orage se formoit sur sa tête : sa dureté & sa tyrannie, qui avoient proscrit plusieurs personnages illustres, avoient aussi révolté ses sujets contre lui. Il se forma à sa cour une ligue qui prenoit tous les moyens de le détrôner. Les conjurés avoient envoyé demander à Rome Phraate, troisieme fils du prince de ce nom, pour le mettre à la place d'Artaban, qui ne régnoit que pour le malheur de la nation.

Tibere le leur accorda, & le prince partit. Artaban découvrit la conjuration, & fit empoisonner secrétement Abdus, & exila Sinnace, sous prétexte de le charger de quelques affaires. C'étoient les deux chefs de la ligue. Il ne pouſſa pas ſa vengeance plus loin, lorſqu'il eut appris que Phraate étoit mort en Syrie. Tibere, qui apprit que le prince qu'il avoit envoyé étoit mort, fit partir, pour le remplacer, Tiridate, petit-fils de Phraate IV. Il engagea Pharaſmane, roi d'Ibérie, & ſon frere Mithridate à ſe joindre aux Alains, pour entrer tous enſemble en Arménie, afin de faire diverſion & d'y attirer Artaban qui viendroit au ſecours de ſon fils. Vitellius fut chargé de cette expédition. Les Ibériens & les Alains ſe jeterent en effet dans l'Arménie. Arſace leur fut livré & mis à mort : après quoi, ils ſubjuguerent tout le royaume, déclarerent Mithidrate roi d'Arménie, & le couronnerent dans Artaxata.

Artaban, dont les Etats ſe trouvoient à découvert, envoya ſon fils Orode, pour venger la mort de ſon frere. Pharaſmane, aidé par les Albaniens & les Sarmates, ferma aux Parthes l'entrée de l'Arménie par les montagnes. Les deux armées étant en préſence, Pharaſmane préſenta pluſieurs fois la bataille à Orode qui craignoit d'en venir aux mains. Les Parthes, inſultés par l'ennemi, ſe mutinerent contre leur général, & demanderent à combattre. Orode les rangea en bataille, & dès le premier choc, le carnage fut affreux. Les Ibériens, les Albaniens & les Sarmates se jeterent avec impétuosité sur les Parthes pour éviter leurs traits, & l'on combattit corps à corps. Tout l'avantage étoit pour Pharasmane, qui, parcourant les endroits où sa présence étoit nécessaire, rencontra Orode; il l'attaqua avec fureur, lui porta un coup terrible sur son casque, & fut emporté par son cheval. Orode, dangereusement blessé, fut transporté dans son camp. Les Parthes ne le voyant plus, le crurent mort, & abandonnerent le champ de bataille à l'ennemi.

Artaban étoit prêt à partir avec toutes les forces de son royaume, pour aller se venger de cette affront; mais il sçut que Vitellius alloit entrer dans la Parthie par la Mésopotamie, il aima mieux défendre ses propres Etats, que de penser à l'Arménie qu'il pouvoit regarder comme perdue. Vitellius, arrêté sur les bords de l'Euphrate par la rigueur de la saison, irritoit les esprits contre Artaban par des émissaires qu'il avoit dans le royaume. La plupart des grands furent gagnés par le pere de Sinnace, mécontent de son exil; & l'on avoit résolu de le faire périr par le fer ou par le poison. Il prévint l'exécution de ce projet, en se réfugiant en Hircanie, où il fut réduit à vivre du gibier qu'il tuoit à la chasse. Vitellius profita de sa retraite, entra dans la Mésopotamie, reçut les hommages des principaux des Parthes, remit Tiridate entre leurs mains, & les exhorta à lui rendre les honneurs dûs à son rang; après quoi, il repassa l'Euphrate, & retourna en Syrie.

Les commencemens du règne de Tiridate prévinrent en sa faveur. il soumit plusieurs villes qui s'étoient soustraites à l'autorité des Parthes. Sa douceur & son affabilité le firent chérir de tous ses sujets. Ce fut sur-tout à Séleucie où il reçut les plus grands témoignages d'amour & de respect. Il n'étoit pas encore revêtu des ornemens royaux. On le conduisit à Ctésiphon, pour y faire la cérémonie de son couronnement. Phraate & Hiéron, deux des principaux gouverneurs du royaume, avoient témoigné qu'ils seroient charmés de partager la joie publique en y aſſiſtant : on les attendoit. Suréna, homme remarquable par ſa naiſſance & par ſon rang à la cour, s'ennuyant de voir le roi ſans aucune marque de ſa puiſſance, lui ceignit le diadême un jour qu'il étoit dans une aſſemblée publique, & le proclama roi. Phraate & Hiéron, piqués de ce qu'on ne les avoit pas attendus, refuſerent de le reconnoître ; d'autres en firent autant, & tournerent du côté d'Artaban. Ils allerent le chercher dans le fond de l'Hircanie. Ils le trouverent dans un état méconnoiſſable, couvert d'un mauvais habit, les cheveux & la barbe extrêmement négligés, n'ayant point de demeure fixe, & ne vivant que du produit de ſon arc. Le premier abord des auteurs de ſa diſgrace le fit frémir, & ils eurent de la peine à calmer ſa frayeur. Ils ne le raſſurerent qu'en lui proteſtant qu'ils n'étoient venus que pour lui rendre la couronne qu'il avoit abandonnée. De la crainte il paſſa à une ſurpriſe mêlée de joie, & leur demanda ce qui avoit pu occaſionner une ſi étrange révolution ? « On nous » a donné, dit Hiéron, un enfant pour » roi. C'eſt Abdagèſe qui gouverne

» ſous l'autorité de Tiridate, qui ne » ſçait s'en ſervir que par ſon favori. » Nous voulons un roi qui ſçache ré- » gner, & nous vous prions de re- » prendre un ſceptre que vous avez » abandoné. » Artaban jugea que le moindre retardement pouvoit encore changer la face des affaires. Il alla demander du ſecours aux Scythes, aux Dahes, aux Saques & à d'autres peuples voiſins qui lui en donnerent. A la tête d'une nombreuſe armée, & couvert de ſon mauvais habit, il rentra dans ſon royaume, & par ſes prieres, ſes larmes & ſes promeſſes, il fit revenir à lui ceux qui héſitoient encore. Il traverſa ainſi ſes Etats, & arriva près de Séleucie. Tiridate, qui, après ſon couronnement, s'étoit amuſé à prendre un château où étoient les tréſors d'Artaban, au lieu de ſe faire voir dans ſes principales provinces pour y affermir ſon autorité, perdit courage à l'approche de ſon rival. Les plus ardens de ſes partiſans vouloient que l'on en vînt promptement aux mains avec une armée fatiguée par la route longue & précipitée qu'elle avoit faite. Abdagèſe au contraire fut d'avis de ſe retirer dans la Mésopotamie, de se couvrir du Tigre dont on d fendroit le passage, en attendant les secours qu'on pourroit recevoir des Arméniens, des Elyméens & de Vitellius même qui étoit encore en Syrie. Tiridate fut de cet avis, & cette précaution qu'il prenoit pour conserver sa couronne, la lui enleva. Ses troupes le voyant s'éloigner de l'ennemi, crurent qu'il ne l'évitoit que par foiblesse ou par lâcheté; elles l'abandonnerent. Il passa en Syrie avec un très-petit nombre des siens.

Artaban, rétabli sur son trône, perdit la mémoire du désert de l'Hircanie. Il devint insolent au point d'écrire à Tibere une lettre pleine d'injures atroces. Il entra dans l'Arménie dont il ravagea plusieurs provinces. Il se préparoit à passer plus avant; mais la mort de Tibere & le couronnement de Caïus Caligula l'arrêterent. Il n'avoit insulté l'empereur que parce qu'il n'avoit rien à craindre d'un vieillard de soixante-dix-huit ans. Il ne songea plus qu'à faire sa cour à Caligula & aux Romains, parce qu'il craignoit la vengeance du jeune empereur. Il envoya des ambassadeurs à Vitellius pour le Dep. J.C. 36.

réconcilier avec Rome. Le Romain lui ordonna fierement de se rendre sur les terres de l'empire au-delà de l'Euphrate, & il exigea de lui qu'il se prosternât devant les aigles & les enseignes Romaines, & qu'il offrît un sacrifice aux statues d'Auguste & de Caligula. Il dressa les articles de paix, tous à l'avantage des Romains, les fit signer à Artaban, & l'obligea de donner ses fils pour ôtages.

Tranquille du côté de Rome, Artaban tourna sa vengeance contre son peuple. On se souleva contre lui; on attenta plusieurs fois à sa vie. Enfin, voyant qu'il n'étoit plus en sûreté, il se retira auprès du roi d'Adiabene, province située entre la Syrie & la Mésopotamie. Il rencontra Izate qui revenoit de Jérusalem où il venoit d'embrasser le culte du vrai Dieu, après avoir quitté celui des idoles. Dès qu'il se fut fait connoître, Izate lui promit qu'il le rétabliroit sur son trône. Il le reçut chez lui où il le combla d'honneurs. Il écrivit aussi aux principaux des Parthes, pour les exhorter à se soumettre à leur souverain, leur promettant qu'il oublieroit leur infidélité, & qu'ils setoient contens de sa conduite. On lui répondit que les Parthes ne pouvoient recevoir Artaban, sans s'exposer à une guerre civile, parce qu'ils avoient choisi Cinname, pour le remplacer. Ce nouveau roi avoit été élevé à la cour d'Artaban. Il lui écrivit lui-même qu'il le prioit de revenir dans ses Etats, & qu'il lui remettroit le sceptre. Artaban, qui connoissoit sa sincérité, partit avec confiance, Cinname alla au-devant de lui, ôta son diadême & lui en ceignit le front. En récompense d'un désintéressement si rare, Artaban lui accorda toutes sortes d'honneurs. Il lui permit de porter la thiare droite, & de coucher dans un lit d'or. C'étoient-là les priviléges des rois, qui avoient emprunté cet usage des Perses. Il lui donna aussi la province de Nisibe. Ce dernier rétablissement ne lui procura pas une longue paix. Après avoir échappé plusieurs fois au soulevement de ses sujets, il fut empoisonné par Gotarze, son frere, avec la reine & un de leurs enfans.

Les dispositions d'Artaban, qui nomma Bardane pour son successeur, & le fit reconnoître avant que de mourir, priverent Gotarze du fruit qu'il avoit espéré de son parricide. Il se forma cependant un parti dans la Mésopotamie; mais son frere le vainquit, & l'obligea de se réfugier en Hyrcanie. Après cette victoire, Bardane se vit maître de toute la Parthie, excepté de la ville de Séleucie, qui lui résista pendant plusieurs années. Gotarze voyant son frere occupé de ce siége, reparut, à la tête d'une armée dans la Bactriane. Bardane alla avec la sienne au-devant de lui. Ils étoient prêts à en venir aux mains, lorsqu'ayant appris que ses soldats méditoient de le trahir, il fit sonner la retraite, & fit un traité avec son frere. Ils convinrent que Bardane conserveroit la couronne, & que Gotarze jouiroit des revenus de l'Hyrcanie, & y résideroit. Bardane reprit le siége de Séleucie. Il prit cette ville, & alla sur les frontieres en reprendre quelques autres qui avoient profité du trouble pour secouer le joug. La crainte d'irriter les Romains l'empêcha de recouvrer l'Arménie. Il étoit dans la Basse-Mésopotamie, lorsqu'Apollonius de Tyane passa à Babylone en allant aux Indes. En entrant dans la ville, le philosople fut abordé par un satrape qui lui dit d'adorer la statue d'or du roi. Apollonius répondit qu'il n'avoit point d'hommages à rendre au roi, & qu'il devoit se croire assez honoré des louanges qu'il donneroit à sa vertu, s'il l'en trouvoit digne. Le satrape, surpris de la fierté de cette réponse, le consigna à la porte, & alla en parler aux officiers de la cour. Ils le firent venir, & lui demanderent pourquoi il manquoit de respect au grand roi des Parthes? « Je » ne le méprise point, répondit Apol» lonius; & si je vois, par sa conver» sation, qu'il mérite mon estime, je » lui rendrai tout le témoignage qui est » dû à sa sagesse.--- Quel présent lui » apportez-vous? --- Je lui offrirai la » force, la justice & les autres vertus » qui font la véritable & solide gloire » de l'humanité. --- Pensez-vous qu'il » ne les ait pas? --- Je le souhaite. --- Il » en a déja donné des preuves, en ac» quérant par sa valeur la paisible pos» session de son royaume, & en gou» vernant ses sujets avec équité. --- J'ap» préhende que la crainte & l'intérêt » ne vous fassent élever votre prince » plus haut qu'il ne mérite. Je desire

» néanmoins, pour le bien de votre
» nation, qu'il ſoit tel que vous le dé-
» peignez. »

Sur le rapport que l'on fit au roi de la franchiſe & de la liberté de cet inconnu, il eut envie de le voir, & ordonna qu'on le conduisît au palais. Apollonius en traverſa toutes les ſalles, parlant à celui qui le conduiſoit, de choſes étrangeres, ſans faire attention aux richeſſes & aux magnificences qui auroient jeté tout autre dans l'admiration.

Le roi le reçut avec des témoignages d'amitié, & l'invita à aſſiſter au ſacrifice d'un beau cheval qu'il alloit immoler au ſoleil. Apollonius, pythagoricien & ſectateur de la métempſycoſe, le pria de ne pas exiger de lui qu'il prît part à l'effuſion du ſang. Pendant qu'on égorgeoit la victime, il ſe retira un peu à l'écart, jetta de l'encens dans un braſier, & adreſſa cette priere au ſoleil.
» Aſtre du jour, conduiſez-moi par-tout
» où vos intérêts & les miens m'appel-
» leront; donnez moi la connoiſſance
» des hommes qui aiment la vertu;
» mais éloignez-moi des méchans. Je
» ne veux ni les connoître, ni en être
» connu. » Il parla familiérement au

roi, lui exposa le sujet de son voyage, lui découvrit ses sentimens sur les Dieux & sur les hommes, le genre de vie qu'il menoit. Bardane lui dit qu'il n'auroit pas voulu, pour tout l'or des Indes & des Perses, ne l'avoir pas vu à son passage. Il le pria d'accepter un logement dans le palais. « Vous m'honorez, seigneur, par les offres que » vous me faites; mais, avant que de » les accepter, souffrez que je vous » demande si vous voudriez loger chez » moi, supposé que le hasard vous con» duisît à Tyane. --- Je ne le ferois pas, » à moins que votre maison ne fût assez » vaste pour contenir tous mes gardes; » & assez ornée pour recevoir conve» nablement ma personne. --- Ma mai» son seroit trop petite pour vous, & » votre palais est trop grand pour moi. » L'opulence embarrasse plus les phi» losophes que la médiocrité ou la di» sette n'affligeroient les riches. Per» mettez que je me retire chez un par» ticulier qui ne sera point au-dessus de » moi. Là, vous pourez me faire aver» tir de me rendre au palais toutes les » fois que vous le jugerez à propos. »

Quelques jours après, le roi s'engagea à lui accorder dix graces, quelques grandes qu'elles pussent être. Apollonius lui demanda du pain, des fruits, & de laisser retourner en Grèce les descendans des Erétriens, qui avoient été amenés prisonniers à Suze pendant la guerre de Darius contre les Grecs. Bardane ne se lassoit point de converser avec le philosophe. Il le consultoit en toute occasion, & admiroit toujours la sagesse de ses réponses. Enfin il partit de Babylone, après un séjour d'un an & quatre mois. Il n'accepta des présens du roi que quelques chameaux de monture pour ses compagnons & pour lui. Il repassa l'année suivante, comme il l'avoit promis au roi; mais il ne s'arrêta point.

Gotarze, mécontent de l'accord fait avec son frere, leva des troupes pour reprendre ce qu'il lui avoit abandonné. Bardane l'attaqua, le défit entierement, & le repoussa jusqu'au pays des Dahes. Ses troupes refuserent de le suivre plus loin. Il fit élever à l'endroit, où il s'étoit arrêté, un monument de ses victoires, de ses richesses & de sa puissance. La prospérité le rendit fier & cruel: il devint enfin insupportable à ses sujets. Croyant pouvoir tout entreprendre, il envoya proposer à Izate de se joindre à lui pour faire la guerre aux Romains. Le roi d'Adiabene lui représenta la témérité de l'entreprise, & refusa de se joindre à lui. Bardane, sur ce refus, le menaça de lui déclarer la guerre. Mais les grands de sa cour, fatigués de ses hauteurs & de sa tyrannie, le tuerent à la chasse.

Sa mort fit renaître les anciens troubles. Il n'avoit pas laissé d'enfans en état de gouverner. Les grands furent partagés sur le choix d'un roi. Les uns donnoient la couronne à Méherdate, fils de Vonone I, qui étoit à Rome: les autres à Gotarze, & ceux-ci l'emporterent. Mais il fut à peine couronné, que ses partisans même se repentirent de leur choix. Las de ses caprices, de son luxe, de ses débauches & de ses fureurs, on envoya à Rome demander Méherdate. On dépeignit Gotarze comme un monstre qui avoit fait périr toute sa famille & ses propres freres, qui n'avoit pas même épargné ses femmes, quoiqu'enceintes, ni ses enfans encore à la mamelle. Pour satisfaire à cette demande, l'empereur

Claude leur permit d'emmener Méherdate. Lorsqu'il fut arrivé en Syrie, Cassius, qui en étoit gouverneur, lui donna de bons avis en le mettant à la tête des légions Romaines; mais il s'arrêta à Edesse, auprès d'Abgare, roi des Arabes, où il ne pensoit qu'à jouir des honneurs d'une dignité qu'il n'avoit pas encore. Carrhène, chef des mécontens, l'en tira, & le fit passer par les montagees d'Arménie pour réunir les deux armées. Il prit, chemin faisant, Ninive & Arbelle. Gotarze s'étoit rendu sur le bord de la riviere de Corma, où il amusa l'ennemi par des escarmouches sans en venir à une bataille, tandis qu'il travailloit à détacher du parti de son rival Izate & le roi des Arabes; il y réussit. Méherdate, voyant que ses troupes diminuoient tous les jours, crut qu'il n'avoit rien de mieux à faire que de livrer bataille à l'ennemi. Il présenta le combat; mais ses troupes furent taillées en piéces. Il tomba lui-même entre les mains de son rival, qui lui fit couper les oreilles, & le réduisit à traîner une vie honteuse, plus triste que la mort. Peu après, Gotarze fut attaqué d'une maladie violente qu'il soupçonna être causée par le poison. Se voyant près de mourir, il mit la couronne sur la tête de son fils Vonone qui étoit alors gouverneur ou roi de Médie. Ce prince en jouit fort peu de tems. Il eut pour successeur Vologèse.

Ce pince, pour éviter la jalousie de ses freres, Pacore & Tiridate, donna à l'un le royaume des Mèdes, & à l'autre celui d'Arménie. Le premier alla aussitôt prendre possession de son royaume; mais il ne faisoit qu'un présent chimérique au second. Depuis la défaite de Tigrane par Pompée, les Romains étoient en possession de nommer ou de confirmer le choix des rois d'Arménie. Mithridate qui occupoit ce trône, leur en avoit fait hommage en y montant. Tiridate n'étoit pas le seul qui prétendît à cette couronne qui n'étoit point vacante. Pharasmane, roi d'Ibérie, avoit un fils nommé *Rhadamiste*, qui fut assez dénaturé pour vouloir attenter aux jours de son pere; Pharasmane en étant informé, & voulant l'éloigner de lui, l'engagea à tâcher de s'emparer du royaume d'Arménie par adresse ou par force. Rhadamiste, à force de fourberies & de trahisons, réussit par la premiere voie : il obtint en mariage Zénobie, fille de Mithridate, il proposa à son beau-pere de sceller cette alliance par un sacrifice solennel ; &, pendant que le roi & la reine étoient prosternés au pied de l'autel, il jeta son manteau sur eux & les étouffa ; leurs enfans encore jeunes pousserent de grands cris, il se jeta sur eux & les massacra ; c'est par ce moyen affreux qu'il s'empara de l'Arménie ; son pere lui avoit envoyé des troupes pour soutenir son entreprise. Mal affermi sur ce trône, il fut attaqué par les Parthes que les Ibériens n'attendirent pas. Tiridate fut reconnu roi d'Arménie dans Artaxata & Tigranocerta. Les approches de l'hiver & la disette des fourages l'obligerent de renvoyer sa cavalerie dans la Parthie. Ses troupes étoient à peine retirées, que Rhadamiste parut avec les siennes, & se remit en possession du royaume.

Ce prince féroce & vindicatif, traita ses sujets avec tant de dureté qu'il se forma une conjuration contre lui ; ils investirent le palais, ordonnerent au capitaine de ses gardes de le leur livrer pour le mettre en piéces; mais il s'enfuit à la faveur des ténèbres avec sa femme. La nécessité d'échapper à la fureur des séditieux, donna à la jeune reine assez de courage pour supporter la fatigue de la premiere journée : mais, comme elle étoit fort avancée dans sa grossesse, les forces lui manquerent le second jour; elle tomba malade. La douleur & le désespoir la porterent à prier son mari de lui donner la mort. Il fit ce qu'il put pour relever son courage en lui faisant espérer qu'ils arriveroient bientôt en Ibérie, où ils seroient en sûreté; enfin, ne pouvant plus résister à ses cris, à ses douleurs & à ses instances, il lui donna quelques coups de son épée, & la fit jeter dans une riviere. Des bergers qui la virent sur le bord de l'eau, l'en retirerent & lui donnerent tous les secours dont elle avoit besoin. Quand ses blessures furent guéries, & qu'ils sçurent qui elle étoit, ils la conduisirent à Artaxata, où Tiridate lui assigna un revenu, & n'oublia rien pour la dédommager du rang qu'elle avoit perdu.

Rhadamiste fit de vains efforts pour recouvrer l'Arménie. Il perdit enfin toute espérance, lorsqu'il apprit que les

Romains avoient résolu de la reprendre & d'en chasser les Parthes. Vologèse étoit occupé à réduire une faction qui s'étoit élevée contre lui, à la tête de laquelle étoit son fils Bardanne. Il soumit les révoltés ; mais il perdit l'Arménie. Corbulon, qui étoit à la tête des Romains, l'engagea à renouveler l'ancienne alliance des Parthes avec les Romains. Il y consentit en apparence, & envoya des otages à Rome. Il voulut se venger sur Izate de la perte de l'Arménie, mais, comme il étoit prêt d'attaquer ce roi, il fut obligé de retourner dans son royaume, où les Dahes & les Saques, profitant de son absence, faisoient d'affreux ravages. Ces nouveaux ennemis étant dissipés, il forma le projet d'enlever l'Arménie aux Romains. Il y envoya son frere Tiridate à la tête d'une armée nombreuse, avec laquelle il ravagea les terres de ceux qui tenoient pour les Romains. Corbulon ne négligea rien pour retenir les habitans du pays ; il fut secouru par Antiochus, roi de Commagene, & par Pharasmane, roi d'Ibérie, qui réduisoient chacun de leur côté les villes frontieres. Leurs succés rendoient leurs conquêtes plus faciles. Tiridate, qui voyoit ſes armées diminuer tous les jours, entama avec Corbulon une négociation de paix, qui n'eut aucunes ſuites. Le Romain réſolut de continuer la guerre avec plus de vigueur. Il fit aſſiéger différentes places en même temps, & fut victorieux de tous côtés; enfin il paſſa à Artaxata où Tiridate s'étoit renfermé. Lorſqu'il ſçut que Corbulon en alloit faire le ſiége, il prit le parti d'aller au-devant des Romains pour les combattre; mais, lorſqu'il vit leur multitude & l'ordre admirable de leur marche, il demeura hors de la portée du trait, juſqu'à ce que la nuit dérobât la connoiſſance de ſes mouvemens, & il ſe retira. Sa fuite ouvrit à Corbulon les portes d'Artaxata. Après y avoir fait ſon entrée, il donna aux habitans la liberté de choiſir quelle retraite il leur plairoit; il y fit mettre le feu & la détruiſit. Après la réduction d'Artaxata, Corbulon écrivit à Rome qu'il étoit maître de toute l'Arménie; cette nouvelle y fut reçue avec les plus grands tranſports de joie.

Pendant qu'on y célébroit les fêtes ordonnées en réjouiſſance de la réduc-

tion de l'Arménie & de l'humiliation des Parthes, Corbulon achevoit ce grand ouvrage. Il fut obligé de faire la guerre aux habitans des montagnes qui sont entre Artaxata & Tigranocerta, comme il auroit fait la chasse à des bêtes féroces. La douceur avec laquelle il traita les premiers, ne ramena point les autres; il fallut les poursuivre sans relâche & sans pitié. La plûpart s'étoient cachés dans des cavernes dont il fit remplir les ouvertures de sarment, de paille & de feuillage, y fit mettre le feu pour étouffer ces malheureux. Après avoir souffert lui-même toutes les incommodités de cette marche difficile, il parut devant Tigranocerta dont on lui ouvrit les portes. Il en chassa la garnison, & s'y rendit maître absolu.

Tiridate venoit de rentrer dans l'Arménie par les confins de la Médie; Corbulon s'y transporta aussitôt, &, pour intimider les défenseurs du prince Parthe, il mit tout à feu & à sang, dissipa les troupes de Tiridate & le chassa du royaume.

Néron, qui supposoit les Romains tranquilles possesseurs de l'Arménie, y envoya Tigrane, petit fils d'Archélaus, roi de Cappadoce & fils d'Alexandre, qu'Hérode le Grand, son pere, avoit fait mourir; il eut de la peine à s'y faire recevoir, Corbulon lui donna des troupes pour s'y maintenir, & lui associa Nipolis, Aristobule & Antiochus de Commagene.

Vologèse vit avec douleur que ce royaume, qui étoit une conquête de ses ancêtres, étoit possédé par quatre princes étrangers, & que Tigrane cherchoit déja à étendre sa domination en attaquant les Adiabéniens. Il résolut de faire la guerre aux Romains, & de leur disputer encore cette conquête. Avant tout il fit la paix avec les Hyrcaniens. Il donna l'élite de ses gardes & de sa cavalerie à Monèse, & ordonna à ce général d'entrer dans l'Arménie en même temps que les Adiabéniens, & de poursuivre Tigrane sans relâche. Il devoit attaquer lui-même la Syrie pour y occuper Corbulon & les Romains.

Corbulon envoya deux légions à Tigrane, & ordonna à ses généraux d'éviter toute action. Il écrivit à Rome l'entreprise des Parthes, & demanda un général pour l'Arménie. Il mit la Syrie à couvert. Vologèse désespérant d'y entrer, ne s'occupa plus que du siége de Tigranocerta. Monèse qui étoit devant cette ville, en pressoit les attaques avec vigueur. Tigrane s'y étoit renfermé, & l'avoit munie abondamment de toutes sortes de provisions. Malgré ses efforts, le siége n'avançoit pas, les sorties des assiégés lui étoient toujours funestes, les légions Romaines étoient arrivées en Arménie, celles de Syrie étoient prêtes à passer l'Euphrate & à entrer dans la Parthie, enfin sa cavalerie commençoit à manquer de fourrages. Toutes ces réflexions lui firent prendre le parti d'envoyer des ambassadeurs à Rome pour discuter ses droits sur l'Arménie. Néron, qui étoit décidé pour la guerre, ne répondit rien de positif aux ambassadeurs Parthes, & il envoya Censénius Pétus, avec le titre de général d'Arménie. Ce Romain fit beaucoup en peu de temps par ses étourderies & sa mauvaise conduite, pour relever les affaires de Vologèse; celui-ci avoit repris le siége de Tigranocerta. Pétus fit plusieurs courses dans le royaume, prit quelques châteaux qui ne méritoient point d'attention, & envoya à la fin de la campagne un détail pompeux de ſon expédition. Corbulon, occupé a empêcher les Parthes d'entrer en Syrie, les obligea enfin à y renoncer. Vologèſe ne fit qu'un ſeul corps de ſes troupes, & alla attaquer Pétus qui avoit diſperſé toutes les ſiennes. Il ne put raſſembler que la douzieme légion avec laquelle il combattit contre les Parthes, malgré tout ce que lui dirent les plus ſages de ſon conſeil. Il fut vaincu, &, dès qu'il vit ſes ſoldats en déroute, il ſe retira dans ſon camp ſans ſonger à les raſſembler. Sa ſeule reſſource fut d'écrire à Corbulon qui partit auſſitot pour le ſecourir; mais, avant ſon arrivée, Pétus, qui, après la bataille, avoit été obligé de ſe renfermer dans un fort, y fut pourſuivi & bloqué par Vologèſe. Après avoir tenté deux fois d'engager le roi de Parthes à terminer cette guerre, il ſe rendit à lui à ces dures conditions. Qu'il ſortiroit du fort avec ſa famille & ſes ſoldats; qu'il retireroit toutes ſes troupes de l'Arménie; qu'il remettroit aux Parthes les places qu'il avoit priſes & le butin qu'il avoit enlevé, & que Vologèſe auroit la liberté d'envoyer des ambaſſadeurs à Néron pour confirmer ce traité. Le Parthe, fier d'avoir humilié le général Romain lui commanda de lui construire un pont sur le fleuve Arsane pour son retour; malgré le traité, il attaqua les Romains, les défit & en passa un grand nombre au fil de l'épée.

Pétus se réfugia auprès de Corbulon, qui fut pénétré, ainsi que toute l'armée, de la honte dont ce général venoit de couvrir le nom Romain. Il retourna en Syrie, & Pétus alla passer l'hiver en Cappadoce. Vologèse craignoit qu'il n'entrât dans son royaume avec toutes les forces qu'il avoit en Orient, il lui envoya Monèse, général de la cavalerie, pour entrer en accommodement. La conférence se tint sur un pont de l'Euphrate, dont on rompit le milieu. Après de longs débats, on convint que l'Euphrate, dans toute son étendue, serviroit de limites aux deux empires, & que les Parthes évacueroient entiérement l'Arménie. Lorsque les ambassadeurs arriverent à Rome pour la confirmation de ce nouveau traité, on y faisoit des réjouissances pour les conquêtes que Pétus s'étoit glorifié d'avoir faites. L'on y avoit résolu de donner cette couronne à Tiridate, à condition qu'il viendroit la chercher à Rome ; & Néron avoit instruit Vologèse de ces dispositions. Comme on ignoroit ce qui s'étoit passé depuis, la réponse du roi des Parthes dissipa toutes les idées flatteuses que Pétus avoit données. Elle portoit que ce prince se désistoit de ses prétentions sur l'Arménie ; que des motifs particuliers ne permettoient pas à Tiridate d'aller à Rome recevoir la couronne qu'on lui offroit, mais qu'il la recevroit volontiers sur les lieux, en présence des légions, des enseignes & de la statue de l'empereur à qui il en feroit hommage.

Néron renvoya les ambassadeurs avec quelques présens, & leur dit que Tiridate pouvoit tout espérer s'il venoit à Rome faire les soumissions qu'on demandoit de lui. Il envoya des ordres à Corbulon pour continuer la guerre. Tira de nouvelles troupes de la Pannonie, de l'Asie-Mineure & de l'Egypte, & se disposa à rentrer en Arménie. Vologèse & Tiridate lui envoyerent un hérault pour lui rappeler le souvenir du dernier traité, & lui dire qu'ils attendoient la réponse de l'empereur pour en exécuter les conditions. Corbulon leur fit dire qu'il conseilloit à Tiridate d'accepter la couronne aux conditions qu'on lui proposoit. En attendant leur décision, il mit à feu & à sang les frontieres d'Arménie. La violence de ces hostilités fit hâter Tiridate d'envoyer demander quel seroit le lieu de la conférence. On choisit celui-là même qui avoit été témoin de la défaite de Pétus, & Corbulon l'accepta pour réparer l'honneur de sa nation. Il y fut résolu que Tiridate quitteroit la couronne, & iroit à Rome la recevoir des mains de l'empereur. Quelques jours après, cette démission se fit en présence des deux armées avec tout ce qui pouvoit relever la gloire des Romains & humilier les Parthes. Corbulon en agit noblement avec Tiridate, & lui épargna tout ce qu'il put du chagrin que sa fierté naturelle devoit ressentir dans cette humiliante cérémonie. Lorsqu'il partit pour Rome, son frere lui donna un cortége digne du faste des Orientaux.

Néron alla au-devant de lui jusqu'à Naple; lorsqu'il l'apperçut, il lui ordonna d'ôter son épée. Le Parthe le refusa avec une noble fierté, & mit la main deſſus, crainte qu'on ne la lui otât. Mais il ſe jeta aux genoux de l'empereur, & lui rendit hommage comme à ſon ſeigneur & ſon maître. L'entrée de Tiridate dans Rome fut magnifique, & le ſaiſit d'admiration. Elle ſe fit de nuit; la ville fut éclairée d'une infinité de lumieres diſpoſées avec art. La garde de Rome alla le recevoir aux portes de la ville, & le conduiſit à la grande place publique où étoient aſſemblés les ſénateurs & les chevaliers Romains, vêtus de robes blanches & couronnés de laurier. Le lendemain, Néron ſe rendit dans la place en habits de triomphe, monta ſur ſon trône; Tiridate s'en approcha, marchant au milieu de ſa cavalerie rangée en haie. Il fut déclaré roi d'Arménie, & en reçut la couronne des mains de l'empereur. A ce moment le peuple jeta des cris de joie qui ſaiſirent Tiridate de frayeur; il crut que c'étoit le ſignal de ſa mort. Néron le raſſura. Le prince lui fit un diſcours où il paroiſſoit qu'il n'étoit pas encore remis de ſon émotion, après quoi il s'aſſit au pied de l'empereur. La magnificence de cette fête lui fit donner le nom de *jour d'or*.

Dans les jours ſuivans, Néron déploya devant le roi d'Arménie tous les talens qu'il ſe faiſoit gloire de poſſéder; mais le faſte, la puérilité, les cruautés & la vie voluptueuſe de cet empereur révolterent Tiridate, & lui inſpirerent autant de mépris pour lui qu'il avoit d'eſtime pour la noble ſimplicité de Corbulon. Les applaudiſſemens faux qu'il donnoit à Néron, lui valurent des ſommes prodigieuſes, & la permiſſion d'emmener avec lui des ouvriers de tous métiers pour réparer & embellir Artaxata, à laquelle il donna le nom de *Néronia*. Vologèſe, ſon frere, déſapprouva ouvertement ce trait de flatterie. Il mépriſoit Néron qui l'invita à venir à Rome, & à qui il écrivit en ces termes: « Il vous eſt plus facile qu'à » moi de traverſer les mers qui nous » ſéparent. Si vous en faites le trajet, » je ſuis prêt à vous recevoir, & à » vous marquer le jour auquel nous » nous trouverons à la tête de nos ar» mées. » Néron ne tira point vengeance de ce défi inſultant. Il écrivit avec la même hauteur à Veſpaſien, prenant le titre de roi des rois, & ne lui donnant pas celui d'empereur; mais il
ſe

ſe repentit de cette faute, & fut obligé de lui demander la paix, lorſqu'après la guerre des Juifs, Tite s'avançoit vers le Zeugma pour entrer dans la Méſopotamie. Il lui envoya par ſes ambaſſadeurs une couronne d'or, pour le féliciter & renouveler l'aliance.

Le royaume des Mèdes & celui d'Arménie furent ravagés par les Alains, peuples de Scythie, qui y firent une incurſion; c'eſt la ſeule guerre connue depuis le règne de Tite juſqu'à celui de Trajan.

Il y a ici dans l'hiſtoire des Parthes une lacune d'environ quarante-cinq ans, qui interrompt la ſuite des rois Arſacides : on ne ſçait dans quelle année à fini le règne de Vologèſe, ni le commencement du ſuivant.

Oſroès étoit roi des Parthes lorſque Trajan, vainqueur des Daces, réſolut de porter ſes armes contre l'Orient. Parthamaſiris avoit reçu la couronne d'Arménie des mains d'Oſroès, contre le droit des Romains; Trajan vouloit les punir l'un & l'autre. Averti de cette réſolution, le Parthe lui envoya des ambaſſadeurs avec de riches préſens pour l'appaiſer. Ils le prierent d'envoyer à Parthamasiris la couronne, dont il ne se croiroit légitime possesseur que quand il la tiendroit de sa main. Trajan refusa les présens, & dit aux ambassadeurs qu'il iroit en Syrie, & que là il se détermineroit suivant l'équité & les circonstances. Il s'embarqua peu de temps après pour passer en Asie. Il commença par de vives hostilités, & en peu de temps il vit à ses pieds les commandans des places, les gouverneurs des provinces de l'Arménie, & jusqu'aux souverains des petits Etats voisins de ce royaume qu'il parcourut tout entier. Parthamasiris l'avoit toujours fui, & l'empereur en fut irrité. Sur l'avis qu'on lui en donna, il écrivit deux lettres soumises à Trajan, qui lui écrivit à la seconde qu'il pouvoit le venir trouver en toute sûreté. Parthamasiris se rendit auprès de l'empereur, & porta son diadême à ses pieds. Les cris de joie que poufferent les soldats, lui firent croire que l'on vouloit sa mort, & il prit la fuite. On le reconduisit auprès de Trajan qui fut inexorable, & ne voulut point lui rendre la couronne. Il répondit à ses plaintes qu'il étoit temps de terminer les guerres que les Romains avoient eu à soutenir pour conserver les conquêtes de Lucullus & de Pompée; qu'il étoit déterminé à réduire l'Arménie en province Romaine; que pour lui il étoit libre de se retirer où il voudroit. Parthamasiris se retira avec les Parthes qui l'avoient accompagné.

Trajan alla passer l'hiver à Antioche, & au retour du printemps il fit jeter un pont de bateaux sur le Tigre, passa ce fleuve, mit en fuite les ennemis, se rendit maître de l'Adiabene, des environs de Ninive, d'Arbelle, de Gaugamele & de toute l'Assyrie. Il repassa le Tigre, soumit toute la basse Mésopotamie, & prit Ctésiphon qui étoit la demeure des rois Parthes pendant l'hiver. Il y fut proclamé empereur dans leur palais & sur leur trône. Les Parthes, qui, pendant les deux premieres campagnes de Trajan, avoient été occupés de guerres intestines, effrayés du danger qui les menaçoit, suspendirent leurs querelles particulieres pour s'opposer aux progrès de l'ennemi commun. Ils attaquerent les garnisons Romaines, & les chasserent. Trajan renvoya ses troupes en Mésopotamie, sous la conduite de Maxime & de Lucius, ſes lieutenans généraux. Le premier perdit la victoire & la vie dans un premier combat. Le ſecond reprit Niſibe, Edeſſe & Séleucie ſur le Tigre. Trajan penſoit à ſe retirer, & il voulut, en partant, laiſſer aux Parthes un ſujet de diviſion; il leur donna un roi, & ce fut Parthamaſpate qu'il couronna lui-même. Mais les débauches de ce nouveau roi irriterent les Parthes; il fut abandonné & rejeté de tout le monde, & ils reprirent bientôt tout ce que Trajan leur avoit enlevé. Adrien, qui lui ſuccéda, rappela toutes les troupes qui étoient en Méſopotamie, en Arménie & en Aſſyrie : il renouvela le traité qui portoit que l'Euphrate ſeroit la ſéparation des deux empires. Il renvoya la fille d'Oſroès que Trajan avoit emmenée captive. Ce traité fut confirmé en Syrie par l'empereur, & le roi des Parthes qui alla l'y trouver; c'étoit Vologèſe II qui régnoit alors.

Environ trois ans après, le royaume des Partes fut attaqué par Pharaſman, roi d'Albanie, qui venoit de faire d'affreux ravages dans l'Arménie & la Médie. A force de préſens & de ſollicitations, il vint à bout d'engager Pharaſman à se renfermer dans ses Etats. Cet événement fut suivi de trente ans de paix. La sécurité dans laquelle les Romains étoient restés sous les règnes d'Adrien & d'Antonin le Pieux, fit naître à Vologèse le dessein de rentrer dans les anciens droits des Parthes sur l'Arménie. Il attaqua subitement leurs garnisons, & en fit un massacre général. Marc-Aurèle Antonin y envoya Lucius Vérus, son gendre. Vérus s'étant rendu en Syrie, rassembla toutes les légions de l'Orient, & en donna le commandement à Cassius. Vologèse s'avança sur ses frontieres, & livra une bataille sanglante. Cassius le vainquit, le poursuivit jusques dans le fond de son royaume, mettant tout à feu & à sang. Il brûla Séleucie, & renversa de fond en comble le palais des rois à Ctésiphon, où il fit un affreux dégât. Pendant ce temps, Statius Priccus prit Artaxata, & remit les Arméniens sous le joug des Romains.

Vologèse III profita de la guerre de l'empereur Sévère contre Niger qui avoit voulu le détrôner, pour reprendre la Mésopotamie, & tout ce que Cassius avoit enlevé à son prédécesseur.

Mais, après la défaite & la mort de Niger, Alexandre Sévère passa sur les bords de l'Euphrate, entra dans le royaume des Parthes, reprit toutes les places dont Vologèse avoit chassé les garnisons Romaines, alla jusqu'à Babylone & à Ctésiphon où il fit un horrible ravage, livra la ville capitale au pillage, & emmena plus de cent mille prisonniers qui furent vendus, & en fit une affreuse solitude. Après cette expédition, il se retira.

Depuis Antoine, & après les victoires d'Auguste, Rome n'avoit point perdu de vue le projet de devenir maîtresse absolue du royaume des Parthes. Ses efforts contre ces barbares lui avoient acquis plusieurs petits royaumes voisins de ce grand empire, qui étoit pour les Romains un colosse qu'ils n'avoient pu abattre; l'empereur Caracalla forma le projet d'achever ce grand ouvrage tant de fois commencé sans avoir pu être fini. Pour exécuter ce dessein, il mit en œuvre la plus noire perfidie. Etant en Syrie, il envoya des ambassadeurs à Artaban III, avec des présens magnifiques, & lui demanda sa fille en mariage. Le Parthe la refusa, sous prétexte que les mœurs & les usages trop différens empêcheroient qu'ils n'eussent l'un pour l'autre tout l'attachement nécessaire pour être heureux. Caracalla fit une seconde demande, en lui jurant qu'il ne seroit occupé que du bonheur de sa fille. Artaban la lui promit, & l'empereur partit pour la Parthie avec un cortége pompeux. Les Parthes, qui espéroient que cette union établiroit une paix solide entre les deux nations, le reçurent partout avec de grandes démonstrations de joie : ils accouroient sur son passage, dansant au son des instrumens; d'autres, couronnés de fleurs, brûloient des parfums & faisoient des sacrifices. La magnificence de cette pompe augmenta lorsqu'il approcha de la ville royale. Artaban se mit en marche avec une cour brillante, pour aller le recevoir à une journée de chemin. Les seigneurs Parthes crurent qu'il n'étoit pas convenable de se présenter à cheval & en armes. Dès qu'ils apperçurent l'empereur, ils mirent pied à terre, quitterent leurs flèches & leurs carquois, & allerent à lui. Les premiers abords se passerent en démonstrations d'amitié. Après quelques momens de marche, Caracalla donna le signal du carnage, & les Romains tomberent sur les Parthes qu'ils massacrerent presque tous. Le roi eut le bonheur d'échapper : mais il n'eut pas le temps de rassembler ses troupes ; Caracalla, qui avoit fait venir les siennes, ravagea le pays, fit une incursion sur la Médie qu'il désola ; delà il passa dans l'Assyrie, prit Arbelle & profana les tombeaux des Arsacides, & abandonna à ses soldats tout le butin qu'ils pourroient faire. Il passa dans la Mésopotamie, d'où il écrivit à Rome que tout l'Orient avoit reçu les lois des Romains. Quoiqu'on désapprouvât cette infâme trahison, on lui décerna les honneurs qu'on accordoit aux vainqueurs absens. Quelques mois après il fut assassiné par un de ses officiers nommé *Martial*.

Macrin, qui fut élu empereur, eut à soutenir tout le poids de la juste colere d'Artaban. Ils se battirent deux fois sans que la victoire fût décidée pour l'un ni pour l'autre, quoique le champ de bataille fût jonché de morts. Macrin proposa au roi des Parthes de terminer cette guerre, l'auteur de la perfidie ayant été puni en perdant la vie. Artaban y consentit, à condition que les Romains rendroient tous les prisonniers & le butin qu'ils avoient fait; que, pour dédomager le pays des ravages qu'ils y avoient commis, ils payeroient cinquante millions de drachmes, ce qui revient à vingt-cinq millions de notre monnoie. Après ce traité, Artaban prit le titre de grand roi, & porta la couronne à double rang.

Il ne jouit pas long-temps de ces honneurs; une révolution qu'il ne pouvoit ni prévoir ni écarter, lui ravit la couronne & la vie en renversant pour toujours le trône des Parthes. Un simple soldat, Persan de nation, nommé *Sananus* ou *Sassanus*, & qui passoit pour habile dans la science des mages, ou dans l'astrologie judiciaire, logea par amitié chez un corroyeur du même pays, nommé *Pambécus*. Il se servit de la vénération que l'on avoit pour les oracles d'un mage, & promit les plus hautes destinées à l'enfant qui naîtroit de lui chez son hôte. Pambécus lui céda son épouse, & Artaxercès ou Artaxarte fut le fruit de cet adultere. On ne lui laissa pas ignorer les grandes destinées qui lui étoient promises; dès qu'il fut en état de porter les armes, il embrassa le métier de la guerre. Il s'y distingua par son courage, son adresse & sa capacité. Il s'étoit appliqué à mériter l'estime des troupes de sa nation; &, lorsqu'il eut acquis leur confiance, il leur représenta qu'il étoit honteux de demeurer sous le joug des Parthes; qu'il étoit possible de relever l'auguste trône des Perses, & qu'il promettoit de réussir dans cette entreprise, si l'on vouloit le seconder. On reçut sa proposition avec avidité, il forma une armée de tous ceux de sa nation qui portoient les armes, alla attaquer le roi des Parthes jusque sur son trône; il le vainquit dans trois batailles consécutives, le fit prisonnier & lui ôta la vie; après quoi il fut déclaré monarque souverain de tout ce que les anciens rois de Perse avoient possédé. Les fils d'Artaban à la tête des Arméniens & des Mèdes, le repousserent; mais, étant revenu les attaquer avec des forces plus considérables, il les obligea de se soumettre & de le reconnoître pour souverain. Ce fut à cette époque que finit l'empire des Parthes, quatre cents quatre-vingt-trois ans depuis sa fondation par la révolte d'Arsace. Cette révolution arriva l'onzieme année de l'empereur Alexandre Sévère, deux cents trente-trois depuis J. C. Elle fut le commencement de la seconde monarchie des Perses, qui subsista jusqu'à la conquête de ce royaume par Aboubekre, le premier des califes, beau-pere & successeur de Mahomet, quatre cents ans après sa fondation par Artaxercès.

Fin de l'Histoire des Parthes.

HISTOIRE ROMAINE,

Depuis la fondation de Rome, jusqu'à la bataille d'Actium.

AVANT-PROPOS *.

UN nouveau spectacle va s'offrir à vos yeux : un peuple qui, depuis son commencement, fut l'admiration & la terreur de ses voisins ; qui, de ses propres forces, s'éleva en terrassant tout ce qui l'environnoit ; dont le nom, respecté jusqu'au bout de l'univers, apprit aux Orientaux luxurieux que la volupté est faite pour servir en esclave la valeur & la pauvreté ; aux peuples féroces du Nord & des Gaules, qu'il n'est aucune force humaine qui puisse résister à la bravoure dirigée par la prudence,

* Il faut consulter la Carte d'Italie de M. Guillaume de Lisle, donnée en 1711 ; celle de l'Empire Romain d'Occident, par le même, en 1705 ; & celle de l'Empire Romain en Orient, aussi en 1705.

& moins encore à une réputation solidement établie. Ce peuple va nous ouvrir ses annales. Quelle source féconde de réflexions ! Ces fiers républicains ont pu en imposer, par des actions d'éclat, à ceux qui ne pouvoient découvrir les motifs qui les faisoient agir ; mais à présent, le voile est déchiré ; vous distinguerez sans difficulté les actions qui avoient pour principe la vertu, de celles dont le motif véritable n'étoit que l'ostentation, l'avarice ou l'ambition.

Vous verrez Rome naître comme le plus petit arbrisseau, se nourrir du suc des terres qui l'environnent, s'accroître avec le temps, étendre ses branches, devenir enfin telle que le chêne qui, par sa hauteur & sa force, fait l'ornement des forêts, se soutenir long-tems dans cet état de gloire. Mais, hélas ! tel est le sort des choses humaines ; le temps, ce destructeur impitoyable, amenera de tristes révolutions qui déchireront cet empire si florissant. Vous en verrez d'autres s'élever sur ses propres ruines : les uns, pour paroître un moment, & servir à la solidité des fondemens des autres, qui, de nos jours, ſont floriſſans, & s'affermiſſent de plus en plus par la paix qui fait le bonheur des peuples, & la gloire des monarques qui les gouvernent. Quelle foule d'événemens à parcourir ! Que d'obſervations à faire ! Je ne vous préviendrai point ſur l'intérêt de cette hiſtoire : le deſir que vous m'avez témoigné de la ſçavoir, me répond du ſuccès de votre étude.

J'ai lu avec plaiſir le parallèle que vous avez fait du caractere & des mœurs de tous les peuples dont vous avez déja lu l'hiſtoire. Vous le croyez trop concis ; ce n'eſt point mon avis. J'ai trouvé qu'il avoit toute l'étendue néceſſaire pour former un tableau général de tous ces objets. N'y retouchez plus, juſqu'à ce que vous ayez lu l'Hiſtoire Romaine entiere. C'eſt une partie qu'il ſera néceſſaire d'ajouter alors à vos premieres remarques. Votre idée du tableau général des grandes batailles, de la liſte des bons princes & de celle des tyrans, eſt très-heureuſe. Mais vous avez oublié une choſe eſſentielle, ce ſont les dates. Vous pouvez les ajouter, en les plaçant à la marge, ſans gâter votre manuſcrit, qui eſt écrit très-proprement.

Ne manquez pas de faire voir ma lettre. Je ſuis très-ſatisfait. Je vous l'écris avec toute la ſincérité que vous me connoiſſez.

PREMIERE ÉPOQUE,

Depuis la fondation de Rome, juſqu'à l'établiſſement du Conſulat.

ROMULUS,

Fondateur & premier Roi de Rome.

LE fondateur de Rome étoit fils naturel de Rhéa Silvia, fille de Numitor, roi d'Albe. Son éducation le prépara de bonne heure à toutes les grandes choſes qu'il fit dans la ſuite. Romulus s'exerça, dans ſes premieres années, à faire la guerre aux bêtes féroces. Cet exercice lui donna un tempérament fort & robuſte. Se trouvant à la tête d'une troupe nombreuſe de jeunes gens que l'amour de la liberté & la conformité de goût lui avoient aſſociés, il conçut le projet de fonder un nouvel empire : il en fait part à ſes compagnons : ils l'approuvent; Rome eſt

Av. J.C. 753. bâtie, & prend le nom de son fondateur.

Il ne fallut pas beaucoup de temps pour élever, dans un territoire que personne ne lui disputa, quelques cabanes propres à les mettre à couvert, & pour les environner de foibles murailles. Romulus avoit un frere qui se nommoit *Rémus*. Comme il vouloit régner seul, il saisit l'occasion d'une petite dispute, & le tua. Devenu seul maître de Rome, il prit tous les moyens d'en faire une ville considérable, & par le nombre de ses habitans, & par l'ordre qu'il vouloit y établir. Pour augmenter en peu de temps le nombre de ses citoyens, il ouvrit les portes de sa ville à tous ceux qui vouloient venir s'y établir, sans distinction de nobles ou de roturiers, d'hommes libres ou d'esclaves. Il vit bientôt un nombre considérable de gens de toute espece venir grossir celui de ses sujets. Ce fut alors qu'il pensa à donner de la stabilité à son nouveau royaume. Il établit le culte des Dieux, construisit quelques temples, érigea des autels, institua des cérémonies, & consacra des prêtres au culte des Dieux.

Du consentement de tous, il partagea ses sujets en trois classes, auxquelles il donna le nom de *Tribus*, & divisa chaque tribu en dix curies. Pour maintenir le bon ordre, sans lequel aucune société ne peut subsister, il choisit parmi tous ses sujets cent hommes des plus gens de bien & des plus éclairés, dont il forma une compagnie qu'il nomma *Sénat*. Il confia à ce corps le dépôt des lois, & toute l'autorité nécessaire pour les faire observer. Il y présidoit lui-même; mais il n'avoit que sa voix dans les délibérations, dont le résultat, à la pluralité des suffrages, faisoit la loi. Il rendit ce sénat auguste dès le commencement, en donnant aux sénateurs le nom de *Peres*, qui désignoit l'emploi qu'ils devoient faire de leur autorité. Leurs enfans étoient nommés *Patriciens*. Telle fut l'origine de la premiere noblesse de Rome.

Tous les autres citoyens porterent le nom de *Plébéiens*. Jaloux de leur liberté, ces plébéiens ne voulurent point s'asservir ni à la puissance du roi, ni à celle du sénat. Ils avoient reconnu la nécessité de l'institution de cet auguste assemblée; ils avoient cédé au roi & au fénat le droit de rédiger les lois, de faire les traités de paix, & tout ce qui pouvoit procurer le bien de l'Etat; mais ils se réserverent le droit de ratifier par leur consentement tout ce qui émaneroit de ces deux puissances. Cet arrangement forma un gouvernement monarchique, mêlé d'aristocratie & de démocratie.

Romulus ne crut pas devoir charger son peuple d'un grand nombre de lois: son code se réduisoit à un très-petit nombre, & il n'en fut que meilleur. Il régla d'abord le mariage, & voulut qu'il ne fût que l'union d'un seul homme avec une seule femme. Cette société n'étoit point indissoluble; mais il prévint l'abus du divorce, par la confiscation d'une bonne partie des biens du mari au profit de la femme répudiée, pour la dédommager de l'affront qu'elle recevoit. Hors les cas d'adultère, d'attentat sur la vie de son mari, de ses enfans, & de supposition d'enfans étrangers, il n'étoit pas permis à un homme de répudier sa femme. Il voulut que l'on punît sévérement le violement de la foi conjugale & l'ivresse dans les femmes. C'étoit le mari qui étoit juge dans ces ſortes de cauſes, & qui, après avoir pris l'avis des plus proches parens, condamnoit la coupable à une peine proportionnée à ſa faute. Les lois permettoient même de la punir de mort. Cette loi étoit aſſurément d'une grande ſévérité ; mais il faut convenir auſſi qu'elle fut, pendant bien des années, la ſauvegarde des mœurs des Romains. L'autorité ſans bornes que Romulus donna aux peres ſur leurs enfans, produiſit auſſi de bons effets. Un pere étoit comme un ſouverain dans ſa famille ; il avoit droit de vie & de mort ſur ſon fils, pouvoit le déshériter & même le vendre. Le mariage ne diminuoit rien des droits d'un pere ſur ſon fils.

Juſqu'alors, Romulus s'étoit occupé uniquement d'établir ſolidement le bon ordre dans ſa ville, & à unir tous ſes ſujets pour leur bonheur mutuel. Quoiqu'il eût déja fait beaucoup, il ſentoit bien que cette multitude de gens groſſiers avoit beſoin d'être gouvernée avec fermeté. Pour imprimer au peuple du reſpect pour ſa perſonne & pour ſon autorité, il réſolut de prendre le pompeux appareil de la majeſté royale. Il fit choix de trois cents jeunes citoyens dont il composa la garde de sa personne. Il se revêtit des habits royaux, & se fit précéder de douze licteurs armés de haches entourées de faisceaux. Ce spectacle nouveau & cette pompe majestueuse ne manquerent pas de faire une grande impression sur l'esprit de la multitude.

Le nombre de ses sujets croissoit de jour en jour; mais il n'y avoit point de femmes, & il lui étoit très-difficile d'en avoir. Les peuples voisins, jaloux de l'accroissement de cette ville nouvelle, & méprisant ses habitans, ne voulurent point consentir à faire alliance avec eux, en leur donnant leurs filles en mariage. Il s'étoit adressé aux Sabins, qui avoient répondu avec insulte à ses députés. Ce refus outrageant lui fit naître l'idée d'enlever les filles des Sabins. Voici comment il s'y prit.

Il eût été également difficile & dangereux de tenter cet enlevement à force ouverte; un jour de fête lui parut plus propre à cette conquête qui devoit se faire sans effusion de sang. Il indique donc une fête solennelle en l'honneur de Neptune, & fait inviter toutes les villes voisines aux jeux qu'il vouloit donner à cette occaſion. La curioſité de voir la ville nouvelle, la nouveauté de cette fête, y attirerent un grand concours. Les Sabins, qui étoient les plus proches voiſins, s'y rendirent en foule avec leurs femmes & leurs enfans. Les Romains firent à tous ces étrangers l'accueil le plus gracieux. Chacun voulut donner l'hoſpitalité à l'un d'eux; ils les régalerent de leur mieux, & leur procurerent toutes ſortes de plaiſirs juſqu'au dernier jour de la fête. Le jour, qui avoit été deſtiné à l'enlevement des jeunes filles, étant arrivé, il y eut un grand ſpectacle; &, dans le temps où tous étoient attentifs aux jeux, au ſignal que donna Romulus, toute la jeuneſſe de Rome parut en armes ſur la place, & chacun ſe ſaiſit d'une étrangere; & l'on chaſſa de Rome leurs parens, qui, étant venus ſans armes, ne firent aucune réſiſtance.

Ces jeunes filles eurent d'abord de la peine à s'accoutumer chez un peuple étranger, en faveur duquel ne prévenoit pas la violence qui les y retenoit captives. Romulus eut ſoin de faire célébrer les mariages des Sabines avec leurs raviſſeurs, qui, par leurs égards firent bientôt oublier à leurs épouses le tort qu'ils avoient. Mais leurs parens ne s'étoient pas consolés si facilement. Ils étoient sortis de Rome la rage dans le cœur, & disposés à se venger d'un affront si sanglant par la ruine de Rome & le massacre de ses habitans. Tous les peuples voisins étoient intéressés à la vengeance, parce que les Romains avoient retenu indistinctement toutes les filles qui s'étoient trouvées chez eux.

Les Céniniens furent les premiers qui se mirent en campagne. Sous la conduite d'Acron, leur roi, ils vinrent ravager le territoire de Rome. Romulus se mit à la tête de ses troupes, & alla combattre l'ennemi. Il vainquit les Céniniens, tua de sa propre main Acron, s'empara de Cénine ; mais, ne voulant point souiller ses premiers lauriers du sang des vaincus, il rasa la ville, emmena les Céniniens à Rome, les incorpora dans les tribus, & leur accorda les mêmes priviléges dont jouissoient ses sujets. C'est peut-être à cet acte de modération que Rome dut toute sa grandeur & sa puissance. Il servit d'exemple aux successeurs de Romulus ; & dans la suite les Romains aimerent toujours mieux partager leurs priviléges avec les vaincus, que de les exterminer.

Romulus saisit l'occasion de cette victoire, pour enflammer le cœur de ses soldats du desir d'acquérir de l'honneur par les armes. Il rentra dans sa ville en triomphe, portant les dépouilles du roi qu'il avoit tué, &, accompagné de son armée, il alla droit au capitole les consacrer à Jupiter. Les chants d'alégresse des soldats & le cortége du peuple firent toute la pompe de ce triomphe, qui fut le modèle de ceux qui le suivirent. Romulus vainquit de même les autres peuples qui voulurent attaquer les Romains, & les transporta à Rome.

Les Sabins n'avoient pas précipité leur vengeance; ils connoissoient mieux la valeur des Romains. Les sages précautions qu'ils prenoient eux-mêmes, donnoient de l'inquiétude à Romulus. Latius, leur roi, ne se mit en campagne qu'après avoir tout disposé pour ne pas manquer son entreprise. Il marcha droit à Rome, s'empara de la citadelle, qui lui fut livrée par la fille du gouverneur qui s'étoit laissé gagner par

des présens, & pénétra jusqu'au milieu de la place. Les Romains coururent aux armes; le carnage alloit être effroyable, lorsque les Sabines, voyant d'un côté leurs parens prêts à égorger leurs époux, & de l'autre leurs époux disposés à massacrer ceux dont elles avoient reçu le jour, se jettent entre les combattans, &, par leurs prieres & leurs larmes, viennent à bout de les désarmer. Les deux rois eurent une entrevue où ils discuterent leurs intérêts. Ils firent un traité de paix qui fut tout à l'avantage de Rome. On convint que les deux peuples n'en feroient plus qu'un; que les Sabins viendroien librement s'établir à Rome; enfin que les deux rois régneroient ensemble & sur Rome & sur Albe. On augmenta le
Av. J.C. nombre des sénateurs de cent des plus
747. illustres Sabins.

Romulus, en partageant la souveraine puissance avec Latius, avoit sacrifié ses intérêts au bien qui devoit en résulter pour sa colonie. Il employa les six années que dura le régne de Latius à l'aggrandissement & à l'embellissement de Rome. Les incursions des Caméniens lui mirent les armes à la main. Latius

tius l'accompagna dans cette guerre, qui fut bientôt terminée par la défaite des ennemis. Romulus, qui suivoit toujours son plan d'aggrandissement pour Rome, y transporta les Camériens, s'empara de leur ville & de leurs terres, & les donna à une colonie de Romains qu'il y établit.

Tatius, qui avoit irrité contre lui les habitans de Lavinium, refusant de faire justice de quelques-unes de ses créatures, qui, à l'abri de sa puissance, avoient fait des incursions sur leurs terres, en devint la victime. Ils le massacrerent dans leur temple, au moment où il alloit offrir un sacrifice. Av. J.C. 742.

Romulus se vit encore seul maître de Rome. Tout sembloit concourir à l'affermissement de sa puissance, lorsqu'une peste cruelle vint désoler sa ville naissante. Les peuples voisins, jaloux des progrès que faisoit cette colonie, crurent que le moment étoit arrivé de la détruire, en prévenant les maux dont elle les menaçoit, s'ils la laissoient s'accroître. Aux ravages que faisoit la peste dans Rome, ils voulurent ajouter les horreurs de la famine, en ravageant les terres des Romains. Les Fidénates étoient les plus acharnés à la ruine de Rome. Romulus marcha contre eux, les vainquit, &, suivant toujours sa politique, il emmena les habitans de Fidènes à Rome, & donna leur ville & leur territoire à une colonie de Romains qu'il y établit.

Il sembloit que tous les peuples du Latium lussent dans l'avenir, & devinassent quelle devoit être un jour la gloire de cette ville, qu'ils avoient vu s'élever sous leurs yeux. Un peuple n'étoit pas sitôt vaincu, qu'il falloit songer à se défendre contre un autre. Peut-être la modération du vainqueur donnoit-elle lieu à ces guerres multipliées. On ne voyoit, en combattant les Romains, que l'espérance de les anéantir par la victoire, sans être effrayé des suites que pouvoit avoir le mauvais succès. Fidènes, devenue colonie Romaine, allarma les Véiens, peuple de l'Etrurie, le plus puissant, le plus riche & le plus courageux. Ils déclarerent la guerre aux Romains, en demandant le rétablissement des Fidénates. Après quelques batailles, toutes avantageuses à Romulus, les Véiens demanderent la paix. Romulus leur accorda une trève de cent ans, à condition qu'ils céderoient un petit territoire & des salines qu'ils avoient à l'embouchure du Tibre.

Ce furent-là les derniers exploits militaires de Romulus. Ebloui par l'éclat de sa puissance, il tenta de diminuer celle du sénat : mais ce corps avoit déja pris toute la consistance qui lui étoit nécessaire pour défendre sa liberté. Il se forma contre lui une conjuration; il fut assassiné. Pour cacher au peuple la fin tragique de ce roi qu'il aimoit, les sénateurs ne trouverent pas de meilleur moyen que de faire son apothéose. Ils annoncerent que le monarque avoit été enlevé au ciel. On lui dressa des autels, & on l'adora sous le nom de *Quirinus*, comme le protecteur de Rome.

Romulus avoit cinquante-cinq ans, lorsqu'il fut assassiné. Il avoit régné trente-sept ans, & ne laissoit point de successeur. L'établissement de Rome, ses conquêtes & le parti qu'il sçut tirer de ses victoires, annoncent un homme qui étoit né pour régner, un guerrier plein de courage & de valeur, un prince guidé par la plus sage politique. Heureusement pour Rome, il eut le temps de développer & d'exécuter le

Av. J.C. 716.

plan qu'il avoit conçu. Le sénat & les rois ses successeurs n'avoient plus qu'à suivre la route qu'il avoit tracée ; elle fut constamment suivie, & ce fut la source de la puissance & de la gloire des Romains.

NUMA POMPILIUS,

Second Roi de Rome.

ROMULUS étant mort sans enfans, il y eut entre les Romains & les Sabins des contestations pour l'élection d'un nouveau roi. Ceux-ci ne vouloient point perdre le droit qu'ils avoient acquis en se donnant à Rome. Ceux-là ne vouloient pas voir passer sur une tête étrangere une couronne qui étoit le fruit de leurs travaux, & de leur sang versé plus d'une fois pour la soutenir. Le sénat, pendant cet interrégne, s'empara de l'autorité, & chaque sénateur régnoit pendant un jour, sous le nom d'*entre-roi*. Au bout d'un an, le peuple pensa qu'au lieu d'un maître, il en avoit deux cents, & voulut mettre fin à cet interrégne par l'élection d'un roi. L'on convint que les Romains donneroient le ſceptre de Rome, mais qu'ils le mettroient dans les mains d'un Sabin.

Toutes les voix ſe réunirent en faveur de Numa-Pompilius, habitant de Cures. Il avoit épouſé & enſuite perdu, après treize ans de mariage, une fille de Tatius, roi des Romains. Depuis ce temps, il s'étoit livré tout entier à la ſolitude & à l'étude de la ſageſſe. La joie fut générale à Rome, lorſque l'on rendit public le bruit de ſon élection. Une ſeule difficulté modéroit les tranſports d'allégreſſe; c'étoit la crainte que ce perſonnage ſi reſpectable ne refusât une couronne que l'on ſçavoit bien qu'il ne verroit que comme un péſant fardeau, & dont l'éclat n'étoit point capable de fixer ſes regards, ni de l'arracher de ſa retraite.

On lui députe deux ſénateurs, qui lui portent la nouvelle de ſon élection. Il l'apprend avec ſurpriſe, mais ſans plaiſir & ſans triſteſſe. Il paroît ſenſible à la bonne opinion que les Romains ont conçue de lui; mais il refuſe de les gouverner. Les ſénateurs font de nouvelles inſtances; il leur fait voir qu'il eſt de bonne foi, & que ſon refus ne vient ni du mépris, ni de l'indifférence ; mais qu'il est fondé sur l'idée sublime qu'il s'est faite à lui-même des devoirs d'un monarque, & de la crainte de ne pouvoir les remplir. Plus il se défend, plus il paroît digne du choix des Romains ; plus il en coûte aussi de regrêts aux députés de ne pouvoir conduire à Rome un roi si digne d'elle. Après avoir épuisé toutes les ressources du raisonnement, ils emploient contre ce philosophe vertueux celles de la nature & du sentiment. Ils s'adressent au pere de Numa & aux habitans de Cures. Tous ensemble font un dernier effort, pour l'engager à consentir d'être le pere de Rome & de sa patrie ; ils l'emportent enfin, & il consent à régner.

Cette heureuse nouvelle arrive à Rome. Tous les ordres de l'Etat vont au-devant de lui. Un peuple nombreux, animé de la joie la plus pure, lui forme un cortége, le plus beau peut-être qu'aucun roi ait jamais eu. La cérémonie de son couronnement se fit avec toute la pompe & toute la magnificence dont Rome naissante & pauvre encore étoit capable.

Av. J.C. 715. Numa jugea Rome assez puissante au-dehors, assez forte pour résister à ſes ennemis. Il voulut affermir les Romains contre eux-mêmes, & leur donner des mœurs & des lois. Il leur imprima le reſpect pour les Dieux, en donnant de la majeſté aux anciennes cérémonies du culte, & par celles qu'il inſtitua. Il fit bâtir des temples, conſacra des prêtres à leur ſervice, & inſtitua le collége des Veſtales. Pour ſe réſerver un moyen de conduire à ſon gré ce peuple encore groſſier, il établit les augures & les aruſpices. Enfin il ſe donna lui-même comme un homme inſpiré & favoriſé du ciel, qui avoit des entretiens ſecrets avec la divinité.

Il employa ſans ſcrupule juſqu'au ſtratagême, pour ſe donner de la conſidération parmi ſon peuple. Il annonça que dans un entretien qu'il avoit avec la nimphe Egérie, il étoit tombé du ciel un bouclier entre ſes mains ; que la nimphe lui avoit dit que la proſpérité de Rome dépendoit de la conſervation de ce précieux dépôt. Auſſitôt il fit faire onze boucliers, tous ſemblables au premier, pour ôter à ceux qui voudroient l'enlever, la facilité de le reconnoître, & les fit ſuſpendre à la voûte du temple de Mars. La garde en fut confiée à douze jeunes Romains des meilleures maiſons, & ces nouveaux prêtres furent nommés *Saliens.*

Par tous ces moyens, Numa arracha les armes des mains de ſes ſujets, & les civiliſa plus facilement. Lorſqu'il ſe vit maître de l'eſprit du peuple, il travailla aux réformes & aux établiſſemens qu'il avoit jugé néceſſaires. La diſtinction des Romains & des Sabins étoit un obſtacle à la paix intérieure de Rome. Il l'abolit, en confondant les deux peuples : il établit des ſociétés d'artiſans; ce que nous nommons aujourd'hui des *Communautés*, dont les membres, oubliant inſenſiblement leur origine, s'accoutumerent à ſe regarder comme freres.

Les guerres continuelles avoient accoutumé le citoyen à cette ſeule occupation, & alors, comme de nos jours, le ſoldat, en temps de paix, dédaignoit tout autre travail. Il étoit à craindre que cette milice oiſive, & par conſéquent indigente, ne devint vicieuſe. Numa prévint ce déſordre par une répartition des terres conquiſes à tous ces ſoldats innoccupés, & cette ſage précaution devint dans la ſuite une des grandes causes de la gloire & de la puissance de Rome. Le cultivateur, au premier bruit de guerre, quittoit sa charrue pour courir aux armes, & défendre sa patrie que son travail nourrissoit. Dès que les ennemis étoient vaincus, il retournoit à ses travaux utiles.

Le monarque, qui n'est que guerrier, ne voit de gloire que dans les conquêtes : le roi philosophe embrasse toutes les branches de l'art difficile du gouvernement. Numa, après avoir donné ses premiers soins au bonheur de ses sujets, en leur donnant une religion & des lois civiles, s'occupa d'un objet qui avoit échappé à son prédécesseur, & qui peut-être n'eût été, sous des successeurs guerriers, que l'ouvrage du temps. Romulus, qui n'étoit point astronome, avoit composé l'année de dix mois seulement. Cette division n'étoit conforme ni au cours du soleil, ni à celui de la lune : aussi s'étoit-il glissé tant de confusion dans le calendrier, qu'on n'y connoissoit plus rien. Numa régla l'année sur le cours de la lune, & ajouta deux mois, Janvier & Février, par lesquels il voulut qu'elle commençât. Elle ſe trouva de trois cents cinquante jours; &, pour l'égaler au cours du ſoleil, il ajouta de deux ans en deux ans un jour à l'année.

Il reſtreignit la puiſſance illimitée des peres ſur leurs enfans, & confirma les lois ſéveres contre l'adultère & le parricide. Son régne, qui avoit duré quarante-trois ans, fut ainſi employé tout entier à l'affermiſſement de la puiſſance Romaine au-dedans. Il mourut, âgé de quatre-vingt-trois ans. Non-ſeulement Rome le pleura comme un pere qu'elle venoit de perdre, mais les peuples mêmes des environs crurent devoir à ce roi vertueux les hommages que la ſouveraine puiſſance n'arrache point aux hommes, & qu'ils n'accordent qu'aux bons rois.

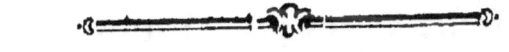

TULLUS HOSTILIUS,

Troiſieme Roi de Rome.

Av. J.C. 692. NUMA étant mort ſans enfans, l'autorité royale ſe trouva encore entre les mains du ſénat; mais elle n'y reſta pas long-temps. Le peuple s'étant aſſemblé, fit choix de Tullus-Hoſtillius, originaire de Médullie, & petit-fils d'Hostus, qui avoit transporté à Rome les biens qu'il possédoit dans sa patrie. Cet Hostus s'étoit acquis un grand nom parmi les Romains, par la valeur avec laquelle il avoit combattu, sous les yeux de Romulus, contre Tatius, dans Rome même.

Tullus étoit d'un caractere tout opposé à celui de son prédécesseur. Il étoit ambitieux, hardi, & n'aimant que la guerre. Dès qu'il fut monté sur le trône, il voulut gagner le cœur de ses sujets par des bienfaits réels. Il distribua aux plus pauvres citoyens les fonds de terres assignés pour la dépense & l'entretien des rois. Il fit enfermer dans l'enceinte de Rome le mont Cœlius, pour que les citoyens pussent y prendre des logemens plus vastes & plus commodes. Sa générosité & ses soins patriotiques lui concilierent l'amour du peuple, & le disposerent à entrer dans ses vues. Il attendoit avec impatience une occasion de prendre les armes : elle se présenta bientôt.

Albe, la principale ville du Latium, ne voyoit pas sans jalousie Rome s'accroître & devenir supérieure à toutes les autres. Elle entreprit de l'humilier, de l'assujettir même, s'il étoit possible. Les Albins se mirent les premiers en campagne, & vinrent sur le territoire des Romains, à trois milles de Rome. Tullus sortit aussitôt à la tête de son armée. On n'attendoit plus de part & d'autre que le moment de combattre, lorsque Métius-Suffétius, roi d'Albe, passa dans le camp des Romains, & demanda une entrevue à Tullus. Il lui fit observer que, puisque les deux peuples n'avoient pris les armes que pour décider auquel appartiendroit la domination, il étoit inutile de verser tant de sang, & qu'un combat singulier pouvoit fixer le sort des deux nations.

Le projet du roi d'Albe fut approuvé de Tullus, & chacun d'eux porta dans son camp la nouvelle du genre de combat qui alloit assujettir pour toujours l'une des deux villes à l'autre. Les Romains firent choix de trois jeunes freres, dont ce célèbre combat a fait passer les noms jusqu'à nous. Ce furent les Horaces. Dans l'armée d'Albe, il y avoit pareillement trois freres qui furent choisis. C'étoient les Curiaces. Ces six combattans, fiers de l'honneur que leur faiſoit un choix ſi glorieux, pleins d'un noble courage qu'augmentoit encore l'idée flatteuſe d'avoir entre leurs mains le ſort de leur patrie, parurent au milieu des deux armées. L'inquiétude & l'eſpérance étoient égales de part & d'autre, & tenoient en ſuſpens tous les ſpectateurs. Le combat commence; on n'entend plus que le cliquetis des armes; la crainte laiſſe à peine la faculté de reſpirer; tous les yeux ſont fixés ſur ces jeunes héros; leur adreſſe, leur courage, leur intrépidité même dans l'attaque & dans la défenſe, prolongent l'inquiétude par l'incertitude du ſuccès. Enfin deux des Horaces tombent aux pieds des Curiaces. A l'inſtant les Albins pouſſent des cris de victoire, & les Romains gardent un profond ſilence. Albe triomphoit encore, en voyant le dernier des Horaces qui prend la fuite devant ſes trois adverſaires, qui, couverts de bleſſures, trop foibles chacun pour l'ennemi qui fuyoit, euſſent été trop forts, tous trois réunis contre lui ſeul. Il les ſépare par ſa fuite, &, lorſqu'il les voit aſſez éloignés pour combattre ſeul à ſeul, il retourne ſur ſes pas, attaque le premier, & le tue: il vole au ſecond qu'il terraſſe plus facilement encore ; & enfin, en immolant le troiſieme, il aſſure le triomphe de Rome ſur ſa rivale, & lui aſſujettit les Albins.

Horace, chargé des dépouilles des Curiaces, rentre dans le camp des Romains où il eſt reçu avec d'autant plus de joie, qu'on avoit été plus allarmé de la défaite de ſes deux freres. Les armées levent le camp, & retournent dans leurs villes. Horace, à la tête de celle de Rome, étoit conduit comme en triomphe. Mais bientôt la joie publique fait place aux ſentimens de triſteſſe. La ſœur du vainqueur des Curiaces étoit fiancée à l'un d'eux, inquiéte ſur le combat & ſur le ſort de ſon amant, elle ſort de la ville ſeule, pour en apprendre des nouvelles. Le premier objet qui ſe préſente à ſes yeux eſt ſon frere, qui porte en trophée la cotte d'armes qu'elle avoit faite elle-même & donnée à ſon amant. La douleur lui fait oublier qu'elle eſt en préſence d'une armée entiere ; elle la fait éclater par ſes cris, & en ſe frappant la poitrine, & en déchirant ſes vêtemens : puis la rage ſuccédant aux plaintes & aux regrêts, elle s'approche de ſon frere avec des yeux étincelans, lui reproche ſa fatale victoire, & l'apoſtrophe de la maniere la plus révoltante. Ce jeune homme, enivré de ſa gloire, piqué de l'indécente douleur que ſa ſœur faiſoit paroître au milieu de l'allégreſſe publique, & des invectives outrageantes dont elle l'accable, lui plonge ſon épée dans le ſein, & la tue.

Cette vengeance atroce révolte tous les ſpectateurs. Il eſt cité au tribunal des duumvirs; le crime eſt avéré, & il eſt condamné à perdre la vie. Déja le licteur ſe ſaiſit du criminel pour l'attacher à l'infâme poteau, lorſque, par le conſeil du roi, il appelle de la ſentence des duumvirs à l'aſſemblée du peuple Romain. Le pere d'Horace prend la défenſe de ſon fils, ſeul reſte de quatre enfans, dont deux avoient péri dans le même jour pour la patrie. Il falloit, pour le ſauver, prendre ſon parti contre ſa propre fille. Il l'accuſe de n'avoir jamais eu d'amour pour ſa patrie, & devient, dans ce plaidoyer fameux, pere dénaturé, pour ne pas ceſſer de l'être, en perdant le dernier de ſes fils. Le peuple Romain fait grace à l'accuſé, en faveur de la victoire qui établit l'empire de Rome sur Albe, & la peine de mort est commuée en une peine ignominieuse qui fut de passer sous le joug. C'étoient deux solives sur lesquelles on en mettoit une troisieme en travers. On conserva ce monument de la sévérité Romaine pendant plusieurs siécles, en la réparant tous les ans.

Le succès du combat des Horaces, en établissant la gloire & la supériorité de Rome, n'avoit point abattu la jalousie de ses ennemis. Les Véïens & les Fidénates reprirent les armes, & jurerent d'abattre cette puissance à quelque prix que ce fût. Le dictateur d'Albe souffloit le feu de la discorde, & promit d'abandonner les Romains au fort de la mêlée. En effet, trahissant également les deux partis, il demeura dans l'inaction avec ses troupes, tant que la victoire fut incertaine; mais, lorsqu'il vit les Véïens & les Fidénates en déroute, il poursuivit & tailla en piéces un corps de Véïens. Tullus ni les Romains ne prirent point le change à l'égard du général d'Albe; mais le roi de Rome, pour s'assurer de la personne de Métius, dissimula. Le lendemain, il fait assembler les deux armées, accuse le dictateur de trahiſon, & parle avec tant de véhémence, que perſonne n'oſe prendre la défenſe de l'accuſé. Il fait arrêter ſur le champ le criminel, prononce ſa ſentence, & le fait tirer à quatre chevaux ; & pendant qu'il fait trembler les Albins par cette exécution, il envoie le jeune Horace avec une troupe choiſie, pour renverſer les murs d'Albe, détruire cette ville, & transférer les habitans à Rome.

Pour dédommager les Albins de la perte de leur ville & de leurs terres, Tullus les incorpora dans les tribus Romaines, & leur donna à tous des maiſons & des terres. Les familles illuſtres furent admiſes au nombre des patriciennes, & il leur donna place dans le ſénat. Il ſe ſervit avantageuſement de ces nouveaux ſujets, pour ſoumettre entierement les Fidénates & enſuite les Sabins.

Ces victoires & ces conquêtes firent revivre dans le cœur des Romains leur ancienne inclination pour la guerre. Tullus, qui avoit conçu les projets les plus ambitieux, ne quittoit point les armes. Il déclara aux trente colonies d'Albe qu'elles devoient ſuivre le ſort de leur métropole. Les peuples du Latium reçurent sa proposition avec toute la hauteur qu'elle méritoit. La guerre fut déclarée, & dura cinq ans, pendant lesquels la seule ville de Médullie, qui s'étoit révoltée, fut prise & livrée au pillage par Tullus, & sa réduction fut suivie de la paix.

Les succès militaires des Romains furent arrêtés par deux fléaux terribles, la peste & la famine. Ces calamités suspendirent tous leurs projets. Tullus fut le seul qui, au milieu des malheurs qui accabloient son peuple, conserva toujours son humeur guerriere. Il fut atteint lui-même de la maladie contagieuse, & se livra, durant le cours de sa maladie qui fut longue, à la plus aveugle superstition; mais ce fut inutilement qu'il mit en usage tout ce qu'il y a de plus puérile pour rétablir sa santé. Il mourut après un règne de trente deux ans, ou plutôt il fut assassiné par Ancus-Marcius, petit-fils de Numa par Pompilia. Ce jeune prince cacha les preuves de son parricide, sous les ruines du palais auquel il mit le feu, après avoir égorgé Tullus, sa femme & ses enfans.

ANCUS MARCIUS,

Quatrieme Roi de Rome.

ANCUS MARCIUS fut élu par les Romains pour monter sur le trône. Le crime qui lui en avoit ouvert le chemin, n'annonçoit pas un règne doux ni heureux. Cependant le nouveau roi, bon par caractere, & héritier des vertus pacifiques de Numa son aïeul, se fit un devoir de faire revivre le culte des Dieux. Il rétablit les sacrifices, & rendit à la religion tout l'éclat qu'elle avoit sous Numa. La paix lui donna les moyens de faire revivre l'agriculture. L'abondance fut rétablie, & les arts utiles furent exercés. Av. J.C. 640.

Les nations voisines crurent pouvoir insulter impunément un roi qui se livroit à la dévotion; mais Ancus, qui avoit toutes les qualités qui font les grands rois, quitta, lorsqu'il fallut, les autels, pour défendre ses sujets des insultes de leurs ennemis. Il se montra aussi grand dans la guerre qu'il l'étoit dans la paix. Aussi, dans les intervalles d'une victoire à une autre, il travailloit ſans relâche à l'aggrandiſſement & à l'embéliſſement de Rome. Après avoir vaincu ſucceſſivement les Ficaniens, les Fidénates, les Sabins, les Véïens & les Volſques, il reprenoit ſes travaux, & ſuivoit ſon plan. Il enferma le mont Aventin dans l'enceinte de la ville. Le Janicule, qui étoit au-delà du Tibre, fut fortifié, entouré de foſſés & réuni à la ville par un pont de bois qu'il fit jeter ſur le fleuve.

Pour effrayer les ſcélérats qui ſe multiplioient dans Rome, il fit bâtir des priſons au milieu de la ville. Ce fut lui qui donna le premier de la majeſté, de la grandeur & de la régularité aux bâtimens ; mais le plus utile de ſes établiſſemens fut celui du port d'Oſtie & la fondation de cette ville. Cet établiſſement procura à Rome l'abondance de toutes choſes ; il lui ouvrit le commerce maritime, & lui montra le chemin au-delà des mers. Il attira les étrangers qui porterent dans cette ville leurs denrées & leur argent : enfin il fut le principe du commerce qui s'établit dans la ſuite entre les Romains & les nations les plus éloignées.

Ancus-Marcius ſe livroit tout entier

à ces travaux utiles, lorsque la mort le surprit & l'enleva à ses sujets dont il faisoit le bonheur depuis vingt-quatre ans. Son règne fut des plus heureux, parce qu'il ne perdit jamais de vue la gloire de Rome & le bonheur des Romains. Heureux le monarque qui, en mourant, peut se dire à lui-même, j'ai été le pere de mes sujets!

LUCIUS TARQUINIUS,

Cinquieme Roi de Rome.

LUCIUS TARQUINIUS n'étoit point Romain. Grec d'origine, il étoit fils de Démarate, de la race des Bacciades, qui avoit long-temps occupé le trône de Corinthe. Démarate, échappé au massacre de sa famille que le tyran Cypsèle vouloit anéantir, s'étoit retiré avec toutes ses richesses à Tarquinie. Il y avoit épousé une femme des premieres maisons de la ville. De ce mariage il n'eut qu'un fils qu'il nomma *Lucomon*, & qui hérita des grands biens de son pere. Il épousa une femme d'une grande distinction, d'un grand mérite, mais dont l'ambition égaloit ses belles quali-

Av. J.C. 616.

tés. Elle engagea ſon mari à quitter la vie oiſive & tranquille dont il jouiſſoit à Tarquinie, pour aller jouer un grand rôle à Rome, dont on vantoit déja les merveilles dans toutes les villes de l'Etrurie.

Lucomon partit de Tarquinie, & tranſporta ſa fortune à Rome, où elle lui acquit d'abord beaucoup de conſidération. Il ſe fit bientôt remarquer par ſes qualités perſonnelles, & Ancus voulut connoître par lui-même ce nouveau ſujet dont on lui diſoit tant de bien. Lucomon parut à la cour ſous le nom de *Lucius-Tarquinius* qu'il prit alors pour faire ſa cour aux Romains qu'il vouloit mettre dans ſes intérêts. Le roi trouva ſon mérite ſupérieur à ſa réputation. En effet il ſe diſtinguoit à Rome par toutes ſortes de vertus. Il gagna tellement la confiance d'Ancus-Marcius, qu'il lui confia en mourant la tutelle de ſes deux fils.

L'aîné des fils d'Ancus avoit près de quinze ans, & Tarquin craignoit que le peuple ne jetât les yeux ſur ce jeune prince pour lui donner la couronne. Il diſpoſa la populace en ſa faveur par ſes libéralités, & brigua, par lui-même &

par ſes amis, les ſuffrages des patriciens. Le jour de l'aſſemblée, il parut avec confiance, & débita au peuple une harangue dans laquelle il demandoit pour lui-même la couronne, prouvant avec hardieſſe, qu'il en étoit digne. Ses manœuvres lui réuſſirent; il fut élu au préjudice des fils d'Ancus-Marcius.

En montant ſur le trône, Tarquin récompenſa ceux qui l'y avoient porté. Il choiſit cent plébéïens à qui il donna l'entrée au ſénat; &, par cette augmentation, cette auguſte compagnie ſe trouva compoſée de trois cents Senateurs. Pour appaiſer les murmures des anciens, Tarquin établit une légere diſtinction; il nomma les premiers *Peres du premier ordre*, & les derniers *Peres du ſecond ordre*. Du reſte, il ne mit aucune différence dans les priviléges & dans les honneurs de ces nouvelles charges.

Il fut bientôt appelé au-dehors pour repouſſer les ennemis de Rome, dont la jalouſie croiſſoit à meſure que cette ville devenoit plus puiſſante. Il fit, pendant vingt ans, la guerre aux peuples Latins, & la termina par une grande victoire qui obligea ces peuples à demander la paix. Tarquin usa de sa victoire avec modération, & les admit à l'amitié & à l'alliance du peuple Romain.

Cette paix étoit à peine conclue, que les Sabins prirent les armes. Tarquin les ayant vaincus, leur accorda la paix qu'ils lui demanderent, & rentra en triomphe dans Rome. Il n'en goûta point les douceurs. Douze cantons de l'Etrurie prirent les armes, ravagerent la campagne de Rome, & s'emparerent de Fidènes. Tarquin fit les préparatifs pour cette guerre dont il prévoyoit la longueur & les difficultés, après-quoi, il se mit en campagne. La prise de Fidènes ouvroit aux ennemis le territoire de Rome. Tarquin s'attacha au siége de cette ville. Après des attaques réitérées, il s'en rendit maître. Comme cette ville avoit été livrée aux Etrusques par les habitans, il crut devoir faire un exemple éclatant de sévérité, pour contenir les peuples voisins & châtier les traîtres. Il fit battre de verges & décapiter tous ceux qui furent soupçonnés d'avoir trempé dans la rébellion. Les autres furent chassés de la ville, & bannis à perpétuité.

Les

Les Etruſques voulurent en venir aux mains, & Tarquin ne s'y refuſa point. Il ſe donna ſous les murs d'Eritre une bataille, la plus meurtriere qu'on eût vue juſqu'alors. Les Etruſques demandent la paix au vainqueur ; ils déclarent qu'ils le reconnoiſſent ſupérieur en forces, & il la leur accorde. Reſtoient encore les Sabins à ſoumettre. Ce peuple, remuant & jaloux, tentoit tous les jours d'abattre la puiſſance de Rome. On combat pluſieurs fois ; enfin une derniere victoire terraſſe les Sabins, & les amene aux pieds de leur vainqueur.

Après tant de victoires, Tarquin jouit enfin du ropos qu'il avoit acheté par ſes travaux militaires. Il employa ſes dernieres années à perfectionner les travaux utiles qu'il avoit commencés dans les intervalles de paix. Il embellit Rome d'une magnifique place publique, & la décora de galeries, de portiques & de boutiques commodes & belles. Des égoûts, des aqueducs & les grands chemins pavés de pierres furent les fruits de ſon loiſir. Rome enfin, ſous ce prince, devint & la plus forte, & la plus grande, & la plus belle ville de l'Italie. Ce fut lui qui fit conſtruire le cirque de pierres, avec des siéges pour les spectateurs. Le capitole, un des plus magnifiques monumens de Rome, fut encore son ouvrage.

Son grand âge, sa santé affoiblie lui annonçoit une fin prochaine. Il se voyoit sans enfans mâles. Il préparoit à Servius Tullius les voies pour monter au trône. Les deux fils d'Ancus Marcius ne virent point cette prédilection sans jalousie. Ils regardoient le trône comme leur héritage. Ils crurent donc qu'il étoit de leur intérêt de prévenir les desseins de ce monarque, en l'assassinant. Ce détestable parricide fut exécuté par deux jeunes gens qui leur prêterent leurs bras. Les meurtriers furent arrêtés. Ils avouerent dans les tourmensqu'ils n'étoient que les instrumens de l'ambition des fils d'Ancus. Cette accusation leur fit perdre, non-seulement le fruit qu'ils espéroient tirer de leur crime, mais elle les força de s'exiler de Rome.

SERVIUS TULLIUS,

Sixieme Roi de Rome.

Av. J.C. 578.

SERVIUS TULLIUS monta sur le trône de Rome. Comme Tarquin, il étoit étranger, & de plus il étoit né dans la servitude. Il étoit originaire de Corniculum. Sa mere, après la prise de cette ville par Tarquin, avoit été emmenée à Rome, & réduite à servir, comme esclave, la reine Tanaquil. Elle accoucha d'un fils qu'elle nomma *Tullius*, & elle lui donna le nom de *Servius*, pour marquer son état de servitude. Cet enfant fut élevé dans le palais, & profita de la belle éducation qu'il y reçut. Le roi, charmé de ses talens & des belles qualités qu'il avoit, après l'avoir fait passer par les premieres charges de l'état, le choisit pour son gendre, & lui donna en mariage Tarquinie, une de ses filles. Ce choix fit naître dans le cœur de Servius-Tullius l'ambitieux projet de succéder à son beau-pere. Au moment de l'assassinat de Tarquin, il prit en main les rênes du gouvernement, & Tanaquil favorisa son usurpation, en cachant aux Romains la mort de son époux. Lorsqu'il fut assuré que son autorité étoit assez affermie, on publia la mort du roi, &, après lui avoir fait des funérailles magnifiques, il parut en public, revêtu des ornemens royaux, & accompagné d'une nombreuse escorte. Le sénat, sans attendre qu'il demandât les suffrages, lui ordonna de monter sur le trône.

A peine y étoit-il, que ce même sénat voulut l'en faire descendre, mais Servius, par ses libéralités, avoit gagné la faveur du peuple qui confirma son élection. Quoique d'un naturel pacifique, il saisit avec empressement l'occasion de faire la guerre. Les Véïens la lui déclarerent, il sortit de Rome, les combattit, & remporta sur eux une victoire qui lui mérita les honneurs du triomphe.

Les Etrusques se révolterent, & furent aussi vaincus. Il triompha d'eux, comme des Véïens.

Débarrassé d'une guerre, qui, à différentes reprises, avoit duré plus de vingt ans, il consacra ses soins au bonheur de ses sujets. Il aggrandit Rome & l'embellit. Il enferma dans son enceinte le mont Esquilin & le mont Viminal. Ses vues politiques se porterent sur le soulagement du peuple. Jusques à lui, les citoyens, sans distinction de naissance, de fortune, ni de rang, avoient fourni également aux contributions pour les besoins de l'Etat. Son équité lui fit voir l'injuſtice d'une loi pareille ; il fit faire une appréciation des biens de chaque citoyen, & fixa la taxe de chacun, relativement à cette eſtimation. C'eſt ce qu'on appelle *la Loi du ſens*. Cette loi ſage lui acquit pour toujours l'amour & la vénération du peuple, qui ne vit, dans cet établiſſement, que ce qui paroiſſoit lui être favorable. Servius avoit d'autres vues politiques, préjudiciables à l'autorité du peuple, qu'il vouloit reſtreindre. Il avoit ſa confiance; il lui fut aiſé de réuſſir. Suivant l'ancienne diſtribution du peuple, il ſe trouvoit maître dans toutes les délibérations, & cet excès de puiſſance étoit ſujet à trop d'inconvéniens. Le Roi fit donc un nouveau dénombrement du peuple, établit une répartition fidèle des taxes, le diviſa en trente tribus, quatre à la ville & vingt-ſix à la campagne. Ce peuple, qui montoit déja à plus de quatre-vingt mille citoyens, en âge de porter les armes, fut partagé en ſix claſſes, partagées en cent quatre-vingt-treize centuries. La premiere claſſe, qui étoit compoſée de tout ce qu'il y avoit de nobles & de gens diſtingués par leurs richeſſes, en renfermoit elle ſeule quatre-vingt-dix-huit. Après ce partage, Servius régla que, dans les aſſemblées où l'on traiteroit de la guerre, de la paix, de l'élection des rois & des magiſtrats, de l'établiſſement des lois nouvelles, ou de l'abolition d'une ancienne, on recueilleroit les ſuffrages par centuries & non pas par tête, comme on faiſoit auparavant. Suivant ce nouveau plan, la claſſe des riches, qui étoit la plus nombreuſe, devint auſſi la plus puiſſante. Cette loi à été regardée, par tous les hiſtoriens, comme un chef-d'œuvre de politique. Le ſénat & les riches euſſent toujours conſervé cette ſupériorité, ſi, dans la ſuite, ils n'en euſſent point abuſé pour opprimer le peuple. Servius avoit vu, en légiſlateur prudent, que des citoyens, qui tiennent à l'Etat par la nobleſſe, le rang & les richeſſes, ſe portent à le ſervir avec plus de zèle & de courage que ceux qui ne lui tiennent par aucun de ces liens. Servius conſacra la mémoire de cet établiſſement par une cérémonie auguſte. Il fit offrir aux Dieux un ſacrifice ſolennel, auquel tout le peuple ſe trouva diſtribué, chacun dans ſa centurie. On donna le nom de *Luſtre* à cette cérémonie, qui revenoit de cinq en cinq ans, & terminoit la solennité du cens.

Le roi, qui ne négligeoit aucune partie du gouvernement, fixa le prix, la forme & l'empreinte de la monnoie. Un retour sur lui-même & sur l'heureux évènement qui l'avoit fait passer, de la condition d'esclave, au trône de Rome, l'attendrit sur le sort de ces malheureux. Il fit la loi qui permettoit aux maîtres d'affranchir leurs esclaves. Cette loi avoit un double avantage ; elle ranimoit l'espoir de ces infortunés, qui, pour sortir de la servitude, faisoient tout ce qu'ils pouvoient pour mériter leur liberté. Elle redonnoit à l'Etat des sujets dignes de le servir, & dont le mérite étoit caché sous les fers qu'ils portoient.

Servius mit le comble à sa gloire, en soumettant à la puissance Romaine les Véïens & les Sabins sans leur faire la guerre. Il falloit toute la finesse de sa politique pour réussir dans ce projet, dont la seule proposition eût révolté ces peuples. Mais voici comme il les amena à ses vues. Il les fit prier d'envoyer à Rome des ambassadeurs pour traiter une affaire de la plus grande importance. Lorſqu'ils y furent arrivés, il leur parla dans le ſénat de l'avantage qu'auroient tous les peuples du Latium, en faiſant enſemble un traité de paix & de confédération contre tous leurs ennemis, & ſi ils convenoient d'un lieu fixe où l'on s'aſſembleroit tous les ans, pour renouveler ce traité, & offrir enſemble des ſacrifices aux Dieux. L'aſſemblée générale des Amphictions, diſoit-il, a rendu la Grèce invincible. C'eſt à l'union des peuples qui l'habitent qu'elle doit ſes plus grandes victoires. Les ambaſſadeurs, ne trouvant rien de contraire aux avantages de leurs nations dans cette propoſition, y donnerent les mains ſans difficulté. Le lieu de l'aſſemblée fut fixé ſur le mont Aventin, près de Rome. On y bâtit un temple à Diane, à frais commun. Il dreſſa les réglemens de ces aſſemblées, & les fit graver ſur des tables d'airain. Lorſque le temple fut achevé, on s'y aſſembla tous les ans. Ces aſſemblées devinrent très-ſolennelles. C'eſt ainſi que Servius amena inſenſiblement les peuples du Latium à reconnoître Rome pour leur ſouveraine.

Après de ſi beaux établiſſemens,

Servius regarda la royauté comme inutile ; il forma le généreux dessein d'abdiquer la couronne, & de réduire le gouvernement en simple république, sous la régence de deux magistrats annuels qui seroient élus dans une assemblée générale du peuple ; mais l'ambition de Tarquin, son gendre, mit obstacle à l'exécution de ce projet. Servius avoit eu deux filles de son mariage avec Tarquinie, fille de Tarquin l'ancien ; il les avoit mariées toutes deux aux petits-fils de Tarquin. L'aînée, d'un caractere doux, sage & tranquille, eut pour époux Tarquin, qui étoit hardi, fier, cruel & ambitieux. Arunce, son frere, porté d'inclination à une vie douce & tranquille, eut pour épouse la jeune Tullie, d'une humeur impérieuse, & d'un caractere ambitieux. Jamais mariages ne furent plus mal assortis ; aussi eurent-ils les suites les plus funestes. Tarquin & la jeune Tullie conçurent l'un pour l'autre une passion violente, fondée sur la sympathie de leurs caractères. Pour s'unir l'un à l'autre, ils commirent de concert le plus horrible parricide. Tarquin tua Tullie l'aînée, sa femme, & Tullie la jeune aſſaſſina ſon époux ; enſuite ils ſe marierent. Ce mariage inceſtueux révolta tout le monde.

Tarquin ne s'en tient pas là ; il veut arracher des mains d'un vieillard, affoibli par l'âge, un ſceptre qu'il ne pouvoit plus défendre. Il oſe ſe montrer en public revêtu des ornemens royaux, précédé des licteurs, & ſuivi d'une vile populace qu'il avoit gagnée à force d'argent. Il monte au ſénat, & ſe place ſur le trône. Servius apprend l'entrepriſe téméraire de ſon gendre ; il court au ſénat, & s'avance pour chaſſer de ſon trône l'uſurpateur qui y étoit aſſis. Tarquin ſaiſit le vieillard, le porte ſur le perron, & le jette dans la place. Il ſe releve le corps tout froiſſé, & reprend le chemin du palais. Tullie arrive, & reproche à ſon époux d'avoir manqué l'occaſion de ſe défaire du roi. Auſſitôt il envoie des ſatellites qui poignardent le monarque. Pendant que cet ordre s'exécute, Tullie au ſénat ſalue ſon mari roi de Rome, & ſon exemple eſt ſuivi des lâches ſénateurs. Tullie, ſatisfaite ; remonte ſur ſon char, & retourne chez elle. Arrivée à la rue Cyprienne, ſon cocher arrête ſes chevaux. Elle en demande la cause. Il lui montre d'un air effrayé le cadavre du roi nageant dans son sang. A cette aspect, Tullie, furieuse ; saisit le strapontin de son char, & ordonne au cocher de passer outre. Le peuple, témoin de cet excès de scélératesse, en frémit. Depuis ce jour ; la rue fut appelée *Rue scélérate.*

Ainsi périt l'un des plus grands rois de Rome, dont le nom dût être d'autant plus cher aux Romains, que tous les ordres de l'Etat s'étoient ressentis de la sagesse de son gouvernement.

TARQUIN LE SUPERBE,

Septieme & dernier Roi de Rome.

UN règne commencé par des crimes aussi atroces devoit faire trembler les Romains. Ils ne tarderent pas à reconnoitre qu'ils avoient couronné un monstre altéré de sang, à qui tout espéce de mérite étoit odieux. Les sénateurs, qui avoient été attachés à Servius, furent les premieres victimes qu'il immola à sa sûreté. Traînant toujours après lui une garde nombreuse, composée de tous

Av. J.C. 534.

les scélérats de Rome, il se montroit par-tout environné des supplices & de la mort. Il s'empara de toute l'autorité; il décidoit lui seul de la guerre & de la paix; il faisoit de nouvelles lois, abrogeoit les anciennes; il s'attribua la connoissance de toutes les affaires, tant civiles que criminelles, &, dans ses jugemens, il ne suivoit d'autres lois que celles de sa passion, de son intérêt ou de son ambition. Un gouvernement si dur ne manqua point d'exciter des plaintes & des murmures. Pour se mettre en sûreté contre les entreprises qu'il redoutoit, il avoit, à ses gages, d'infâmes délateurs, qui accusoient à son tribunal les citoyens les plus riches & les plus vertueux; &, sur leur témoignage, il condamnoit les uns à la mort, les autres à l'exil. En peu de tems, il n'y eut aucune grande maison dans Rome qui ne pleurât la perte d'un pere, d'un frere ou d'un ami, immolé aux fureurs du tyran. Il n'épargna pas même la famille de Tarquin l'ancien. Marcus-Junius, son oncle, & son fils aîné, furent assassinés. Junius le cadet n'évita la mort qu'en contrefaisant l'insensé, ce qui lui fit donner le surnom de *Brutus*,

Tarquin le prit dans ſon palais, & s'empara de tous ſes biens.

Il ſentoit bien qu'un gouvernement ſi tyrannique le rendoit odieux aux Romains; il chercha de l'appui au-dehors, & fit alliance avec les Latins. Les Volſques & les Sabins refuſerent ſon amitié. Il fit la guerre à ces deux peuples, & les vainquit. Il voulut s'aſſurer une retraite sûre, en cas d'événement à Rome; c'eſt pour cela qu'il entreprit le ſiége de Gabies. Il n'y réuſſit point par la force, mais ſon fils Sextus la lui livra, après avoir trompé les habitans, en leur faiſant croire qu'il ſe retiroit chez eux, pour fuir les cruautés d'un pere, qui étoit autant le tyran de ſes enfans que de ſes ſujets. Il fit avec eux un traité ſolennel, & leur donna ſon fils pour roi.

Après toutes ces conquêtes, il retourna à Rome, où il s'occupa à perfectionner les grands ouvrages commencés par Tarquin l'ancien.

Au ſein du repos que lui procuroit la paix conclue avec les peuples voiſins, il conçut le fatal projet de faire le ſiége de la ville d'Ardes. Cette ville étoit remplie des illuſtres exilés qui s'étoient ſouſtraits à ses fureurs. Il espéroit d'ailleurs en tirer de grandes richesses.

Il trouva dans cette entreprise plus de difficultés qu'il n'avoit imaginé. Le siége traînoit en longueur. Officiers & soldats se dédommageoient, par la bonne chère, des peines de leur métier. Un jour que Sextus régaloit ses freres & Collatin, mari de la fameuse Lucrèce, à la fin du repas, les propos tomberent sur le mérite des femmes. Chacun louoit de son mieux la sienne. Collatin propose d'aller les surprendre. On applaudit au projet; on monte à cheval, & l'on va à Rome. Les fils de Tarquin trouvent leurs femmes à table avec une nombreuse compagnie. De-là, ils vont à Collatie, où ils trouvent Lucrèce occupée, avec ses femmes, à filer & à travailler à des ouvrages de laine. D'un commun consentement, on lui donna la palme du mérite. La beauté de Lucrèce avoit fait une vive impression sur l'aîné des Tarquins. Il retourne au camp, l'esprit troublé, & le cœur rempli d'une passion funeste. Quelques jours après, il retourne à Collatie, déclare à Lucrèce l'effet qu'ont produit ses charmes; promesses & menaces, il met tout en œuvre pour la séduire. Sa passion s'irrite par l'inflexibilité de cette femme vertueuse ; il la menace enfin de lui faire perdre la vie & l'honneur, en poignardant avec elle une esclave qu'il mettra dans son lit. Lucrèce ne peut soutenir l'idée du déshonneur dont elle est menacée ; elle cède enfin à cette idée accablante. Tarquin retourne au camp. Lucrèce dépêche un courrier à son pere & à son mari, & les prie l'un & l'autre d'amener avec eux chacun un ami fidèle. Lucrétius, son pere, se rend à Collatie, accompagné de Publius-Valérius ; & Collatin, son mari, suivi de Junius-Brutus. Ils trouvent Lucrèce accablée de douleur ; elle leur en découvre le sujet ; &, après leur avoir fait jurer à tous de la venger, elle se perce le cœur d'un poignard qu'elle avoit caché sous sa robe, & va tomber aux pieds de son pere & de son mari.

Av. J.C. 509.

L'indignation, la fureur, mêlées aux sentimens de douleur, les avoient rendus tous immobiles. Brutus se saisit du poignard tout sanglant, & le présentant à ses amis : « Je jure, dit-il, par ce » sang si pur, & j'en prends tous les » Dieux à témoins, que, le fer & le

» feu à la main, j'en pourſuivrai la » vengeance ſur Tarquin & ſa famille, » & que je ne ſouffrirai point que per- » ſonne déſormais règne dans Rome ». Tous les aſſiſtans firent ſur le poignard le même ſerment. Cet engagement ſolennel fut comme le ſignal de la révolte. Les conjurés accompagnent le cadavre de Lucrèce juſqu'à Rome. Ils racontent l'évènement funeſte qui coûte la vie à cette femme vertueuſe, raniment la haine publique contre les tyrans, & déterminent le peuple à prendre les armes, & à les chaſſer de la ville. Brutus, ſans perdre de temps, fait aſſembler le ſénat, & fait porter contre les Tarquins un arrêt de banniſſement perpétuel, qui défend, ſous peine de la vie, à tout citoyen de ſe déclarer en leur faveur.

A la tête de la jeuneſſe Romaine, il va droit au camp devant Ardéa. Valere l'avoit devancé, & l'on y étoit déja inſtruit de la révolution qui s'étoit faite à Rome. On lui ouvrit toutes les portes du camp, & toute l'armée le reconnut pour ſon général. Tarquin, au premier bruit de ce changement, s'étoit rendu à Rome; mais il en avoit trouvé les portes fermées. On lui lut, du haut des murailles, le décret de son exil. Il retourna au camp ; mais il n'y fut pas mieux reçu. Ainsi chassé de sa capitale, & abandonné par son armée, il alla, avec sa famille, chercher un asyle chez les Etrusques. Sextus, son fils aîné, retourna à Gabies, dont il avoit usurpé la souveraineté par la trahison & par le meurtre des principaux citoyens. Les Gabiens, qui se souvenoient de tous les maux qu'il leur avoit fait souffrir, le poignarderent. Le règne, ou plutôt la tyrannie de son pere à Rome, avoit duré vingt-cinq ans.

SECONDE ÉPOQUE,

Depuis l'Etablissement du Consulat, jusqu'à celui des Décemvirs.

Les Romains, devenus libres par l'exil des Tarquins, songerent à assurer pour toujours leur liberté. La royauté & le nom même de roi furent proscrits pour toujours. On délibéra quelque temps sur la forme de gouvernement que l'on adopteroit. On s'en tint à celle que Brutus avoit indiquée. Il fut décidé que le gouvernement seroit

Av. J.C. 509.

aristocratique, mêlé de démocratie. On élut deux chefs annuels, à qui l'on donna le nom modeste de *Consuls*. On leur laissa tous les ornemens de la royauté, la chaire curule, la robe de pourpre, les douze licteurs, les faisceaux & les haches, mais point de couronne. Brutus & Collatin furent les premiers consuls. Le premier usage qu'ils firent de leur puissance, fut de renouveler, dans une assemblée du peuple, le décret qui avoit proscrit les Tarquins & la royauté.

Quelques momens de tranquillité succéderent à cette révolution ; mais elle fut troublée par les intrigues des Tarquins. Ils engagerent les Etrusques à envoyer à Rome des ambassadeurs chargés seulement de demander la restitution des biens & des meubles de cette famille exilée ; mais Tarquin les avoit chargés de cabaler en secret, & de tâcher de lui former dans Rome un parti. Ils ne réussirent que trop bien. La jeunesse Romaine, peu contente de la sévérité du gouvernement démocratique, se livra inconsidérément à l'espoir de voir renaître pour elle la liberté dont elle jouissoit sous les rois.

Les jeunes gens des meilleures maisons de Rome formerent une conspiration en faveur des Tarquins. Elle fut découverte par un esclave qui avoit entendu les conjurés prendre leurs mesures pour se défaire d'abord des consuls, & livrer la ville aux Tarquins. Les consuls, avertis, se transportent à l'endroit même, se saisissent de tous les coupables, & trouvent, entre les mains des ambassadeurs, les lettres qu'ils écrivoient à Tarquin. Le lendemain, dès la pointe du jour, Brutus assemble le peuple, monte sur son tribunal, fait traduire au milieu de la place les criminels. On leur présente leurs lettres, &, n'ayant rien à répondre à des preuves si convaincantes, ils tâchent d'intéresser le peuple par leur repentir & par leurs larmes. Mais Brutus, inflexible, prononce l'arrêt de mort, & le fait exécuter sous ses yeux, en commençant par ses deux fils. Ce fier républicain garde seul un visage tranquille & ferme à ce spectacle qui arrachoit des larmes à tous les spectateurs. On ne vit en lui que le juge sévere, sourd à la voix de la nature. Cette sévérité fit le plus grand effet sur l'esprit de tous les Romains. Il ne s'en trouva plus un seul qui osât prendre le parti des Tarquins. Leur palais fut rasé, leurs meubles livrés à l'avidité de la populace, leurs terres distribuées aux citoyens les plus pauvres, & leurs maisons de campagnes détruites. On délibéra long-temps sur le sort des ambassadeurs; mais enfin, par respect pour le droit des gens qu'ils avoient violé eux-mêmes, on les renvoya sans les punir.

La fermeté constante de Brutus avoit fait paroître davantage la mollesse de Tarquin-Collatin son collégue. La haine qu'on portoit à son nom & cette conduite le rendirent suspect aux Romains. Ils le déposerent de ses dignités, & l'obligerent de s'exiler de Rome, & de délivrer pour toujours la république du nom & de la crainte de cette famille. Publius-Valérius fut élu en sa place.

Tarquin, ayant perdu l'espérance de rentrer dans Rome par ses intrigues, employa la force ouverte. Les Véïens & les habitans de Tarquinie, toujours ennemis de Rome, lui prêterent leur secours. Les consuls leverent une armée, se mirent en campagne, & marcherent au-devant de l'ennemi. La bataille commença par un combat singulier entre Brutus & Aruns, l'un des fils de Tarquin ; ils se tuerent l'un & l'autre. Les Romains resterent maîtres du champ de bataille, & Valérius retourna à Rome oú il rentra en triomphe. Tous les ordres de l'Etat prirent le deuil du généreux consul qui avoit rendu la liberté au peuple Romain. Les femmes elles-mêmes prirent toutes le deuil pour dix mois, & honorerent ainsi la mémoire du vengeur de Lucrèce. Valere, resté seul consul, devint suspect au peuple, qui le soupçonna de prétendre à l'autorité royale. Ce grand homme, averti des soupçons injustes de ses concitoyens, fit tout ce qu'il falloit pour les faire cesser ; il rasa de fond en comble une belle maison qu'il avoit fait bâtir sur une colline, & se donna pour collégue Spurius-Lucrétius, pere de l'infortunée Lucrèce ; mais, avant l'élection, il crut devoir donner des preuves de son amour pour la liberté. C'est en cela qu'il porta trop loin son amour & sa déférence pour le peuple. Il sacrifia les intérêts du sénat à ceux du peuple qu'il rendit trop puissant. Le réglement, par lequel il permettoit à tout citoyen d'appeler au jugement du peuple de celui du sénat & des consuls, fut, comme vous le verrez, une source de division entre le sénat & le peuple.

Tarquin faisoit toujours des efforts pour remonter sur son trône; il avoit encore soulevé l'Etrurie. Porcenna, à la tête d'une armée nombreuse, s'approchoit de Rome. Il s'empare du Janicule sans trouver d'opposition. Les consuls, à la tête de l'armée Romaine, passent le Tibre. Porcenna vient les attaquer. Les deux consuls sont blessés dans l'action, & mis hors de combat. Les Romains, se voyant sans chefs, prennent la fuite, & se retirent dans Rome par le pont. L'ennemi les poursuit vivement. Publius-Horace, après avoir fait de vains efforts pour arrêter la fuite de l'armée, s'arrête à l'entrée du pont, &, lui troisieme, la défend contre toute l'armée de Porcenna; il fait abattre la partie qui tient à la ville, y fait rentrer ses deux généreux compagnons, & combat lui seul jusqu'à l'entiere destruction du pont; il se jette tout armé dans le Tibre; il le passe heureusement à la nage, & est reçu dans la ville comme un Dieu protecteur. Une statue de bronze, dressée en son honneur, transmit à la postérité la gloire qu'il s'étoit acquise, & la reconnoissance de ses concitoyens.

Porcenna, voyant ses desseins renversés, désespéra de prendre la ville de force, & convertit le siége en blocus. Bientôt la disette des vivres apporta le désespoir dans Rome. On ne vit plus que la triste alternative de mourir de faim, ou de devenir esclave de l'ennemi de la république. L'enthousiasme de la liberté & de l'amour de la patrie suscita un jeune héros qui forma le projet de délivrer Rome. Mucius-Cordus fait part de son projet au senat; il sort de la ville, se rend au camp ennemi, & va droit à la tente du roi; il ne le connoissoit point; mais il s'avance, & frappe d'un coup de poignard le secrétaire qui va tomber aux pieds de son maître. On arrête Mucius. il paroît avec fermeté. On lui demande qui il est, quel est son dessein, quels sont ses complices? Il répond: « Je suis Romain; Mucius est » mon nom; mon dessein étoit de tuer » l'ennemi de ma patrie. Quelques tour- » mens que l'on m'apprête, on verra

Av. J.C. 507.

» que je n'ai pas moins de courage » pour souffrir la mort, que j'en ai » fait paroître pour la donner; car il » est également digne de la vertu d'un » Romain d'oser tout entreprendre, & » de tout souffrir avec courage. » Porcenna fait environner le coupable de flammes, pour le forcer à donner la connoissance de son attentat; mais Mucius, sans proférer une parole, étend sa main droite sur le brasier, &, d'un air fier & assuré, laisse son bras en proie aux flammes. Porcenna, frappé d'étonnement de la constance du jeune Romain, lui ordonne de retirer sa main, lui rend son épée, & le renvoie dans sa patrie. Mucius s'étoit sacrifié pour la sauver, & ne vouloit point y retourner sans avoir réussi dans cette entreprise. Il feint d'être touché de la clémence du roi, & lui dit: « Votre générosité, Porcenna, m'arrache un » aveu que toute la violence des tour- » mens n'auroit pu obtenir de moi. Nous » sommes trois cents jeunes Romains, » engagés par les sermens les plus so- » lennels à vous ôter la vie. Le sort » m'a désigné le premier, pour tenter » cette entreprise. Que de périls n'avez- » vous

» vous pas encore à courir ! Prévenez-
» les en donnant la paix à Rome, dont
» vos vertus vous rendent digne d'être
» l'ami. » Porcenna, effrayé par cet aveu, envoie des députés à Rome pour traiter de la paix ; ils partent avec Mucius. Les Romains souscrivent à toutes les conditions proposées, excepté celle du rétablissement des Tarquins. Porcenna approuva leur refus, conclut la paix avec eux, & les laissa jouir tranquillement d'une liberté qu'ils sçavoient si bien défendre.

Un autre prodige de courage & de hardiesse étonna encore Porcenna. Pendant que l'on avoit traité de la paix, les Romains avoient donné pour ôtages dix jeunes Romaines des premieres maisons de la ville. Ces jeunes personnes, ennuyées du tumulte du camp, & redoutant la licence qui y régnoit, s'enfuirent toutes ensemble, & traverserent le Tibre à la nage. La jeune & vertueuse Clélie étoit à leur tête. On loua leur courage & leur vertu ; mais Valere, qui craignit que Porcenna ne regardât la fuite des ôtages comme un manque de probité, les reconduisit lui-même au camp des ennemis. Clélie parut devant le roi avec une intrépidité digne des héros de Rome. Porcenna, frappé de tant de prodiges de valeur, de courage & de fermeté, donna beaucoup de louanges à la vertu de Clélie, & lui fit présent d'un cheval magnifiquement harnaché. Il rendit aux Romains leurs ôtages & leurs prisonniers, conclut la paix avec eux, &, en se retirant, il ordonna à ses soldats de n'emporter avec eux que leurs armes, & de laisser dans son camp toutes les provisions de bouche, qui y étoient en abondance, & dont il sçavoit que les Romains avoient grand besoin. Ceux-ci, sensibles à la générosité de ce prince, dont le présent acquéroit un nouveau mérite par la maniere dont il étoit fait, lui témoignerent leur reconnoissance, en lui faisant présent d'un trône d'ivoire, d'un sceptre d'or, d'une couronne de même métal & d'une robe triomphale; &, pour rendre éternelle la mémoire de son bienfait, ils lui dresserent une statue équestre dans la place publique.

Depuis la fondation de Rome, on n'avoit vu aucune guerre si féconde en prodiges patriotiques. Pour animer ce beau zèle, & échauffer dans le cœur des Romains cet amour de la patrie, on donna des récompenses aux trois héros qui s'étoient distingués. On érigea à Clélie une statue équestre dans la rue Sacrée.

Rome ne jouit pas long-temps de la paix qu'elle venoit de recevoir de Porcenna. Les Sabins lui déclarerent la guerre. Les consuls, à la tête des troupes Romaines, les battirent : mais Rome avoit beau remporter sur eux des victoires, elle les affoiblissoit sans les subjuguer. Après la perte d'une bataille, ils ne mettoient bas les armes que dans l'espérance de les reprendre bientôt. L'année suivante, ils se remirent en campagne. Valere, consul pour la quatrieme fois, leur tua un si grand nombre d'hommes, que de long-temps ils ne furent en état de rien entreprendre. Valere, après cette glorieuse victoire, rentra dans Rome en triomphe. Il y mourut, peu de temps après, généralement regretté de tous ses concitoyens. La république perdoit un sage consul, un vaillant capitaine & un défenseur zélé de la liberté. Il mourut pauvre, mais riche en gloire & en vertu. Les richesses qu'il laissa à ses enfans fu-

Av. J.C. 505.

rent une bonne éducation & sa gloire à soutenir, patrimoine, sans contredit, le plus précieux qu'un pere puisse laisser à ses enfans. Il avoit été l'un des quatre vengeurs de Lucrèce, & les dames Romaines porterent son deuil, comme elles avoient porté celui de Brutus.

Rome jouissoit d'une paix profonde au-dedans & au-dehors. Les Sabins, vaincus tant de fois, n'étoient plus à craindre pour elle. Une heureuse harmonie unissoit tous les membres de l'Etat; mais le feu de la discorde étoit couvert sous la cendre, & devoit éclater à la premiere occasion. Tant qu'une heureuse médiocrité & le partage égal des biens avoient rendu les citoyens égaux, la paix les avoit réunis tous dans les occasions pressantes. Les nobles & le peuple avoient concouru ensemble au bien public. Point de distinction odieuse. Les premiers de la république, sçachant qu'ils commandoient à des hommes libres, leur donnoient l'exemple de la soumission aux lois, & de l'amour du bien public. Mais, lorsque ceux-ci eurent acquis des richesses, l'ambition & l'avarice établirent une distinction odieuse entre les riches & les pauvres.

La jalousie, presque inséparable de la pauvreté, enfanta la haine contre les riches. De-là, les dissentions & les vexations des créanciers envers leurs débiteurs. Le peuple s'apperçut qu'insensiblement il étoit devenu l'esclave des grands. Dans un Etat monarchique, cette différence de fortune ne produit qu'un bon effet, en aiguillonnant l'industrie; mais, dans un Etat républicain, elle excite nécessairement la haine & la jalousie, qui sont les sources des factions & des désordres. Quelques années de paix, dont Rome venoit de jouir, avoient préparé les troubles qui s'éleverent dans la république. La plûpart des citoyens s'étoient obérés de dettes; les autres avoient augmenté leur fortune aux dépens de ceux-ci. En peu de temps, le pouvoir, les biens & les honneurs s'étoient trouvés dans les familles patriciennes. Le peuple ne vouloit plus entendre parler de secourir l'Etat menacé par ses ennemis. « Que » ces patriciens, disoit-il, si fiers de » leur naissance & de leur fortune, dé» fendent la république. Ce sont eux » qui en possedent tous les biens & » tous les avantages. Qu'ils prennent

» les armes pour leur propre défenſe. »
Cependant l'Etat étoit menacé. Tarquin, tout vieux qu'il étoit, ne perdoit point l'eſpérance de rentrer dans Rome. Il ſollicitoit ſans ceſſe les Latins de prendre les armes en ſa faveur ; il avoit réuſſi, & trente peuples du Latium, armés contre Rome, la menaçoient d'une deſtruction prochaine. Les levées des troupes étoient néceſſaires. Les conſuls veulent faire l'enrôlement ; mais perſonne ne ſe préſente, & le peuple déclare ouvertement qu'il ne prendra les armes que lorſque le ſénat aura donné un décret d'abolition de dettes. Cette demande ſéditieuſe embarraſſe ce corps reſpectable. On délibere ; les avis ſont partagés. Les uns veulent qu'on accorde la demande du peuple ; les autres repréſentent que la juſtice, qui eſt le plus ferme appui des Etats, s'oppoſe à cette abolition. Après bien des débats, on trouva un milieu qui rendit le peuple plus ſoumis. On fit un décret qui ordonnoit de ſuſpendre toutes pourſuites contre les débiteurs. Comme ce décret ne ſatisfaiſoit point le peuple, on eut recours à un expédient nouveau. On créa, du conſentement de

tous les ordres de l'Etat, un ſouverain magiſtrat, dont l'autorité étoit ſupérieure à toutes les magiſtratures, ſans excepter celle des conſuls, mais de courte durée, afin que ce magiſtrat ne pût en abuſer pour devenir le tyran de ſa patrie. Le premier conſul nomma Titus-Latius, ſon collégue, pour exercer cette ſuprême magiſtrature ſous le titre de *Dictateur*. Elle lui donnoit droit de vie & de mort ſans diſtinction de rang, de naiſſance ou de fortune, ſans appel & ſans aucune obligation de rendre compte à perſonne de ce qu'il auroit fait durant ſa dictature. Le nouveau dictateur, qui étoit homme de tête & de courage, crut qu'il étoit important de donner au peuple une grande idée de ſa charge & de la ſouveraine puiſſance qui y étoit attachée. Il parut en public avec l'appareil terrible des rois, précédé de vingt-quatre licteurs avec leurs faiſceaux, armés de haches. Le peuple, ſaiſi à la vue de cet appareil, perdit toute ſa fierté & toute ſon inſolence. Le dictateur fit l'enrôlement, & perſonne ne refuſa ſon nom. Il ſortit de Rome, à la tête d'une nombreuſe armée, dont il ne fit d'autre uſage que d'obliger les ennemis à faire avec les Romains une trève d'un an. Il rentra dans Rome, & se démit de la dictature sans attendre le temps marqué par la loi.

L'année de la trève étant expirée, les Latins, sous la conduite des Tarquins, se mirent de bonne heure en campagne : à Rome on nomma un dictateur ; ce fut Posthumius. Il sort de la ville & va se camper sur une montagne qui dominoit le lac Régille ; il présente la bataille aux ennemis ; ils l'acceptent de bonne grace : le combat fut sanglant & remarquable par la perte de presque tous les généraux. Les deux fils de Tarquin & son gendre y périrent. Du côté des Romains, plusieurs officiers généraux furent tués, & presque tous furent blessés. La victoire fut complette pour eux, le butin fut considérable, & dédommagea les soldats des fatigues qu'ils avoient essuyées dans le combat & dans l'attaque du camp qu'il avoit fallu forcer. Le dictateur rentra en triomphe dans Rome, & il consacra la dixieme partie du butin à célébrer des jeux publics, à la construction de quelques temples, & à faire des sacrifices pour remercier les dieux de leur protection dans le succès de cette guerre. Les Latins, accablés par les pertes qu'ils venoient de faire, demanderent humblement la paix aux Romains. Pour la premiere fois, on mit en délibération si on la leur accorderoit. Depuis Romulus, les Romains s'étoient toujours contentés de vaincre leurs ennemis sans les accabler, &, lorsqu'ils avoient demandé à entrer dans l'alliance de Rome, on ne le leur avoit jamais refusé. Les avis se trouverent partagés dans le sénat; cependant celui qui l'emporta, fut qu'on accorderoit aux Latins la paix qu'ils demandoient; mais qu'on leur feroit désirer quelque temps l'alliance avec Rome. Ce traité devint pour Tarquin le comble du malheur. Agé de quatre-vingt-dix ans, il avoit survécu à toute sa famille; il se vit abandonné & rebuté de toutes les nations d'Italie; il alla terminer sa carriere à Cumes, dans la Campanie, où, accablé d'années, de chagrin & d'ennuis, sans consolation, sans amis, sans postérité, il mourut sans être regretté, après avoir vécu sans se faire aimer.

La mort de ce prince fut l'époque de la mésintelligence des Romains; tant Av. J.C. 495.

qu'il avoit vécu, les patriciens, craignant toujours que le peuple ne le rappelât pour le mettre ſur le trône, l'avoient toujours ménagé; mais, lorſqu'il n'en eurent plus rien à craindre, ils ne garderent plus aucun ménagement, ils s'arrogerent toute l'autorité ; & les créanciers, qui étoient la plûpart patriciens, traitoient les débiteurs avec la plus grande dureté. Le mécontentement devint général, & les diſſentions ne ſe terminerent que par la perte de la meilleure partie des prérogatives du ſénat & de la nobleſſe.

Le ſénat ſe trouva alors dans le plus grand embarras. Les Volſques, tant de fois vaincus & toujours ennemis de Rome, ſe diſpoſoient à profiter des troubles domeſtiques qui la déchiroient. Pour prévenir les ſuites fâcheuſes qu'annonçoit le mécontentement du peuple, on élut pour conſuls deux ſenateurs de caractere totalement oppoſé. Appius Claudius, perſonnage ferme & entiérement dévoué à la nobleſſe, & Publius Servilius, homme plus modéré & plus agréable à la multitude. Le premier entiérement oppoſé aux prétentions du peuple, & le ſecond plein de condeſcendance pour ſoulager ſes beſoins. Le ſénat eſpéroit que l'auſtérité de l'un, corrigée par la douceur de l'autre, ameneroit les deux partis à un moyen ſage de concilier tous les intérêts; mais il fut trompé dans ſon attente, les deux conſuls perſiſterent dans leur façon de penſer, & l'on ne put jamais parvenir à prendre un parti modéré.

Le peuple murmuroit hautement, & ſes plaintes reſſembloient à une ſédition; un événement imprévu la fit éclater. Un malheureux, échappé de la priſon où le tenoit enfermé un créancier inhumain, ſe rend à la place publique chargé de chaînes, il implore le ſecours du peuple qui s'attroupe autour de lui; des habits ſales & déchirés, un viſage pâle & défait, tout l'extérieur de l'eſclave le plus malheureux, intéreſſent en ſa faveur ſes concitoyens déja diſpoſés à tout croire; il découvre ſes épaules encore enſanglantées des coups de fouet qu'il avoit reçus dans ſa priſon, & fait voir ſur ſa poitrine les cicatrices glorieuſes des coups qu'il a reçus en combattant pour la patrie : à ce ſpectacle, la fureur du peuple augmente, il vomit mille imprécations contre les patriciens; la foule s'accroît à chaque moment, & le bruit de la révolte se porte dans tous les quartiers de la ville: les consuls se rendent eux-mêmes à la place publique; mais il n'y a plus moyen de contenir cette populace mutinée, ils n'y sont ni écoutés ni respectés: Appius, déja odieux à la multitude, court risque d'être insulté; mais il prend sagement le parti de se retirer.

Le sénat s'assemble; mais, comme il ne vouloit rien céder en faveur du peuple, les choses restent dans le même état. Un courrier vient annoncer une irruption des Volsques qui marchent droit à Rome: le sénat n'avoit point d'armée à leur opposer; il jette les yeux sur Servilius, & le charge d'employer son crédit auprès du peuple pour l'engager à le suivre dans son expédition. Le consul porte un décret de surséance pour toutes sortes de dettes, & défend de retenir en prison aucuns des citoyens qui voudroient prendre les armes & le suivre; &, promettant plus qu'on ne vouloit, il s'engage au nom du sénat à donner au peuple, à son retour, une entiere satisfaction sur ses demandes. Il fait la levée des troupes, part à la tête des légions, remporte la victoire sur les Volsques, s'empare de leur camp, & l'abandonne au pillage du soldat. Il le conduit au siége de Pometia, où il porte la même ardeur; il s'empare de la ville, & la livre de même au pillage de l'armée. A son retour à Rome, Appius, son collégue, lui fait refuser par le sénat l'honneur du triomphe qu'il avoit si bien mérité; mais le peuple, assemblé par les ordres de Servilius, lui accorde ce que le sénat lui avoit injustement refusé.

La paix fit revivre les anciens troubles: le peuple s'attendoit à voir effectuer les promesses que le consul avoit faites au nom du sénat; il en demandoit l'exécution à Servilius, qui, n'osant se déclarer en sa faveur contre les patriciens, l'abandonna à ses destinées; &, par cette conduite lâche, il s'attira la haine des deux partis. Le peuple, abandonné par Servilius, trompé tant de fois par les patriciens, forme le projet de ne devoir son salut qu'à lui-même, & prend la ferme résolution d'opposer la force à la tyrannie. De ce moment, les débiteurs persécutés trouvent un aſile au milieu de la multitude. On les arrache des mains des créanciers, qu'on accable d'injures & de coups ſous les yeux des conſuls, qui riſquent eux-mêmes d'être inſultés.

Les Sabins, les Volſques & les Eques, profitant des troubles qui diviſent les Romains, ſe réuniſſent pour ruiner cette ancienne ennemie. Les patriciens apprennent cette nouvelle avec joie, dans l'eſpérance que le peuple, occupé au dehors, n'aura plus d'occaſion de cabaler au dedans. Mais les plébéïens refuſent opiniâtrément de s'enrôler. Virginius & Véturius, nouveaux conſuls, veulent faire un coup d'éclat en entrant en charge; ils ſe tranſportent ſur la place, montent ſur leur tribunal, & font citer nommément un des aſſiſtans qui étoit ſous leurs yeux. Celui-ci refuſe d'obéir; les conſuls veulent le faire ſaiſir par les licteurs, mais la populace l'arrache de leurs mains, & les repouſſe avec violence. Les ſénateurs qui accompagnoient les conſuls volent au ſecours; ils ſont repouſſés de même, & bientôt l'on n'entend plus dans l'aſſemblée que des cris de ſédition.

Le sénat s'assemble tumultuairement, &, après beaucoup de débats & d'irrésolutions, on élut un dictateur. Le choix tomba sur un homme respectable par son âge, & d'ailleurs d'une famille attachée de tout temps aux intérêts du peuple : c'étoit Manius-Valérius, frere de Valère Publicola. Il parut à la tribune aux harangues ; &, après avoir assuré le peuple que sous son gouvernement il n'avoit rien à craindre, ni pour sa liberté, ni pour ses biens, ni pour la loi Valéria, il rendit un décret par lequel il suspendoit toutes obligations & toutes poursuites des créanciers. Ensuite il promit en son nom, & au nom du sénat, de donner, au retour de la campagne, une entiere satisfaction sur les plaintes, & invita les citoyens à le suivre à la guerre. Le peuple, plein de confiance, court en foule s'enrôler. Le dictateur lève dix légions, se met à la tête de quatre, & en donne trois à chacun des consuls, dont un marcha contre les Volsques, & l'autre contre les Eques ; il marcha lui-même contre les Sabins. Les Romains furent par-tout victorieux ; il ramena ses troupes à Rome, & y rentra en triomphe ; on ajouta à cet honneur une distinction qui devint héréditaire dans sa famille: la république lui assigna dans le Cirque une place honorable, avec la chaire curule. Au milieu de tous ces honneurs, il n'oublia point les engagemens qu'il avoit pris avec le peuple; dans une assemblée du sénat, il somma cette compagnie de tenir les paroles dont il n'avoit été que l'organe, & de donner au peuple victorieux des ennemis de l'Etat, qui venoit de signaler d'une maniere éclatante son zèle pour la république, la satisfaction qu'il demandoit au sujet des dettes. Sa proposition fut rejetée à la pluralité des voix, & la cabale des riches sénateurs rendit inutile la bonne volonté du dictateur. Valérius sort brusquement de l'assemblée, se rend à celle du peuple, & rend compte de sa demande & du refus qu'il venoit d'essuyer; en même temps il ajoute que, ne pouvant être d'aucune utilité au peuple, il abdique dans ce moment la dictature. Ce peuple ne le vit qu'avec peine se dépouiller des ornemens de cette suprême dignité. Après cette abdication, Valere se retira dans sa maison où il fut reconduit en pompe, avec des acclamations de joie & de reconnoissance, comme il l'avoit été au capitole le jour de son triomphe.

Toute la fureur du peuple se tourne alors contre le sénat & contre le corps de la noblesse; il s'assemble tumultuairement, & forme le dessein de se séparer d'avec les patriciens. Le sénat, effrayé de cette résolution, ordonne aux consuls de sortir de Rome avec les légions qui leur avoient prêté serment, sous prétexte de les mener combattre de nouveaux ennemis. Les légions sortirent de Rome sous la conduite des consuls qui n'avoient obéi qu'avec répugnance. La premiere idée qui vint aux soldats, fut de tuer les consuls pour se délivrer du serment; mais les plus sages d'entr'eux s'opposerent à cette résolution, & l'on prit le parti d'emporter les enseignes, d'abandonner les consuls, & de se retirer sur le mont-Aventin. La nouvelle de cette désertion fut à Rome le signal d'un soulèvement général. Toute la ville est en rumeur, les patriciens & leurs cliens, les vieillards même, & tous les bons citoyens qui n'avoient point pris part à ces troubles, prennent les armes; les uns occupent les postes les plus avancés, d'autres se fortifient à l'entrée de la ville, & les vieillards se chargent de la défense des remparts & de la garde des portes. Elles furent bientôt forcées par le grand nombre de débiteurs, de mécontens & d'autres plébéïens qui sortirent de la ville pour aller grossir l'armée des rebelles. Les légions étant arrivées sur le mont Sacré, commencerent par se bien retrancher dans leur camp, & à se nommer de nouveaux officiers. Elles mirent à leur tête Sicinius, l'auteur de la rebellion; du reste elles ne commirent aucun désordre dans les environs. Cette modération, à laquelle le sénat ne s'attendoit point, le déconcerta. Il s'étoit flatté que ce feu ne dureroit qu'un moment, & que la premiere réflexion rameneroit les rebelles à leur devoir. Il vit alors que le projet de révolte étoit bien concerté, & qu'il pouvoit avoir les suites les plus fâcheuses. Pour les prévenir, aprés avoir mis la ville en sûreté, le sénat députa quelques-uns de ses membres auprès des révoltés, pour les inviter à rentrer dans leur patrie, & avec ordre de leur promettre une amniſtie générale, & que bientôt ils auroient ſatisfaction au ſujet des dettes. Cette démarche peu réfléchie expoſa le ſénat au mépris & à l'inſolence des rebelles. Ses députés furent renvoyés avec des menaces qui inquiétoient d'autant plus, qu'elles n'étoient nullement à mépriſer.

Le temps du choix des conſuls étoit arrivé, ſans que perſonne ſe préſentât pour briguer ces charges; pluſieurs même les avoient refuſées. Les ſuffrages tomberent ſur Poſthumius Cominius, & Spurius Caſſius Viſcellinius, tous deux également agréables aux patriciens & au peuple. Le premier objet dont ils s'occuperent, fut de rétablir l'ordre dans la république. Ils convoquent le ſénat, & mettent cette grande affaire en délibération. Chacun y parle comme il eſt affecté, & l'on ouvre pluſieurs avis différens. Celui des anciens & des patriciens populaires, étoit d'envoyer ſans retard une députation ſolennelle, avec plein pouvoir pour terminer la réconciliation aux conditions que voudroient les révoltés. Les riches ſénateurs & les jeunes gens, qui croyoient que c'étoit avilir le sénat, s'opposerent à cet avis; & se mirent du côté d'Appius Claudius, qui persistoit à soutenir que le sénat ne devoit point plier devant des séditieux, & que, s'il le faisoit, il les rendroit plus hardis & plus insolens. Les consuls, qui vouloient terminer, voyant qu'on ne décidoit rien, rompirent l'assemblée & se consulterent entr'eux : ils résolurent de détacher d'Appius ceux des sénateurs qui suivoient son avis; les jeunes, en les menaçant d'une loi qui fixeroit l'âge que devoit avoir un sénateur pour opiner dans les assemblées, & les anciens, en les menaçant de leur ôter la connoissance de cette affaire, & de la porter à l'assemblée du peuple. Cette politique leur réussit, & tout le monde revint à leur avis, excepté l'inflexible Appius qui apostropha ainsi le sénat : « Vous le voulez, Peres Conscrits, on recevra dans ces murs les » mutins aux conditions qu'ils voudront » nous prescrire, au moins je pourrai » dire que ce n'aura jamais été de mon » consentement. Plus mon obstination » vous paroît aujourd'hui téméraire, » plus vous me louerez un jour, ne se» roit-ce qu'après ma mort, d'y avoir

» persisté. » On fit donc aux mécontens une députation de dix respectables sénateurs, munis de pleins pouvoirs pour terminer cette réconciliation, aux conditions les plus avantageuses pour le bien de la république & pour la dignité du sénat. Lorsqu'ils arriverent au mont Sacré, ils furent reçus par les soldats avec de grandes démonstrations de joie & de respect. Ils étoient sortis en foule de leur retranchement pour voir leurs anciens capitaines, sous lesquels ils avoient remporté tant de grandes victoires. Leur présence seule eût ramené à leur devoir les mécontens, si des esprits séditieux n'eussent pris le parti de s'élever eux-mêmes à la faveur des divisions.

Les députés entrerent dans le camp, & se placerent sur le lieu le plus éminent, d'où ils pouvoient être vus & entendus de tout le monde. Ils promirent, de la part du sénat, une amnistie générale & l'abolition de toutes les dettes. Ces propositions plurent beaucoup aux rebelles, & la réunion alloit être faite sur le champ, si un plébéïen nommé *Lucius Junius*, n'y eût mis obstacle par un discours sédi-

tieux. Ménénius Agrippa, qui s'apperçut qu'au lieu de se réconcilier, les esprit s'aigrissoient d'avantage, prit la parole; &, pour faire goûter aux mutins ce grand principe de politique, qu'il est nécessaire dans tout Etat qu'il y ait de la différence dans la fortune des citoyens, leur dit ce fameux apologue des membres qui s'étoient révoltés contre l'estomac; ensuite il ajouta : « Ne sont-
» ce pas les patriciens qui, les premiers,
» se sont déclarés pour la liberté? A qui
» devez-vous l'établissement de la ré-
» publique? A qui vous adressez-vous
» dans les grands périls qui vous mena-
» çent? D'où sont sortis ces sages avis,
» ces délibérations qui ont tant de fois
» sauvé l'Etat? Le sénat a pour vous
» la tendresse éclairée d'un pere qui ne
» s'abaisse point aux trompeuses ca-
» resses d'un flatteur. Vous demandez
» l'abolition des dettes, il vous l'ac-
» corde parce qu'il la croit juste & utile
» au bien de la patrie; revenez donc
» avec confiance dans le sein de cette
» mere commune qui nous a tous nou-
» ris dans des sentimens également gé-
» néreux & libres; recevez nos em-
» brassemens pour prémices de la paix,

» rentrons tous ensemble dans Rome, » allons de concert y porter les premie- » res nouvelles de notre réunion : fassent » les dieux protecteurs de cet empire, » qu'elle soit célébrée dans la suite par de » nouvelles victoires sur nos ennemis! »

Ce discours pathétique ébranla tous les assistans; les soldats demanderent qu'on les remenât sans différer dans la ville; on alloit partir, lorsque Junius, d'un seul mot, détruisit tout l'effet du discours de Ménénius. Il fit observer aux rebelles qu'ils pouvoient bien être satisfaits pour le moment, mais qu'ils auroient toujours à craindre pour l'avenir, si le sénat ne leur accordoit des magistrats de l'ordre des plébéïens, dont les fonctions seroient de veiller aux intérêts du peuple, de maintenir sa liberté, & de défendre ses droits contre les entreprises d'un corps si ambitieux. Cette proposition déconcerta les députés; ils envoyerent promptement Valere, & quelques-uns de ses collégues, pour en faire part au sénat. Les consuls, sur leur rapport, convoquerent l'assemblée, & les députés firent leur rapport des demandes arrogantes des révoltés. Il étoit assez aisé de deviner le but de cette demande, & les suites fâcheuses que devoit avoir la facilité du sénat à l'accorder. La délibération fut longue: on avoit bien de la peine à passer au peuple une prétention si nuisible aux intérêts du sénat; mais Valere, entiérement livré aux intérêts du peuple, se donna tant de mouvement, que le sénat, fatigué de tous ces troubles, se rendit à son avis. Appius fit éclater en ce moment son indignation; &, dans un discours des plus véhémens, il prédit au sénat les funestés suites que devoient avoir sa condescendance & sa foiblesse. Il prédit que ce tribunal s'éleveroit bientôt contre l'autorité du sénat, & la ruineroit enfin; mais, dans ce moment, ce fier républicain, aussi éclairé que ferme, fut à peine écouté. On prit sa fermeté pour une dure infléxibilité; on fit un sénatusconsulte, qui autorisoit la création des nouveaux magistrats plébéïens, & qui donnoit une abolition générale des dettes.

Av. J. C. 493. Valere porta ce sénatusconsulte au camp, où, dès qu'il fut arrivé, on procéda à l'élection. Sicinius & Junius Brutus, les chefs de la révolte, furent élus les premiers, & on leur en associa

cia trois autres. On créa en même temps deux édiles plébéïens annuels, dont les fonctions se bornoient à faire exécuter les ordonnances des tribuns. On leur confia aussi le soin de veiller aux édifices publics & particuliers, & celui de pourvoir à l'abondance des vivres & d'en régler le prix. Malgré toutes leurs précautions, les tribuns du peuple redoutoient encore la puissance du sénat, & craignoient de se voir exposés à sa vengeance; ils firent déclarer leur personne sacrée, & en firent une loi expresse, par laquelle il étoit défendu de porter les mains sur les tribuns, ou de leur faire aucune violence. Le peuple s'engagea par les sermens les plus solennels à l'observation de cette loi, qui fut nommée *sacrée*. Après tout ce cérémonial, le peuple sortit du camp, &, à la suite des députés & de ses tribuns, il rentra dans Rome, où l'on confirma tout ce qui venoit d'être fait sur le mont Aventin.

Vous n'aurez pas de peine à remarquer deux fautes essentielles du sénat, dont l'une fut la source de cette affaire si déshonorante pour lui, & dont l'autre servit de moyen dans la suite au peuple, pour obtenir du sénat tout ce qu'il demandoit. La premiere fut de n'avoir pas mis ordre dès le commencement aux injustes vexations des riches & des usuriers. Le peuple, devenu indigent & malheureux, avoit, comme vous l'avez vu, souvent oublié ses propres malheurs pour voler au secours de l'Etat, & défendre de son sang cette république à laquelle il ne tenoit plus que par une foible existence. La seconde fut d'avoir accordé au peuple mutiné & séditieux, ce qu'il lui avoit refusé lorsqu'il l'avoit demandé d'un ton soumis & suppliant; avant que le peuple n'en fût venu à cet excès, il eût été aisé de le satisfaire en partie, sans blesser les lois de l'équité & de la justice. L'établissement du tribunat étoit le coup le plus funeste qui pût être porté à l'autorité du sénat.

Ainsi Rome vit changer, pour la seconde fois, son gouvernement. Jusqu'alors les consuls avoient gouverné la république, sans partager leur autorité; ils ne tarderent pas à la voir passer entre les mains des tribuns, qui s'arrogerent la meilleure part dans les affaires de la république, & se firent enfin redouter du premier corps de l'Etat.

La réunion du peuple & des patriciens termina les troubles qui agitoient Rome; on ſongea alors à repouſſer les ennemis de l'Etat. Le peuple ſe porta avec ardeur à cette entrepriſe; le conſul ſort de Rome à la tête d'une nombreuſe armée; il s'empare de deux petites villes, Longulle & Poluſque, il en abandonne le butin aux ſoldats : il marche droit à Coriole, capitale des Volſques, ville bien fortifiée & munie de toutes ſortes de proviſions, & défendue par une forte armée. La premiere attaque ne lui réuſſit point. Il apprend qu'un corps conſidérable d'Antiates arrive au ſecours de Coriole; il partage ſon armée, en laiſſe une partie ſous les murs de la ville, & conduit l'autre à la rencontre des ennemis. Largius, qui commandoit, donne à la ville un aſſaut précipité; les aſſiégés font une ſortie ſur les Romains, & les mettent en déroute. Animés par la préſence des Antiates, ils redoublent leurs efforts. Caïus Marcius, déſeſpéré de la fuite des Romains, raſſemble autour de lui une petite troupe, fait face à l'ennemi, & le charge avec tant de violence, qu'il donne le temps à l'armée de se rallier & de le joindre. Il pousse l'ennemi jusque dans ses murs, où il entre lui-même suivi de toute l'armée. Les Volsques ne soutiennent plus un combat rendu inégal par la valeur héroïque de ce jeune homme ; ils se rendent à discrétion. Marcius laisse une

Av. J.C. 493.

partie des troupes dans la ville, & va rejoindre l'armée du consul avec une troupe de volontaires. Il lui donne la nouvelle de la prise de Coriole, & lui demande la permission d'attaquer l'armée des Antiates. Le consul donne le signal du combat ; Marcius, avec les siens, attaque les ennemis avec tant d'intrépidité, qu'il renverse tous ceux qu'il attaque. L'armée entiere s'ébranle, prend la fuite, & abandonne aux Romains le champ de bataille couvert d'un nombre infini de morts & de mourans. Le lendemain de l'action, le consul, en présence de toute l'armée, donne au jeune Marcius les louanges que méritoit sa valeur ; il lui céde l'honneur des deux victoires de la veille, & veut lui faire des présens dignes de la gloire qu'il s'est acquise. Marcius les refuse, & n'accepte qu'un cheval & un prisonnier ; c'étoit un Anriate, son ami & son hôte, à qui il vouloit rendre la liberté. Ce fut dans ce moment plus glorieux pour Marcius que celui où il avoit vaincu les ennemis de l'Etat, que l'armée entiere, admirant son mérite & sa modestie, lui donna le surnom de *Coriolan*. De retour à Rome, le consul Posthumius refusa les honneurs du triomphe, en disant qu'on étoit redevable de la victoire à la valeur du jeune Marcius : il fut amplement dédommagé par la gloire que lui acquit ce refus modeste & si digne d'admiration.

Le peuple se plaignoit avec justice de l'avarice des patriciens, mais il admiroit aussi le mépris des richesses dans plusieurs des illustres membres du sénat. Ménénius Agrippa, son protecteur, ce héros qui avoit passé par les plus grandes charges de la république, & commandé les armées, étoit mort, & n'avoit pas laissé de quoi fournir aux frais de ses funérailles. Ses enfans songeoient à le faire enterrer sans éclat : le peuple, en étant averti, ne put souffrir qu'un de ses plus zélés protecteurs fût privé de la pompe funèbre convenable au rang qu'il avoit tenu dans la république ; chacun se taxe par tête, & l'on remet au queſteur la ſomme néceſſaire pour cette cérémonie. Le ſénat l'apprend, & ordonne que les funérailles de Ménénius ſeront faites aux dépens du tréſor public. Le peuple refuſe de reprendre l'argent qu'il a donné, & le fait paſſer aux enfans de l'illuſtre défunt.

A ce débat de généroſité, ſuccéderent de nouveaux troubles. Une famine qui ſurvint, fut pour les tribuns une occaſion d'abaiſſer encore l'autorité du ſénat. Ils n'ignoroient pas que la retraite du peuple au mont Sacré, dans le temps où il falloit enſemencer les terres, n'en fût la ſeule cauſe; ils publioient que les patriciens avoient leurs greniers remplis de blé qu'ils ne vouloient vendre qu'à un prix exceſſif, pour ſe dédomager de l'abolition des dettes. Cette méchanceté, qui n'avoit aucune vraiſemblance, ſéduiſit le peuple, qui, quand il eſt malheureux, au lieu de chercher la cauſe de ſon infortune, s'irrite contre ceux dont il attend des ſecours : elle l'empêcha de voir que le ſénat, comme un bon pere, ſans s'arrêter aux bruits injurieux que les tribuns du peuple faiſoient courir contre lui, prenoit tous les moyens de procurer à la ville le blé qui étoit nécessaire. Les consuls convoquent une assemblée du peuple pour le détromper, & lui faire part des soins que prenoit le sénat, & lui désiller les yeux sur la malignité de ses tribuns; mais cette assemblée devient si tumultueuse, qu'au lieu de rétablir la paix, elle augmente la discorde. Les tribuns séditieux interrompent les consuls; &, loin de parler des affaires publiques, la dispute ne roule plus que sur les priviléges du sénat, des consuls & des tribuns, sur le droit de haranguer le peuple assemblé: la nuit sépare le peuple, & l'on congédie l'assemblée sans avoir rien terminé. Junius Brutus, ce même séditieux qui s'étoit mis à la tête du peuple révolté, passa la nuit avec les tribuns, & ils travaillerent de concert à faire tourner à l'avantage du tribunat ces troubles domestiques qu'ils avoient eux-mêmes suscités. Le lendemain, dès la pointe du jour, le peuple fut assemblé par les ordres des tribuns. Icilius, l'un deux, prit la parole, & commença, pour se faire écouter avec succès, par invectiver les patriciens & le sénat, les accusant d'être les auteurs de tous les maux qui accabloient le peuple ; &, lorſqu'il s'apperçut qu'il étoit écouté avec plaiſir, il propoſa à l'aſſemblée de porter une nouvelle loi pour établir le droit que devoient avoir les tribuns de haranguer le peuple ; elle étoit toute prête & conçue en ces termes : « Que perſonne ne » ſoit aſſez hardi pour interrompre un » tribun qui parle dans l'aſſemblée du » peuple Romain ; ſi quelqu'un viole » cette loi, qu'il donne caution ſur le » champ de payer l'amende à laquelle » il ſera condamné : s'il le refuſe, qu'il » ſoit mis à mort, & ſes biens confiſ- » qués. » Quoique les conſuls ne manquaſſent pas de moyens pour faire caſſer cette loi faite contre toutes les régles, les tribuns exciterent tant de tumulte dans l'aſſemblée, que le ſénat préféra la paix à la conſervation de ſon autorité, & approuva la loi.

Le ſeul moyen qui reſtoit aux conſuls pour appaiſer les troubles, étoit d'enrôler le peuple, & de le conduire à la guerre ; mais les tribuns s'oppoſerent encore à ce projet. Le peuple refuſe de ſuivre les conſuls. Ces magiſtrats, plus modérés que ces brouillons, ne voulurent point uſer de toute la rigueur des lois pour obliger les citoyens à prendre les armes. On ne laiſſa pas cependant de former une petite armée de patriciens, ſuivis de leurs cliens & des citoyens qui voulurent bien s'enrôler de bonne volonté. Le commandement en fut donné à Coriolan : avec cette poignée d'hommes, il fit une expédition ſi heureuſe, que ſa petite armée revint chargée de butin & de blé, emmenant quantité d'eſclaves & de beſtiaux. La vue de toutes ces proviſions excita la jalouſie de ceux qui étoient reſtés dans la ville, & les fit murmurer contre les tribuns qui les avoient empêchés de s'enrôler.

La naiſſance de Coriolan, la gloire qu'il s'étoit acquiſe dans l'art militaire, la conſidération du peuple & l'idée que l'on avoit conçue de ſon mérite, ſembloient aſſurer à ce jeune patricien les premieres dignité de l'Etat; le peuple même auroit cru lui faire injuſtice, en ne l'élevant pas aux premieres charges. Mais ſi le peuple eſtimoit Coriolan, les tribuns, qui redoutoient ſa fermeté & ſon intrépidité, détruiſirent les bonnes intentions du peuple en ſa faveur; & il essuya un refus humiliant qui augmenta la haine qu'il avoit pour les tribuns.

Dès le commencement de la famine, le sénat avoit envoyé acheter des blés de tous côtés; ils arriverent enfin, & procurerent à Rome une abondance qui lui devint plus fatale que la famine même. On délibéra sur le prix qu'on mettroit à ces blés. Les sénateurs les plus populaires furent d'avis de les donner gratuitement, & d'acheter par ce moyen la paix. Ceux au contraire qui s'étoient toujours opposés aux condescendances du sénat, furent d'un avis tout contraire. Ce fut Appius qui l'ouvrit: « Il faut, disoit-il, traiter les plébéïens avec la plus grande rigueur, » leur vendre cher le blé, pour leur apprendre à être soumis, à mieux observer les lois, & pour venger la » majesté du sénat violée & offensée » par ces séditieux. » Parmi ceux qui opinerent avec tant de rigueur, Coriolan se distingua par le discours plein de fermeté qu'il tint en présence même des tribuns: « Si le peuple, dit-il, demande » des vivres à vil prix, s'il prétend avoir » part à nos libéralités, qu'il rende au » sénat ses anciens droits, & qu'il ef-

» ſace juſqu'aux traces des dernieres ſé-
» ditions. Pourquoi verrai-je dans la
» place, & à la tête du peuple, des ma-
» giſtrats inconnus à nos peres, pour
» former dans l'enceinte d'une même
» ville comme deux républiques diffé-
» rentes? Souffrirai-je un Sicinius, un
» Brutus régner impérieuſement dans
» Rome, moi qui n'ai pu y ſouffrir des
» rois? Vaut-il donc mieux qu'un Tar-
» quin dont nous n'avons pu ſoutenir
» l'orgueil? Serai-je réduit à ne regar-
» der qu'avec crainte des tribuns qui
» ne doivent leur puiſſance qu'à notre
» propre foibleſſe? Ne ſouffrons pas
» plus long-temps une telle indignité,
» & rendons à nos conſuls cette auto-
» rité légitime qu'ils doivent avoir ſur
» tout ce qui porte le nom Romain :
» ſi Sicinius en eſt mécontent, qu'il ſe
» retire une ſeconde fois avec ſes re-
» belles qui nourriſſent ſon inſolence
» & qui ſoutiennent ſa tyrannie ; le che-
» min du mont Sacré leur eſt ouvert ;
» il ne nous faut que des ſujets ſoumis
» & paiſibles ; & il vaudroit encore
» mieux s'en paſſer, que de partager
» avec une vile populace le gouverne-
» ment & les dignités de l'Etat. » Ce

discours plein de force, fut applaudi du plus grand nombre; on parla hautement de supprimer le tribunat. Jamais le sénat n'avoit opiné avec tant de fermeté. Les tribuns furieux sortent & courent assembler le peuple; ils s'écrient que les sénateurs ont juré sa perte & celle des tribuns; que Coriolan est à la tête de cette conspiration. Ils font passer dans l'esprit du peuple toute la fureur qui les anime; ils donnent un ordre pour saisir le prétendu coupable, & le conduire devant le peuple, pour rendre compte de sa conduite : Coriolan renvoie avec mépris les émissaires des tribuns. Ceux-ci vont l'attendre au sortir du sénat pour le saisir eux-mêmes. Coriolan & ses amis se mettent en défense & repoussent les tribuns. Toute la ville est en rumeur; les consuls arrivent & ordonnent au peuple de se retirer. Les tribuns convoquent une assemblée pour le lendemain; les consuls s'y rendent pour empêcher ces brouillons de rien entreprendre contre Coriolan & contre l'ordre des patriciens. Les tribuns font une harangue remplie d'invectives contre la noblesse, & sur-tout contre Coriolan : le consul

Minutius monte à la tribune, prend la défenſe de cet illuſtre accuſé, & parle alternativement avec tant de force & de douceur, d'adreſſe & d'habileté, que le peuple, appaiſé par la confirmation du tribunat & par l'abondance rétablie dans Rome, étoit prêt à terminer tous ces troubles. Mais ce n'étoit pas là le projet des tribuns. En vengeant leurs inſultes perſonnelles, ils vouloient étendre leur puiſſance, en affoibliſſant celle du ſénat; & ce n'étoit qu'à la faveur des troubles & de la diviſion, qu'ils pouvoient parvenir à leur but. Pour ranimer le peuple contre Coriolan, Sicinius tendit un piége artificieux à ce patricien, & lui dit, en s'adreſſant à lui-même : « Et vous, excellent ci-
» toyen, qui vous empêche de recou-
» rir à la clémence du peuple Romain,
» &, par vos excuſes, de l'engager à
» modérer la rigueur de ſes arrêts. »
La fermeté de Coriolan ne trompa point les malignes eſpérances du tribun :
» Je ne reconnois, dit-il, d'autre tri-
» bunal que celui des conſuls & du
» ſénat ; ce ſont nos juges ; & c'eſt à
» ce tribunal auguſte que l'on peut me
» citer, ſi quelqu'un ſe trouve offenſé

» de ma conduite ; je ne reconnois, ni » dans le peuple, ni dans ſes tribuns, » aucune autorité légitime pour me ju- » ger. » Cette réponſe hardie charmoit les ſénateurs & les patriciens, mais elle révolta le peuple & les tribuns ; ceux-ci lui firent ſur le champ ſon procès, comme à un citoyen rebelle ; &, par une entrepriſe inouïe juſqu'alors, ils porterent contre lui un arrêt de mort. L'audacieux Sicinius, avec l'autorité d'un dictateur, prononce contre Coriolan un arrêt de mort, & ordonne qu'il ſoit précipité du haut du roc Tarpéïen. Les édiles ſe mettent en devoir d'exécuter la ſentence des tribuns ; ils s'avancent pour ſaiſir Coriolan. Les ſénateurs & les patriciens ſe jettent ſur eux, les écartent, oppoſent la violence à la violence, & prennent la réſolution de ſauver leur confrere, même aux dépens de leur propre vie. Le peuple, reſpectant encore les premiers magiſtrats & ſes généraux, refuſe ſon ſecours aux édiles ; il murmure même de la violence de de ſes tribuns. Ceux-ci cédent pour le moment, & ordonnent à Coriolan de comparoître devant l'aſſemblée dans vingt-ſept jours.

La foibleſſe du ſénat faiſoit la principale force du peuple & de ſes tribuns ; il ſe donna beaucoup de mouvemens qui ne ſervirent qu'à rendre ceux-ci plus inſolens. Pour ſe rendre le peuple favorable, il fixa la vente des grains au plus bas prix. Les conſuls eux-mêmes firent auprès des tribuns des démarches qui les avilirent ſans aucun fruit ; tout ce qu'on obtint d'eux ſe réduiſit à ce ſeul point, que la connoiſſance de cette affaire ſeroit renvoyée au peuple par un ſénatuſconſulte ; car l'audacieux Sicinius prétendoit qu'elle lui étoit dévolue par ſa nature, comme au ſouverain juge de la république, ſans paſſer par le tribunal du ſénat. Ce corps s'aſſembla, & les tribuns furent admis pour expoſer leurs griefs contre Coriolan. On délibéra devant eux que cette affaire étoit de nature à être renvoyée devant le peuple : chacun dit ſon avis ; &, lorſque le tour d'Appius fut venu, chacun fixa les yeux ſur cet homme éclairé, & attendoit avec inquiétude quel ſeroit le ſien. Il fit un diſcours très-ſage & très-pathétique, dans lequel il rappela toutes les foibleſſes que le ſénat avoit eues pour le peuple.

Il fit remarquer comment les tribuns alloient par degrés à la tyrannie, & conclut à ce que le ſénat ne livrât point à la fureur des tribuns le meilleur de ſes citoyens. Le ſénat ſentit toute la force des raiſonnemens d'Appius; mais, trop foible pour ſuivre un avis auſſi raiſonnable, il ſe détermina, contre ſes propres lumieres, contre les régles de la juſtice, & contre toutes les lois de l'Etat, à renvoyer devant le peuple l'affaire de Coriolan. Ce décret inſenſé alloit être ſigné, lorſque Coriolan, voyant que, contre ſon attente, il alloit être livré à ſes ennemis, demanda, avant de paſſer outre, que les tribuns déclaraſſent nettement de quel crime ils l'accuſoient : ils répondirent qu'il n'auroit à ſe juſtifier que ſur la tyrannie. Coriolan, qui ſe ſentoit hors de leur atteinte de ce côté-là, ne mit point d'obſtacle au décret du ſénat. Le jour de l'ajournement étant arrivé, les tribuns, pour s'aſſurer de la pluralité des ſuffrages, voulurent, contre toutes les régles, les recueillir par tête. Les conſuls & le ſénat s'y oppoſerent; mais ils furent encore obligés de céder. Sicinius, dans une harangue étudiée, peignit Coriolan comme un ambitieux, dont toute la conduite & les vertus même tendoient à la tyrannie.

Coriolan ne répondit aux calomnies du tribun, que par un exposé simple des services qu'il avoit rendus à la patrie. Le peuple confus alloit l'absoudre, lorsqu'un autre tribun se leva, & lui fit un crime du butin qu'il avoit abandonné à ses troupes dans la guerre des Antiates. « Quoi! dit Coriolan, vous » me faites un crime d'avoir distribué » à mes soldats un butin qui leur a » servi à les empêcher de mourir de » faim, eux, leurs femmes & leurs en» fans, dans un temps de famine? » Cette accusation renouvela la jalousie de ceux qui n'avoient point eu de part à cette libéralité; les dispositions changerent, & la pluralité des voix prononça contre lui la peine d'un bannissement perpétuel.

Cet arrêt injuste ouvrit les yeux du sénat; & ce ne fut qu'en perdant un de ses meilleurs membres, qu'il sentit toute la violence du coup qui venoit d'être porté à son autorité. Coriolan sortit de l'assemblée avec un visage aussi assuré que s'il eût été absous; il se rendit à sa maison, où il trouva sa mere & sa femme accablées de chagrins. Dans les adieux qu'il leur fit, il ne laissa paroître aucune foiblesse indigne de lui; il les console en héros, & leur recommande ses deux fils qu'il laissoit enfans. Après cet adieu, il sort de sa maison accompagné d'une foule de patriciens, ses amis, qui vouloient le suivre dans son exil; mais il ne voulut point le permettre : il les quitte enfin, & se retire chez les Volsques, à Antium, leur capitale. Il se rend au palais de Tullus, qui gouvernoit alors ce peuple ennemi des Romains. Tullus, oubliant tous les griefs que lui ou sa patrie pouvoient avoir contre Coriolan, lui donne la main, le conduit dans son appartement & le retient chez lui. L'acquisition d'un guerrier si redoutable releva le courage des Volsques, & ranima leur ancienne animosité contre les Romains; ils rompent la trève qui avoit suspendu les hostilités; on lève une armée nombreuse composée de l'élite de la nation; on se met en campagne, Tullus, à la tête d'un corps de troupes destiné à courir le pays; & Coriolan à la tête d'un autre, destiné à marcher contre les Romains.

Coriolan entre ſur les terres des Romains & de leurs alliés; il prend Circée & reprend Satricum, Longulle, Polluſca & Coriole, nouvellement conquiſe ſurs les Volſques; puis il marche contre les Latins, & ſes conquêtes y ſont auſſi rapides. Tollérium, Labique, Pedum, Corbion, Vitelli, furent emportées de force; Volbes fut emportée d'aſſaut, livrée au pillage. Les ſoldats de Coriolan, animés du même eſprit de vengeance, portoient par-tout le fer & le feu; ils n'épargnerent, par les ordres du général, que les terres & les fermes des patriciens, afin d'augmenter les diſſentions entre les deux ordres. Cette politique lui réuſſit à merveille. Les plébéïens, voyant leurs terres brûlées & ſaccagées, leurs maiſons réduites en cendres, accuſerent publiquement la nobleſſe d'être d'intelligence avec Coriolan. Les patriciens à leur tour reprochoient au peuple ſon ingratitude & ſa fureur, qui avoit forcé un citoyen ſi illuſtre à chercher un aſile chez leurs ennemis : ainſi, au lieu de prendre de juſtes meſures pour arrêter les progrès rapides des ennemis, on paſſoit le temps en diſputes éternelles.

Av. J.C. 489.

L'armée de Coriolan grossissoit tous les jours. Tous les Volsques sembloient accourir sous ses drapeaux pour contribuer au sac de Rome, & partager ses dépouilles. La consternation devient générale dans cette ville. Le peuple, qui, peu de temps auparavant, avoit regardé la condamnation de cet illustre citoyen comme son plus grand triomphe sur le corps des patriciens, voyant alors sa perte inévitable, demande à grand cris que l'arrêt de sa proscription soit cassé, qu'on ait recours à sa clémence, & qu'on lui envoie une célèbre députation pour lui demander humblement la paix. C'est dans cette occasion que le sénat fit cette réponse si fière, mais dans des circonstances où il n'étoit guères en état de la soutenir : « Que les » Romains n'accorderoient jamais rien » à un rebelle, tant qu'il auroit les ar» mes à la main. » Elle vint aux oreilles de Coriolan, dont elle ranima la colere. Il lève brusquement son camp, & marche droit à Rome pour en former le siége. Le peuple n'écoute plus rien, &, malgré le sénat, il envoie une députation à Coriolan, pour lui offrir son rappel & lui demander la paix. Coriolan reçut les députés, qui étoient tous personnages consulaires ou sénateurs, avec beaucoup de hauteur; il leur déclara que si les Romains vouloient obtenir la paix, il falloit qu'ils restituassent aux Volsques toutes les villes & toutes les terres qu'ils leur avoient prises, & qu'ils leur accordassent, comme aux Latins, le droit de bourgeoisie Romaine. Il accorda une trève d'un mois pour délibérer sur les conditions qu'il proposoit. Il employa ce temps à faire de nouvelles conquêtes sur leurs alliés. La trève étant expirée, on lui envoya une seconde députation pour le prier d'épargner sa patrie. Il répondit que les Romains n'avoient d'autre parti à prendre que de se préparer à soutenir une rude guerre, ou à remplir les conditions qu'il avoit données. Il leur accorda encore une trève de trois jours. La fierté de cette réponse augmenta la crainte & l'effroi dans Rome. On court aux armes, mais personne ne se présente pour prendre le commandement: les tribuns, si actifs dans la révolte & dans la sédition, eux qui avoient plongé le peuple dans le malheur où il se trouvoit réduit, n'ont plus ni force ni vigueur pour l'en tirer; on ne voit plus de ressource que dans la religion. On lui envoie une troisieme ambassade, composée de prêtres, de sacrificateurs, d'augures, de vestales & de tout ce qu'il y avoit de ministres des dieux, revêtus de leurs habits de cérémonie, & tenant dans leurs mains les marques de leur auguste dignité. Coriolan les reçoit avec tout le respect & les honneurs qu'il devoit à la sainteté de leur caractere; mais il demeure inflexible.

Le peu de succès de cette ambassade, sur laquelle on avoit fondé de grandes espérances, jette le trouble & la consternation dans tous les esprits; les citoyens prennent les armes, courent sur les remparts pour les défendre, & les femmes éperdues vont dans les temples des dieux implorer leur secours & leur protection. L'illustre Valérie, prosternée dans le temple de Jupiter Capitolin, saisie d'une espece d'enthousiasme, propose aux dames Romaines de se rendre avec elle chez Véturie, mere de Coriolan, & de l'engager, elle & Volomnie, sa femme, à se mettre à leur tête pour aller toutes ensemble essayer de fléchir par leur prieres & par leurs larmes le courroux du vainqueur. Ce projet s'exécute : Véturie, qui aimoit sa patrie plus qu'elle n'aimoit son fils, se rendit aux prieres & aux larmes de ses compatriotes ; elle se mit à leur tête, & marcha vers le camp des ennemis. On donne avis à Coriolan de cette nouvelle députation : il prend aussitôt la ferme résolution de résister aux instances qu'on va lui faire ; &, pour rendre à ces dames les honneurs qu'il leur devoit, il sort de son camp & va les recevoir. Il comptoit trop sur une dureté dont il n'étoit pas capable ; à peine eut-il reconnu sa mere & sa femme à la tête de cette troupe de Romaines, qu'il se précipita dans leurs bras pour les embrasser. Ils n'exprimerent d'abord les uns & les autres la joie qu'ils avoient de se revoir, que par leurs larmes. Après qu'on eut donné quelque temps à ces premiers mouvemens de la nature, Coriolan, pour éviter de se rendre suspect aux Volsques, fit venir auprès de lui les premiers officiers. Véturie alors engagea son fils à avoir égard à la priere qu'elle venoit lui faire, en le conjurant au nom des dieux de donner la paix à sa patrie. Coriolan lui répondit qu'il ne pouvoit, sans ingratitude & sans blesser les lois de l'honneur, terminer avec Rome à d'autres conditions que celles qu'il avoit proposées ; il l'invita à venir elle-même jouir chez les Volsques des honneurs & de la considération dont il jouissoit lui-même. Véturie lui répondit qu'elle étoit venue avec la résolution de se donner la mort en sa présence, si elle ne pouvoit le fléchir. Coriolan, agité par différentes passions, paroissoit interdit ; Véturie, qui le vit ébranlé, le pressa plus vivement : « Pourquoi ne me réponds-» tu point, mon fils, lui dit-elle ? mé-» connois-tu ta mere ? As-tu oublié les » soins que j'ai pris de ton enfance ? » Et toi, qui ne fais la guerre que pour » te venger de l'ingratitude de tes con-» citoyens, peux-tu, sans te noircir du » crime que tu veux punir, refuser la » premiere grace que je t'aye demandée ? » Si j'exigeois que tu trahisses les Vols-» ques qui t'ont reçu si généreusement, » tu aurois un juste sujet de rejeter une » pareille proposition ; mais Véturie est » incapable de proposer rien de lâche » à son fils, & ta gloire m'est encore

» plus

» plus chere que ma propre vie. Je de-
» mande ſeulement que tu éloignes tes
» troupes des murailles de Rome; ac-
» corde-nous une trève d'un an, afin
» que l'on puiſſe travailler à établir une
» paix ſolide. Je t'en conjure, mon fils,
» par Jupiter, tout bon & tout puiſſant,
» qui préſide au capitole, par les mâ-
» nes de ton pere & de tes ancêtres.
» Si mes prieres ne ſont pas capables de
» te fléchir, vois ta mere à tes pieds qui
» te demande le ſalut de ſa patrie. »
En diſant ces mots, & fondant en larmes, elle lui embraſſe les genoux; ſa
femme & ſes enfans en font autant; &
toutes les femmes Romaines qui les
accompagnoient, demandent grace par
leurs larmes & par leurs cris.

Coriolan, tranſporté & comme hors
de lui, de voir Véturie à ſes genoux,
s'écrie: « Ah! ma mere, que faites vous? »
&, lui ſerrant tendrement la main en
la relevant: « Rome eſt ſauvée, lui dit-
» il, mais votre fils eſt perdu. » Il leva
en effet le ſiége de Rome, & remmena
les Volſques plus touchés de ſa piété
filiale que de leur propre perte. Tullus,
jaloux du crédit qu'il avoit ſur les troupes, l'accuſa d'avoir trahi les intérêts

des Volſques, & le fit aſſaſſiner dans une émeute populaire. Ainſi périſſent preſque tous ceux qui prennent les armes contre leur patrie. Le peuple Romain apprit ſa mort ſans joie & ſans regrets ; les dames Romaines ſe livrerent à la plus vive douleur, & porterent un deuil de dix mois.

Après quelques petites guerres contre les Volſques, les Romains, jouiſſant de la paix au dehors, furent agités par de nouveaux troubles. Ce fut un patricien, honoré de trois conſulats, qui en fut l'auteur. Il vouloit s'emparer de l'autorité ſouveraine ; &, pour y parvenir, il crut ne pouvoir employer de meilleur moyen que celui d'exciter des diſſentions entre le ſénat & le peuple. Il propoſa une loi qui ordonnoit le partage d'une partie des terres conquiſes, & de celles que les patriciens avoient uſurpées ; c'eſt cette loi qui devint ſi fameuſe ſous le nom de *loi agraire*. Elle ne pouvoit manquer de plaire au peuple, mais elle rendit ſon auteur odieux au ſénat. Ce corps, qui tenoit plus à ſes richeſſes qu'à ſa puiſſance, s'oppoſa fortement à la publication de la loi. Dès que ce conſul fut ſorti de charge, il fut accusé devant le peuple d'avoir aspiré à la tyrannie. Le peuple n'apperçut point la ruse adroite du sénat, & condamna à la mort ce patricien, le plus cruel ennemi du sénat, & son plus zélé partisan. Le refus du sénat de partager les terres, lui fit ouvrir les yeux, & excita ses murmures. Pour prévenir la sédition, les consuls veulent lever des troupes pour faire la guerre aux Volsques; mais on refuse de s'enrôler. On menace d'élire Appius pour dictateur, & chacun court donner son nom. Les Volsques, les Eques, les Véïens, les Etrusques sont battus en différentes rencontres. Les Fabius, au nombre de trois cents six, s'opposent pendant quelque temps aux incursions des ennemis; mais enfin ils sont surpris, & périssent tous. La fin de la guerre fait renaître les troubles dans Rome. Les plébéïens demandent toujours le partage des terres; le tribun Génucius, homme hardi & entreprenant, proteste qu'il poursuivra cette affaire jusqu'à la mort; il est assassiné, & cette mort subite abat & renverse les projets de ses collégues.

Ce coup d'éclat releva l'autorité du sénat, mais il la perdit bientôt par ses hauteurs & par l'imprudente ſévérité de ſes conſuls. Ces magiſtrats veulent incorporer dans la milice, comme ſimple ſoldat, Voléron, qui, par ſa bravoure, s'étoit élevé juſqu'au grade d'officier. Voléron refuſe d'obéir, & regarde comme un affront l'ordre des conſuls. Ceux-ci le font ſaiſir par leurs licteurs pour le faire traîner en priſon; il ſe débarraſſe de leurs mains, & va ſe jeter au milieu de la foule du peuple; il y trouve un aſile contre la violence des conſuls. Les tribuns viennent au ſecours du plébéïen, & cette affaire devient perſonnelle contre les conſuls. Cette diſpute fait oublier le partage des terres, & l'on ne s'occupe plus que des priviléges des deux ordres, & de la liberté.

Av. J.C. 572. Voléron demande le tribunat, & l'obtient; il ſe venge des patriciens en leur ôtant tout l'avantage qu'ils avoient dans l'élection des magiſtrats du peuple, par une loi qui ordonne que cette élection ſe fera dans les comices des tribus. Appius Claudius, fils du fameux Appius dont nous avons parlé, non moins ferme que ſon pere, oppoſa la plus vive réſiſtance à l'acceptation de cette loi. Dans une assemblée du peuple, il parla avec tant de hauteur, qu'il révolta contre lui tous les plébéïens; la querelle s'échauffa au point qu'on en vint aux mains. Le sénat en arrêta les suites en acceptant la loi.

Appius fut mis à la tête des troupes, pour faire la guerre aux Volsques: il traita les soldats avec tant de dureté, qu'il s'en fit autant d'ennemis; ils l'abandonnerent dans un combat, & se retirerent dans leur camp, de maniere à faire voir aux ennemis que, s'ils avoient été vaincus, c'est qu'ils n'avoient pas voulu combattre. Appius reconduisit son armée sur le territoire de Rome, &, se voyant à couvert des insultes des Volsques, il monta sur son tribunal, reprocha aux centurions & aux soldats leur perfidie, fit décimer les soldats, & trancher la tête aux centurions & aux autres officiers qui avoient abandonné leur poste.

Lorsqu'Appius fut sorti du consulat, les tribuns revinrent à la loi agraire; elle alloit être acceptée, mais l'opposition d'Appius l'emporta. Outrés de ce nouveau refus, les tribuns l'accusent devant le peuple; il comparoît hauteurs & par l'imprudente sévérité de ses consuls. Ces magistrats veulent incorporer dans la milice, comme simple soldat, Voléron, qui, par sa bravoure, s'étoit élevé jusqu'au grade d'officier. Voléron refuse d'obéir, & regarde comme un affront l'ordre des consuls. Ceux-ci le font saisir par leurs licteurs pour le faire traîner en prison; il se débarrasse de leurs mains, & va se jeter au milieu de la foule du peuple; il y trouve un asile contre la violence des consuls. Les tribuns viennent au secours du plébéïen, & cette affaire devient personnelle contre les consuls. Cette dispute fait oublier le partage des terres, & l'on ne s'occupe plus que des priviléges des deux ordres, & de la liberté.

Voléron demande le tribunat, & Av. J.C. 572. l'obtient; il se venge des patriciens en leur ôtant tout l'avantage qu'ils avoient dans l'élection des magistrats du peuple, par une loi qui ordonne que cette élection se fera dans les comices des tribus. Appius Claudius, fils du fameux Appius dont nous avons parlé, non moins ferme que son pere, opposa la plus vive résistance à l'acceptation de cette loi. Dans une assemblée du peuple, il parla avec tant de hauteur, qu'il révolta contre lui tous les plébéïens ; la querelle s'échauffa au point qu'on en vint aux mains. Le sénat en arrêta les suites en acceptant la loi.

Appius fut mis à la tête des troupes, pour faire la guerre aux Volsques : il traita les soldats avec tant de dureté, qu'il s'en fit autant d'ennemis ; ils l'abandonnerent dans un combat, & se retirerent dans leur camp, de maniere à faire voir aux ennemis que, s'ils avoient été vaincus, c'est qu'ils n'avoient pas voulu combattre. Appius reconduisit son armée sur le territoire de Rome, &, se voyant à couvert des insultes des Volsques, il monta sur son tribunal, reprocha aux centurions & aux soldats leur perfidie, fit décimer les soldats, & trancher la tête aux centurions & aux autres officiers qui avoient abandonné leur poste.

Lorsqu'Appius fut sorti du consulat, les tribuns revinrent à la loi agraire; elle alloit être acceptée, mais l'opposition d'Appius l'emporta. Outrés de ce nouveau refus, les tribuns l'accusent devant le peuple; il comparoît avec la fermeté d'un juge, & se défend avec tant d'éloquence, qu'il confond ses accusateurs. Il est ajourné une seconde fois, & se donne la mort, prévoyant bien qu'il n'échapperoit pas à la haine de ses ennemis. La mort d'Appius ne termina point les troubles de la république ; les patriciens s'opposoient toujours au partage des terres, & les tribuns s'obstinoient de leur côté à le demander. Chaque nouveau tribun, en prenant possession du tribunat, sembloit devoir se distinguer en apportant dans la république un nouveau sujet de discorde. Depuis l'établissement de cette magistrature, toutes les demandes qu'ils avoient faites, avoient eu pour seul motif la haine des patriciens, & le desir d'augmenter leur puissance. Un d'eux, animé peut-être du même esprit, proposa enfin une loi juste & avantageuse au bien public, mais qui n'en éprouva pas moins d'obstacles de la part du sénat.

Il n'y avoit pas encore de lois civiles propres à régler la conduite & à maintenir la fortune des citoyens. La règle des jugemens étoit certains principes d'équité naturelle qui éclairoient les juges, quelques anciennes coutumes, & quelques lois de Romulus & de Numa, dont il restoit à peine quelques vestiges. Cette jurisprudence arbitraire étoit le grand moyen du sénat pour demeurer maître de la république & des citoyens. Un nouveau tribun proposa de remédier à cet inconvénient, en portant une loi qui ordonneroit de former un code qui seroit suivi avec exactitude dans les jugemens. Il demandoit de plus qu'on choisît cinq commissaires pour veiller plus particuliérement à la conservation de ces lois, & à fixer les bornes de la puissance consulaire, qu'il peignit aux yeux du peuple comme une puissance tyrannique. Cette loi qui étoit trop contraire aux intérêts du sénat, ne manqua pas d'exciter de violentes altercations. Elle fut soutenue & attaquée avec la plus grande chaleur. Les tribuns, pour la soutenir, employerent toutes sortes de moyens, jusqu'à la violence. Quintius Céson, qui étoit un second Coriolan, & fils du grand Quintius Cincinnatus, devint la victime de leur fureur.

En s'opposant à leur entreprise, il n'évita leur vengeance qu'en fuyant de

Rome. Son pere paya pour lui une amende à laquelle il avoit été condamné, & fut obligé de se retirer dans une métairie qui étoit le seul bien qui lui restoit. Les ennemis de Rome profitoient toujours des troubles qui divisoient cette république. Herdonius Sabin s'empare du capitole : les consuls veulent lever des troupes pour en chasser l'ennemi; les tribuns s'y opposent: le consul Valérius fait tant par ses instances, qu'il engage le peuple à prendre les armes. Valérius reprend le capitole, mais il y perd la vie en combattant. On lui donne pour successeur Quintius Cincinnatus, que l'on va chercher à sa campagne, & que l'on tire de sa charrue pour le revêtir des ornemens consulaires. Par un heureux mélange de douceur & de fermeté, il rétablit l'ordre dans la république.

Les Eques avoient encore fait quelques mouvemens; le consul Minucius, l'un des successeurs de Cincinnatus, étoit allé pour les combattre, il se laisse surprendre & envelopper. La perte de l'armée Romaine étoit inévitable : on l'apprend à Rome; &, dans ce péril, on ne voit d'autre ressource que celle de créer un dictateur : le choix tombe sur Quintius Cincinnatus. Ce grand homme se met à la tête d'une nouvelle armée, vole au secours de Minutius ; il investit lui-même l'armée des ennemis, l'oblige à lui livrer ses généraux, la fait passer sous le joug, retourne à Rome où le sénat lui avoit déja décerné le triomphe le plus éclatant. Il alloit abdiquer la dictature, & retourner à son champ qu'il préféroit aux honneurs, lorsque ses amis l'engagerent à reprendre l'affaire de Céson, son fils, contre les factieux qui l'avoient accusé. Ces calomniateurs furent convaincus de faux ; & Volscius, qui avoit été l'agent des tribuns, fut condamné lui-même à un exil perpétuel : Céson fut rappelé. Le dictateur ne différa plus à se dépouiller des ornemens de sa dignité.

Les tribuns, qui ne craignoient plus l'autorité d'un dictateur, exciterent de nouveaux troubles au sujet des lois qu'ils demandoient depuis long-temps. Les Sabins & les Eques espérant toujours de vaincre les Romains, ravageoient leur territoire impunément. Le ſénat avoit rappelé une troiſieme fois Cincinnatus à Rome, pour prendre ſes avis ſur les nouveaux troubles qui diviſoient la république. Les tribuns s'opposoient à la levée des troupes. Les conſuls aſſemblerent le ſénat, pour délibérer ſur la ſituation préſente des affaires; Quintius Cincinnatus opine le premier, & dit que, puiſque le peuple perſiſte dans ſa déſobéiſſance, il faut ſe paſſer de ſon ſecours, & armer ſeulement les patriciens. Un applaudiſſement général ſuit cet avis généreux; l'on rompt ſur le champ l'aſſemblée, tous les patriciens prennent les armes, &, ſuivis de leurs cliens, ſe rendent ſur la place pour y recevoir les ordres des conſuls. Ce ſpectacle nouveau fit rentrer le peuple en lui-même, & le diſcours du conſul acheva ce que la préſence de ces vénérables vieillards, chargés de leurs armes, avoit commencé. Les tribuns, voyant le peuple touché de cet exemple & du diſcours du conſul, conſentirent à la levée des troupes, à condition qu'on joindroit cinq nouveaux tribuns aux cinq premiers, pour former un corps de dix magiſtrats plébéïens. Quintius Cincinnatus jugea que, les tribuns étant en plus grand nombre, il seroit plus aisé de les désunir. Mais, si l'on pouvoit espérer ce foible avantage, n'avoit-on pas à craindre un mal plus certain & plus grand, c'étoit d'avoir cinq ennemis de plus toujours prêts à souffler le feu de la discorde?

'Le sénat éprouva bientôt que les tribuns, devenus plus forts par le nombre, deviendroient plus audacieux & plus entreprenans. Icilius, qui étoit à leur tête, présenta aux consuls une requête dans laquelle il demandoit que le sénat accordât au peuple gratuitement une partie du mont Aventin pour y bâtir des logemens. Cette demande étoit juste & raisonnable; cependant le sénat, qui avoit pour principe de se défier de toutes les demandes des tribuns, promit de délibérer sur cette affaire. Il donna sa requête à l'un des consuls, qui, jugeant qu'il falloit se défier de tout ce que demandoient les tribuns, ne se pressa point d'en parler au sénat. Icilius, s'appercevant de la mauvaise volonté des consuls, eut la hardiesse de leur envoyer un appariteur pour leur ordonner de convoquer l'asſemblée du ſénat. Les conſuls, indignés de l'inſolence de ce procédé, firent frapper l'appariteur, & le renvoyerent. Cet acte de violence fut pour le tribunat une occaſion de s'arroger le droit de convoquer l'aſſemblée du ſénat; & ces magiſtrats, qui autrefois n'entroient qu'avec reſpect dans cette auguſte aſſemblée, lorſqu'ils y étoient appelés, & qui attendoient ſous le portique les ordres de la compagnie, établirent ainſi peu-à-peu leur autorité ſur la ruine de celle du ſénat.

L'entreprenant Icilius avoit formé le projet d'aſſujétir aux tribuns le conſulat même. Dans une occaſion où les conſuls faiſoient, malgré ce tribun, l'enrôlement du peuple, pour marcher contre les ennemis de l'Etat, il eut l'audace d'envoyer des appariteurs pour les ſaiſir & les mener en priſon. Tout le corps des patriciens s'oppoſa à cette violence; ils ſe jeterent avec tant de force ſur les tribuns & ſur leurs adhérens, qu'ils les obligerent de ſe retirer honteux & chargés de coups.

Les tribuns déſeſpérés convoquent l'aſſemblée pour le lendemain. Par une harangue ſéditieuſe, ils invitent le peuple à venger son autorité méprisée dans la personne de ses tribuns; de-là ils se transportent au sénat pour demander justice de la violence qui leur a été faite. L'un des consuls leur fit une vive réprimande, & leur annonça que, s'ils étoient assez hardis pour pousser plus loin une entreprise si odieuse, il trouveroit moyen de les en faire repentir. Les tribuns, se voyant abandonnés par le peuple dans cette affaire qui leur étoit personnelle, remirent sur le tapis la loi agraire, comme un moyen certain d'échauffer les esprits & d'exciter une sédition. Pour réussir plus sûrement, ils inviterent tous les citoyens à dire librement leur avis. Il s'éleva dans l'instant une foule de mécontens. Celui de tous ceux qui se fit le plus remarquer, fut un plébéïen nommé *Siccius Dentatus*, d'une valeur qui le faisoit passer pour un héros parmi ses concitoyens. Quoiqu'il eût près de soixante ans, sa taille avantageuse, une noble fierté le faisoit remarquer au milieu de tous. » Il y a, dit-il, quarante ans que je » porte les armes, & trente que je suis » officier dans les troupes. J'ai passé » par tous les degrés de la milice, &

» ce n'eſt qu'à ce prix que je ſuis au-
» jourd'hui tribun. Je me ſuis trouvé à
» cent vingt batailles; j'ai ſauvé la vie
» à pluſieurs citoyens; j'ai recouvré ſou-
» vent des drapeaux qui, ſans moi,
» ſerviroient aujourd'hui de trophées à
» l'ennemi; je puis montrer quatorze
» couronnes civiques, trois murales,
» huit d'or, quatre-vingt-trois colliers de
» même métal, ſoixante bracelets, dix-
» huit lances, vingt-trois chevaux avec
» leurs ornemens militaires, & dont il
» y en a neuf qui ſont le prix d'autant
» de combats ſinguliers d'où je ſuis ſorti
» victorieux: mais, ſi j'ai acquis de la
» gloire, ſçachez que je l'ai payée de mon
» ſang; que ces honneurs me coûtent
» quarante-cinq bleſſures, toutes par-
» devant, toutes par conſéquent ho-
» norables, & nulle qui puiſſe me faire
» rougir. J'en ai reçu douze en un ſeul
» jour, à la repriſe du capitole. Si l'on
» ne ſçavoit à Rome quelle eſt ma for-
» tune, qui ne croiroit qu'elle eſt pro-
» portionnée à mes longs & glorieux
» travaux? Mes compagnons & moi
» avons défendu la république au pé-
» ril de nos vies, étendu ſes frontieres,
» conquis des champs vaſtes & fertiles,

» où nous n'avons pas la plus petite » portion, & qui ſont poſſédés ſans » droits par des gens ſans mérite, dont » les deſſeins pernicieux ne tendent » qu'à nous aſſervir. Quoi donc! n'y » auroit-il jamais de prix réſervé à la » vertu, ni de fins à nos peine? Ne ſouf» frez pas plus long-temps, Romains, » qu'on inſulte à votre patience; mon» trez que vous connoiſſez le mérite, & » que vous ſçavez récompenſer le zèle » de ceux qui ſe ſacrifient pour vous. » Ce diſcours fit une vive impreſſion ſur la multitude; les tribuns, ne doutant point de la réuſſite de leur entrepriſe, convoquent pour le lendemain l'aſſemblée des comices. Les patriciens alarmés s'y rendent; &, après avoir employé inutilement les careſſes & l'éloquence, au moment où le peuple alloit donner ſes ſuffrages, ils ſe diſperſent dans l'aſſemblée, renverſent les urnes, pouſſent, frappent & écartent le peuple & les tribuns. Ceux-ci, ne pouvant informer contre tous le corps de la nobleſſe, prirent à partie quelques jeunes patriciens des meilleures maiſons, qu'ils condamnerent à une amende qui fut payée par le ſénat aux dépens du tréſor public.

Une incursion des Eques obligea de prendre les armes, & mit fin à ces dissentions. Siccius Dentatus suivit les consuls avec huit cents vétérans qui avoient voulu servir sous ses ordres. Le consul Romilius saisit une occasion de se venger lâchement de Dentatus; il ordonna à ce brave officier d'aller attaquer le camp des ennemis, situé sur une montagne, tandis que lui-même il les attaqueroit dans la plaine où ils s'étoient dispersés. Dentatus représenta au général l'impossibilité de cette entreprise; mais il n'en reçut qu'une réponse dure, qui lui fit sentir que le consul en vouloit à sa vie ou à son honneur. S'adressant alors à ses compagnons: « Marchons, leur dit-il, où » l'honneur nous appelle. » Sa prudence, sa valeur & son expérience lui procurerent un plein succès. Non content de ces lauriers, il alla encore partager ceux du consul qui avoit voulu le faire périr. Ardent à se venger de la mauvaise volonté du général, il part avec sa troupe, & arrive à Rome; il raconte aux tribuns & à la multitude la victoire qui vient d'être remportée, & se plaint de l'inhumanité des consuls qui l'avoient exposé à périr avec sa troupe, & demande pour toute récompense qu'ils soient privés des honneurs du triomphe. En effet, le peuple leur refusa cet honneur; &, l'année suivante, Dentatus, élevé au tribunat, les ayant cités devant le peuple, ils furent condamnés à une amende pécuniaire. On renouvela la demande de la loi agraire; mais les tribuns, ayant trouvé la même opposition de la part des nouveaux consuls, l'abandonnerent enfin, & redemanderent la publication de la loi Térentilla. Après quelques disputes, on convint enfin d'envoyer à Athènes & dans les autres républiques de la Grèce, des députés pour y recueillir les lois & les coutumes de ces Etats, & en rapporter celles qu'ils croiroient les plus convenables à la situation présente de la république Romaine. On leur donna trois galères magnifiquement équipées, sur lesquelles ils partirent. Après un an d'absence, ils revinrent avec un recueil de lois. Les tribuns presserent le sénat de nommer des commissaires pour les rédiger: ils prétendirent faire entrer les plébéïens dans le nombre des commissaires qui seroient nommés; mais, sur la refus absolu du sénat, ils se désisterent de leur demande. Avant l'élection, on convint que les dix commissaires seroient tirés du corps du sénat; que leur autorité seroit d'une année entiere, souveraine & sans appel; que toutes les magistratures, même le tribunat, seroient abrogées pendant ce temps, & que tous ceux qui étoient en place, abdiqueroient leurs charges; que les décemvirs, pendant le temps de leur administration, seroient arbitres souverains de la paix & de la guerre, de la justice & des finances. Les suffrages tomberent sur Appius Claudius, Titus Genutius, Lucius Sextius, les trois députés en Grèce, Véturius Caïus Julius, Romilius, & Publius Horatius, tous personnages consulaires.

TROISIEME ÉPOQUE,

Depuis l'Etablissement des Décemvirs, jusqu'à la premiere guerre Punique.

Av. J.C. 451.

LEs nouveaux magistrats gouvernerent d'abord la république avec tant de douceur & d'équité, que Rome commença enfin à jouir de la paix après de longues & fréquentes divisions : ils firent même paroître beaucoup de modestie ; un seul faisoit porter devant lui les haches consulaires. Chacun d'eux présidoit à son tour au gouvernement de la république, & se trouvoit de grand matin sur la place pour juger les différends des particuliers. Ils travailloient sans relâche à rédiger le code. Quand cet ouvrage fut achevé, on fit graver les lois sur dix tables, & on les exposa en public pour les soumettre à la critique de tous les citoyens. Quand on crut ne devoir plus y faire de changement, le sénat & le peuple approuverent cet ouvrage, qui fut gravé sur dix tables d'airain qui furent exposées dans la place.

La douceur avec laquelle les décemvirs avoient gouverné la république, fit souhaiter au peuple la continuation de cette magistrature. Le sénat, qui y voyoit son avantage dans l'extinction du tribunat, consentit à la création de nouveaux décemvirs. Les sénateurs les plus distingués par leur âge & par leur mérite, se mirent sur les rangs, & briguerent les charges pour en exclure les factieux, dont ils craignoient que l'autorité ne devînt fatale au bien public; ils vouloient ſur-tout donner l'excluſion à Appius Claudius, dont ils connoiſſoient l'artifice & l'ambition. Perſuadés qu'il n'auroit pas l'audace de ſe nommer lui-même, ils lui déférerent l'élection des nouveaux décemvirs. Mais il tourna ce piége à ſon avantage; il donna lui-même l'excluſion aux ſénateurs les plus reſpectables; &, pour mortifier cette compagnie, en faiſant ſa cour au peuple, il voulut qu'il y eût dans le collége des décemvirs trois plébéïens; &, aprés avoir fait choix de ceux dont l'ambition égaloit la ſienne, il ſe nomma lui-même, contre toutes les régles de la juſtice & de la bienſéance.

Les nouveaux décemvirs, aprés avoir pris poſſeſſion de leurs charges, voulurent étonner le peuple; ils parurent en public avec toutes les marques de la dignité royale, chacun précédé de douze licteurs armés de haches & de faiſceaux. Ce cortége effrayant jeta la terreur & la conſternation dans les cœurs de tous les bons citoyens, qui virent alors, mais trop tard, que la tyrannie alloit régner dans Rome, &

prendre la place de l'ancienne égalité. Appius & ses collégues s'étoient engagés par les sermens les plus terribles à travailler de concert à se maintenir dans la possession de leurs charges. Pour s'attirer plus de respect, ils se rendirent presqu'inaccessibles. La justice étoit bannie de leurs jugemens, & ils sacrifioient tout à leurs intérêts, à leur haine & à leurs passions. L'on vit périr sous la hache les meilleurs citoyens comme des scélérats; d'autres furent bannis ou battus de verges comme des esclaves. Le peuple, gémissant de ces excès, s'adressoit en vain au sénat, dont il attendoit le secours & la liberté; mais les plus anciens membres de cette compagnie étoient sortis de Rome, & s'étoient retirés à leurs campagnes pour n'être pas témoins des excès des décemvirs. Ceux qui étoient restés, reprochoient au peuple d'avoir été lui-même l'artisan de sa misere, & de s'être forgé des chaînes par sa mutinerie & l'établissement du tribunat, qui étoit la premiere cause de celui des décemvirs.

La fin de l'année approchoit; & les décemvirs, pour qu'on n'eût pas à leur reprocher d'avoir négligé la principale fonction de leur charge, ajouterent deux nouvelles lois aux anciennes. Leurs injustices & leur tyrannie avoient obligé la plus grande partie de la noblesse à s'exiler elle-même chez les peuples voisins, qui, instruits de l'état où se trouvoit leur ancien ennemi, jugerent l'occasion favorable pour venger leurs défaites passées, & réparer leurs pertes. Les Sabins & les Eques firent, avec deux puissantes armées, des courses jusques aux portes de Rome. Après de longues & tumultueuses délibérations, les décemvirs firent tant par leurs cabales, que le sénat, toujours occupé du salut de la patrie, ordonna la levée des troupes. Ils formerent dix légions, dont ils firent deux armées, dont ils se partagerent le commandement. Appius fut chargé de la garde de la ville; les troupes se laisserent battre par l'ennemi, & ces mauvais succès renouvelerent à Rome les plaintes contre les décemvirs. On y murmuroit hautement contre leur gouvernement. Appius, s'étant apperçu que les plaintes de Siccius Dentatus faisoient une vive impression sur la multitude, résolut de s'en défaire:

il le fit venir chez lui, sous prétexte de le consulter sur les opérations de la campagne, & l'engagea à se rendre à l'armée avec le titre de lieutenant-général. Siccius, flatté de cette distinction, va joindre l'armée. Fabius, qui en étoit le général, charge le nouveau lieutenant d'une expédition, & lui donne pour détachement cent assassins chargés de le massacrer. Siccius se défendit avec tant de courage, qu'il en tua quinze & en blessa un plus grand nombre; il tomba enfin accablé d'une grêle de pierres & de flèches que lui lançoient de loin ses meurtriers. De retour à l'armée, ils dirent que Siccius avoit péri dans une ambuscade où ils avoient malheureusement donné. Une partie de l'armée sortit du camp pour aller enlever le corps de ce brave citoyen, & l'on fut étonné de ne trouver que des Romains sur le champ de bataille, tous le visage tourné contre Siccius, sans aucune trace d'ennemis. Toutes ces circonstances furent une preuve complette que les généraux avoient livré ce guerrier à des assassins. Les magnifiques funérailles qu'ils lui firent faire, ne calmerent point le mécontentement

& les murmures qui se communiquerent à l'autre camp & à la ville même. On étoit si indisposé contre la tyrannie des décemvirs, que l'on n'attendoit plus qu'une occasion favorable pour mettre fin à un gouvernement si dur. Un événement plus tragique encore qui arriva à Rome la fit naître.

Lucius Virginius, plébéïen d'un mérite distingué & d'une valeur reconnue, avoit une fille d'une rare beauté, d'environ quinze ans. Appius en étoit devenu amoureux. Après avoir tenté inutilement toutes sortes de moyens pour devenir possesseur de cette jeune personne, il eut recours à la manœuvre la plus détestable & la plus infame. Il charge Claudius, un de ses cliens, homme effronté & hardi, de conduire cette trame odieuse. Ce malheureux ayant rencontré la jeune Virginie qui alloit aux écoles publiques, l'arrête, veut l'arracher des mains de sa gouvernante, en la revendiquant pour son esclave. Virginie effrayée pousse des cris qui attirent autour d'elle un peuple nombreux; le ravisseur déclare qu'il ne veut faire aucune violence à cette jeune personne, mais que c'est aux voies ordinaires

dinaires de la juſtice qu'il veut avoir recours, & il ſomme Virginie de venir ſur le champ ſe préſenter au tribunal du décemvir. Lorſqu'ils y furent arrivés, Claudius parla ainſi : « Seigneur, j'avois une eſclave qui devint groſſe, & l'enfant dont elle fut mere, eſt la fille qui paroît à vos yeux ſous le nom de *Virginie*. Numitoria, femme de Virginius, ſtérile & impatiente d'avoir des enfans, acheta ſecrétement de mon eſclave le fruit dont elle étoit mere, & qui m'appartenoit par les lois. Numitoria la ſuppoſa pour ſa fille, & comme telle l'avoit nourrie & élevée dans la maiſon. Je répete ce qui m'appartient, & j'offre à prouver mon droit par des témoins irréprochables, & par des preuves à l'évidence deſquelles Virginius lui-même n'aura rien à oppoſer ; cependant, comme l'affaire, vu l'abſence de Virginius, ne peut être terminée définitivement, je demande que mon eſclave me ſoit adjugée proviſionnellement, m'offrant de la repréſenter quand j'en ſerai requis. » Appius, aveuglé par la paſſion, n'obſerve dans ſon jugement aucune bienſéance; &, contre une loi qu'il avoit portée lui-même, il accorde la proviſion à Claudius. Cette ſentence inique révolte tous les aſſiſtans; tous les honnêtes gens en frémiſſent d'horreur & d'indignation. Numitorius, oncle de Virginie, ſe préſente, & la reclame comme ſon tuteur en l'abſence du pere. Appius eſt ſourd à ſes remontrances, & fait ſigne à ſon infame client d'emmener ſon eſclave chez lui. Le jeune Icinius arrive: Virginie lui étoit fiancée; il la ſaiſit; &, emporté par ſon naturel violent, ſon amour, & l'outrage qu'on lui fait, il perce la foule des licteurs, & arrive au tribunal du décemvir; &, en apoſtrophant le tyran: « Ce » n'eſt, dit-il, ni les licteurs ni leurs » haches qui m'éloigneront d'ici; rien » que la mort ne pourra me ſéparer de » celle qui me fut deſtinée pour épouſe. » Tu ne peux pas ignorer, tyran, que » Virginie m'eſt promiſe; arrache moi » donc la vie avant que de jouir du » fruit de tes artifices & de ta tyrannie, » car je te déclare que je ſerai juſqu'au » dernier ſoupir le défenſeur de ſa pu» dicité. Je dois épouſer Virginie, mais » ſçache que je dois l'épouſer chaſte, » vierge & libre. Eſt-ce pour faire de » nos femmes & de nos filles l'objet de

» vos débauches, que vous nous avez » enlevé le tribunat & le recours au » peuple? Exercez votre empire tyran» nique sur nos biens & sur nos vies, » mais ne vous arrogez point celui » d'attenter à la pudicité de nos fem» mes & de nos filles. Je le répete » encore, le déshonneur de Virginie » sera lavé dans le sang de quantité » de victimes; à l'armée Virginius, & » Icinius parmi le peuple, l'un pour » venger son épouse, & l'autre pour » venger sa fille, quel soulèvement ne » sommes-nous pas en état d'exciter? » Tous les assistans furent saisis de la même fureur qu'Icinius; ils se jettent en poussant un grand cri sur les licteurs; ils les écartent, & se saisissent de l'aimable Virginie qui ne s'étoit défendue que par ses larmes. Appius, craignant une révolte, fait faire silence, & déclare que, pour empêcher la sédition qu'Icinius vouloit exciter, il remet l'affaire au lendemain, où Virginius pourra se trouver à l'assemblée.

De retour chez lui, il écrit à ses collégues d'empêcher Virginius de quitter l'armée. Cette précaution fut rendue inutile par la diligence du fils de Numitorius, & d'un frere d'Icinius qui avoient pris les devants pour avertir Virginius de ce qui se passoit à Rome. Il avoit obtenu un congé avant que le courrier d'Appius fût arrivé, & avoit pris pour se rendre à Rome une route détournée. Il parut le lendemain dans la place publique. Sa présence embarrassa le décemvir, mais elle ne lui fit point abandonner son projet. Ce pere infortuné conduisoit lui-même sa fille qui fondoit en larmes, & qui avoit l'air d'une victime qu'on conduit à l'autel. Son innocence, sa jeunesse, sa beauté & ses graces naïves la rendoient encore plus intéressante. Appius, assis sur son tribunal, ordonne à Claudius de dire quel est l'objet de sa demande. Cet infame répete sa fable de la veille, & dit qu'il revendique Virginie comme lui appartenant; il fait paroître en même temps une esclave qui se dit mere de Virginie; des témoins apostés & payés pour cela attestent qu'elle dit vrai. Virginius démontre l'imposture par la déposition de ses parens, de ses amis, & de tout le voisinage qui attestent que Numitoria avoit eu plusieurs enfans. Appius l'interrompt, & prononce que

Virginie appartient à Claudius. Ce pere malheureux, n'écoutant plus que son ressentiment, apostrophe ainsi le décemvir: » Sçache, Appius, que je n'ai pas élevé » ma fille pour être prostituée à tes in- » fames plaisirs. Je l'ai accordée à Icinius » & non pas à toi. As-tu pu croire que » des Romains se laissassent enlever leurs » filles & leurs femmes pour satisfaire la » passion d'un tyran? » A ces mots, il s'éleve dans l'assemblée des cris tumultueux qui annoncent une violente sédition. Appius, qui la craint, ordonne à ses licteurs d'écarter la foule, & à Claudius d'emmener Virginie chez lui. Virginius, en perdant l'espoir de la sauver, s'adresse au décemvir, & lui demande la permission d'interroger en secret sa fille. Appius le permet. Ce pere désespéré conduit insensiblement sa fille auprès de l'étalle d'un boucher, il se saisit d'un couteau qu'il y trouve, & l'enfonce dans le cœur de cette infortunée, en lui disant: « Reçois ce dernier gage » de la tendresse paternelle; libre & » chaste encore, vas rejoindre tes an- » cêtres. » Il retire le couteau tout sanglant, & dit à Appius: « Par ce sang » innocent, je dévoue ta tête aux dieux Av. J.C. 449.

» infernaux. » Virginius, couvert du ſang de ſa fille, le couteau à la main, perce la foule des licteurs, traverſe une partie de la ville, & ſe rend au camp ſuivi de ſes parens, de ſes amis & d'une foule de citoyens. Le décemvir veut faire arrêter Icinius; mais le peuple, enhardi par la préſence & le diſcours de deux ſénateurs, Horace & Valere, s'oppoſe à cette violence, & le tyran eſt obligé de s'enfuir dans ſa maiſon, la tête couverte de ſon manteau], pour éviter de devenir la premiere victime de la vengeance & de la fureur du peuple.

Horace & Valere, ennemis déclarés du décemvirat, firent des obſéques magnifiques à Virginie; &, pour animer davantage les eſprits, ils firent porter ſon corps dans une litiere découverte & richement parée, qu'ils firent paſſer comme en triomphe dans les principales rues de Rome.

Lorſqu'on avoit vu arriver dans le camp Virginius un couteau enſanglanté à la main, accompagné d'une troupe nombreuſe de citoyens, on s'étoit aſſemblé en foule autour de lui, pour ſçavoir ce qui venoit de ſe paſſer à

Rome : ce pere infortuné raconte l'infame fourberie d'Appius, & la déplorable fin de sa fille, & il invite tous ceux qui l'écoutent à venger la mort de Virginie contre les usurpateurs & les tyrans de la république. Aussitôt ils enlevent les enseignes, marchent droit à Rome, & vont camper au mont Aventin. Le sénat s'assemble, & leur envoie demander quelle est leur intention. Ils répondent tous qu'on leur envoie Horace & Valere, & qu'ils rendront compte de leur conduite.

L'autre armée, informée de ce qui s'étoit passé, abandonne aussi ses généraux, revient à Rome, & va se joindre à celle qui campoit sur le mont Aventin. Toutes deux passerent sur le mont Sacré, se donnerent des chefs, & demanderent l'extinction du décemvirat. On leur envoya Horace & Valere. Icinius, qui étoit l'orateur de l'armée, demanda le rétablissement du tribunat, le droit d'appel des sentences des consuls au tribunal du peuple, & une amnistie générale pour tous ceux qui avoient abandonné le camp & leur généraux ; il insista sur-tout sur le supplice des décemvirs qu'il destinoit à être brûlés vifs. Les députés répondirent que le sénat leur accorderoit volontiers leurs premieres demandes, mais qu'ils se déshonoreroient eux-mêmes en insistant sur les dernieres. Les députés retournerent à Rome munis de pleins pouvoirs de l'armée. Le sénat rendit un décret qui ordonnoit aux décemvirs d'abdiquer leurs charges, & au grand pontife de créer des tribuns du peuple.

Horace & Valere retournerent au camp : l'armée les suivit sur le champ à Rome ; &, avant de quitter les armes, elle se rendit au mont Aventin pour faire l'élection des tribuns. Virginius, Numitorius & Icinius furent nommés les premiers. Le sénat créa un entre-roi pour nommer des consuls, Horace & Valere furent élevés à cette dignité.

Ces deux consuls, par les lois qu'ils établirent, ruinerent absolument tout ce qui restoit de puissance au sénat ; & ces lois devinrent une source de division entre la noblesse & le peuple. La premiere portoit que toute ordonnance émanée des comices par tribus, obligeroit tous les Romains sans aucune distinction. C'étoit remettre le sort de la noblesse & le gouvernement de l'Etat entre les mains du peuple, qui dominoit toujours dans ces ſortes d'aſſemblées. Ils confirmerent & rendirent inviolable la loi des appels; on en fit une autre qui défendoit de créer aucune magiſtrature dont l'autorité fût abſolue.

Lorſque les tribuns virent leur puiſſance affermie par ces nouveaux réglemens, ils penſerent à ſe venger des décemvirs. Appius fut cité à leur tribunal, jeté en priſon, & étranglé ſecrétement par l'ordre des tribuns. Opius, ſon collégue, & auſſi méchant que lui, fut cité devant le peuple par Numitorius, condamné d'une voix unanime, & exécuté le même jour dans la priſon. Les autres, dans la crainte d'un pareil traitement, ſe bannirent eux-mêmes. Leurs biens furent confiſqués, & le produit en fut mis au tréſor public. Le miniſtre infame dont s'étoit ſervi Appius, fut condamné à mort; mais des amis obtinrent de Virginius, qu'il fût ſeulement banni à perpétuité.

Les Eques & les Sabins avoient profité des troubles de Rome pour faire des courſes ſur ſon territoire: les conſuls, chacun à la tête d'une armée, allerent les battre, & revinrent à Rome, où le sénat, indigné contre eux de tout ce qu'ils avoient fait en faveur du peuple, & de ce qu'ils n'avoient pas fait la moindre tentative pour sauver les décemvirs, leur refusa les honneurs du triomphe; mais ils s'adresserent au peuple, qui leur ordonna de triompher malgré les oppositions du sénat. Les tribuns, de concert avec les consuls, avoient formé le projet de se maintenir dans leurs charges; mais l'un d'eux, nommé Duilius, fit avorter ce dessein qui seroit devenu pernicieux à la république.

Le sénat venoit de donner une preuve de son injustice envers les consuls : les tribuns avoient voulu, en se continuant dans leurs charges, imiter les décemvirs qu'ils venoient de punir, & le peuple se déshonora par l'injustice la plus basse. Deux petits peuples, les Arriciens & les Ardéates se disputoient un territoire; ils choisirent pour arbitre de leur différend le peuple Romain. Un vieillard assure que le territoire n'appartient à aucun des deux peuples, mais qu'il est une dépendance de Coriole; le peuple, malgré les remontrances des consuls & du sénat, s'adjuge le territoire, & ne craint pas de se perdre d'honneur & de réputation auprès des autres nations.

Il sembloit depuis long-temps que tout ce que l'on faisoit à Rome pour rétablir la paix & l'union entre les deux ordres, devenoit au contraire une nouvelle source de discorde. Une loi des douze tables défendoit les mariages entre les familles patriciennes & les familles plébéïennes. Cette loi établissoit une distinction odieuse entre les deux ordres. Un tribun, nommé *Canuléius*, ne fut peut-être pas le premier qui sentit la honte qu'elle faisoit rejaillir sur le peuple; mais il fut le premier qui osa la faire appercevoir au peuple, & en demander la suppression. Cette loi humiliante nous déshonore, disoit-il; que les patriciens ne nous demandent point nos filles en mariage, & qu'ils nous refusent les leurs, nous souffrirons leurs mépris sans en murmurer : mais nous ne devons pas laisser subsister une loi qui rend ces sortes d'unions déshonorantes. Sa demande étoit juste, mais il ne s'en tenoit pas là, & vouloit que la porte des honneurs & même du consulat fût ouverte à tout plébéïen qui s'en rendroit digne par son mérite. Le sénat, pressé de faire les levées, crut éluder la seconde demande du tribun en lui accordant la premiere; mais il se trompa. Canuléïus & ses collégues jurerent de ne point se désister de leur prétention; & le sénat, qui voyoit Rome prête à devenir la proie des ennemis, trouva un moyen de satisfaire les tribuns sans avilir la dignité consulaire. On résolut d'abroger pour quelque temps le consulat, & de créer trois tribuns militaires que l'on pourroit prendre indifféremment parmi les patriciens & parmi les plébéïens. Dans l'assemblée où l'on devoit faire l'élection des nouveaux magistrats, on vit paroître en robes blanches tous les anciens tribuns, & les autres plébéïens qui, par leur cabale, avoient le plus contribué à abaisser la noblesse; mais le peuple, rendu à lui-même, satisfait d'avoir acquis le droit de parvenir aux premieres dignités de l'Etat, trompa leurs espérances, & ne choisit pour cette nouvelle magistrature que des patriciens. Ces magistrats, trois mois après, quitterent leurs charges, sous prétexte de quelque défaut dans les auspices. Le consulat fut rétabli malgré l'opposition des tribuns.

Les divisions intestines & les guerres du dehors avoient empêché depuis dix-sept ans de faire le dénombrement des citoyens, ou le cens. Les consuls Quintius Capitolinus & Marcus Géganius proposerent au sénat de faire revivre cet établissement si utile à la république ; &, pour éviter qu'on restât si long-temps sans le faire, ils proposerent d'en charger deux patriciens sous le nom de censeurs : telle fut l'origine de cette magistrature, dont les charges devinrent dans la suite presque aussi considérables que le consulat. Cette magistrature peut être regardée comme la source de la gloire & de la grandeur de Rome. Av. J.C. 443.

La république jouissoit enfin d'une paix tranquille ; elle n'étoit point attaquée par les ennemis du dehors : les tribuns cabaloient toujours dans les assemblées du peuple, mais on méprisoit leurs factions. Une famine horrible jette la consternation dans la ville. Les deux ordres rejettoient l'un sur l'autre la cause de ce fléau : le sénat reprochoit au peuple qu'il aimoit mieux venir entendre haranguer ses tribuns, que de cultiver ses terres : le peuple accuſoit le ſénat & les conſuls de négliger d'y remédier. Les plébéiens nommerent un commiſſaire général des vivres; ce fut Lucius Minucius. Ce ſénateur, malgré ſes ſoins & ſon activité, procura moins de ſecours au peuple que Mélius, par le deſir ambitieux d'acheter au prix de ſes bienfaits la liberté des Romains. Il avoit prévenu les députés de Minucius, & avoit fait acheter en Sicile de grandes proviſions de blé, qu'il faiſoit diſtribuer chez lui à tous les pauvres citoyens. Ses libéralités en attiroient un grand nombre à ſa porte, & la plûpart lui faiſoient cortége lorſqu'il ſortoit dans les rues de Rome. Minucius ſoupçonna ſa généroſité de quelque motif pernicieux pour la république; il fit des perquiſitions, & bientôt ſes ſoupçons acquirent toute la certitude d'un fait prouvé par des témoins. Il apprit en effet qu'on faiſoit chez Mélius une proviſion d'armes de toute eſpece; qu'on y tenoit fréquemment des aſſemblées; & que deux tribuns, gagnés par argent, lui avoient vendu leurs ſuffrages & ceux du peuple. Minucius aſſemble le ſénat, & dans ce péril éminent, juge qu'il n'y a pas d'autre moyen de ſauver la liberté publique que de créer un dictateur. Le choix tomba ſur Quintius Cincinnatus : ce grand homme refuſa cette charge, s'excuſant ſur ſon grand âge; mais le ſénat perſiſta, & il ſe rendit à ſes inſtances. Le péril étoit éminent; il crut devoir faire un coup d'éclat. Il parut tout à coup ſur la place publique, entouré de licteurs, & revêtu de tous les ornemens de ſa charge. Le peuple étonné s'agite & s'inquiète du ſujet qui a pu porter le ſénat à créer un dictateur en temps de paix. Cincinnatus, ſans différer, envoie Servilius Ahala, ſon général de cavalerie, ſommer Mélius de comparoître à ſon tribunal; comme il diffère d'obéir, Servilius ordonne à ſes licteurs de le ſaiſir au corps. Il implore le ſecours de la multitude, & proteſte que le ſénat ne veut le faire périr que parce qu'il a fait du bien au peuple. La populace s'émeut & s'échauffe; ſes partiſans l'arrachent des mains des licteurs; il s'échape & ſe jette dans la foule. Servilius le pourſuit & le perce de ſon épée; il ſe préſente enſuite au dictateur à qui il annonce qu'il vient de punir un rebelle qui avoit refuſé d'obéir à ſes ordres. Le dictateur fut obligé de faire l'apologie de Servilius, en dévoilant au peuple le secret de la conjuration de Mélius. Ce sage magistrat, dans la crainte de trouver un trop grand nombre de coupables, ne fit aucune recherche contre les complices. La maison de Mélius fut détruite jusque dans les fondemens; on distribua au peuple à bas prix tout le blé qu'on y trouva; on fit présent à Minucius d'un bœuf aux cornes dorées, & on lui érigea une statue.

Quelques tribuns du peuple, sans doute partisans de Mélius, entreprirent vainement de venger sa mort; ils cabalerent pour faire substituer des tribuns militaires aux consuls, dans l'espérance qu'ils seroient plus heureux que la premiere fois; mais le peuple, aussi équitable qu'il l'avoit été, n'éleva à cette dignité que des patriciens d'un mérite distingué.

La guerre que l'on déclara aux Fidénates qui s'étoient donnés aux Véïens & qui avoient massacré les ambassadeurs qu'on avoient envoyés chez eux, fit préférer le gouvernement des consuls à celui des tribuns militaires. Cette guerre, commencée par un consul, fut terminée par le dictateur Quintus Servilius, qui prit Fidène. La république se croyant menacée d'une nouvelle guerre, élève une seconde fois Mamercus à la dignité de dictateur. N'ayant point d'ennemis de l'Etat à combattre, il voulut rendre sa dictature célèbre par un monument digne de son zèle patriotique. Il réduisit la durée de la censure à dix-huit mois. Les deux censeurs qui étoient en charge alors s'en vengerent en effaçant le nom d'Emilius Mamercus du registre de sa centurie, le privant du droit de suffrage, & en lui faisant payer une taxe huit fois plus forte que celle qu'il avoit coutume de payer. Le déshonneur dont ils prétendoient couvrir l'illustre dictateur, retomba sur eux; il supporta cet affront avec une vertu vraiment héroïque, car il empêcha le peuple de sévir contre ces indignes magistrats.

De nouveaux troubles intérieurs; les tribuns du peuple faisant des cabales pour faire succéder le tribunat militaire au consulat, dans l'espérance de voir des plébéïens élevés à cette dignité; des gueres contre les Volsques & les Eques, ennemis éternels de Rome; une grande victoire remportée sur les

Véïens par Mamercus Emilius, élevé à la dictature malgré l'opprobre dont les censeurs avoient voulu couvrir ce grand homme; un consul Posthumius assommé dans le camp à coups de pierres par ses propres soldats, dans une émeute qu'avoit excitée une sévérité excessive, & qui l'avoit rendu odieux, premier exemple dans l'histoire de Rome d'un général tué par ses soldats; sont les faits les plus remarquables pendant quelques années, jusqu'à celui-ci, qui mérite de faire époque dans l'histoire de cette république.

Depuis long-temps les tribuns du peuple fatiguoient le sénat par leurs demandes importunes. Cette sage compagnie gémissoit du tort que faisoient à l'Etat les changemens perpétuels dans le gouvernement; elle avoit remarqué que le moyen dont les tribuns se servoient le plus fréquemment pour obtenir leurs demandes, étoit d'empêcher dans les circonstances les plus pressantes la levée des troupes, pour repousser les ennemis voisins qui ne manquoient pas d'attaquer les Romains, dès qu'ils apprenoient qu'ils étoient arrêtés chez eux par les dissentions du sénat &

des tribuns. Tous les citoyens en âge de porter les armes, étoient obligés de les prendre & de faire la campagne à leurs dépens. Il suivoit de-là un double inconvénient : le citoyen occupé contre les ennemis de l'Etat, abandonnoit ses affaires, négligeoit l'agriculture, faisoit plus de dépenses; de-là les emprunts & la misere publique. Jusqu'alors les plus fortes campagnes étoient de quelques mois; les armées Romaines sortoient contre l'ennemi, remportoient sur lui une ou deux victoires, & rentroient dans Rome, sans avoir fait autre chose que de piller quelques terres & affoiblir pour peu de temps l'ennemi qu'elles avoient combattu, & qui reprenoit les armes dès que ses pertes étoient réparées. Le sénat, sans qu'on le lui eût demandé, donna un décret qui portoit que, dans la suite, l'infanterie Romaine seroit payée des deniers publics pendant la guerre, & que, pour subvenir à cette nouvelle dépense, on établiroit sur tous les citoyens, sans distinction, un impôt. Le peuple ayant appris la nouvelle de ce nouveau décret, courut en foule aux portes du sénat, témoigna sa reconnoissance à ces respectables magistrats ; dans l'enthousiasme où il étoit, il leur prodigua les noms de *peres du peuple & de la patrie*, & protestoit hautement de donner jusqu'à la derniere goutte de son sang pour la défense d'une patrie si libérale envers ses enfans. En vain les tribuns, jaloux de l'attachement du peuple pour le sénat, voulurent empoisonner aux yeux du peuple ce décret si sage ; lorsque les citoyens virent les plus riches sénateurs porter au trésor public les grosses sommes auxquelles ils s'étoient imposés, les tribuns ne furent point écoutés, & chacun porta avec joie le nouveau tribut au trésor public. C'est ici le moment où Rome commence à porter ses vues de conquêtes au-delà des limites étroites qui la retenoient auparavant. Le siége de Véïes est aussitôt résolu ; Véïes étoit une ville riche, grande & très-forte. Les Romains depuis long-temps la regardoient comme une rivale qu'il falloit abattre ; mais les difficultés avoient toujours empêché cette entreprise : avec les nouveaux moyens qu'ils viennent d'acquérir, ils ne voyent plus rien d'impossible. Ils attaquent cette ville avec une méthode toute nouvelle; ils enferment Véïes dans des lignes de circonvallation pour se mettre à l'abri des sorties; & ils enferment eux-mêmes leur camp de lignes de contrevallation, pour se mettre en sûreté contre les attaques des peuples qui pourroient venir au secours des Véïens. Les tribuns militaires, prévoyant la longueur du siége, y firent construire des baraques, afin que le soldat pût y passer l'hiver. Les tribuns du peuple, toujours occupés des moyens de renverser le projet du sénat, s'éleverent hautement contre une entreprise si avantageuse. Le soldat, qui, en rentrant à Rome, auroit vu cesser sa paye, préféra de passer l'hiver dans le camp, & de continuer ses travaux, malgré les déclamations séditieuses des tribuns. Les citoyens s'enrôlerent à l'envie, & quitterent la ville pour aller travailler au siége de Véïes. Après plusieurs échecs causés par la mésintelligence des généraux, & qui n'avoient point rallenti l'ardeur des soldats, on volut faire un dernier effort pour prendre cette ville, dont le siége duroit depuis près de dix ans. On crée un dictateur, & l'on choisit M. Fulvius Camille.

Le nouveau général ſe tranſporte au camp, y fait renaître le courage des ſoldats, abattu par les pertes qu'on venoit de faire, & prêt à lever honteuſement le ſiége; il rétablit dans le camp la diſcipline militaire, retourne à Rome, lève une nouvelle armée avec laquelle il attaque d'abord les Faliſques & les Capénates, & ſe délivre, par la victoire, de ces ennemis. Il conduit à Véïes ſon armée victorieuſe : plus il obſerve la ſituation de la ville, la force de ſes remparts, plus il voit d'impoſſibilité à la prendre d'aſſaut; mais ces difficultés, au lieu d'abattre ſon courage, lui donnent l'idée d'ouvrir une mine qui, en lui épargnant beaucoup de dangers & la perte d'un grand nombre de ſoldats, devoit lui aſſurer la priſe de la place. On y travaille avec une ardeur infatigable; &, lorſqu'il ſe voit aſſuré de ſa conquête, il en informe le ſénat, & demande quel uſage il doit faire du butin. Le ſénat l'abandonne au pillage du ſoldat, & fait publier que quiconque veut avoir part au butin de Véïes, n'a qu'à ſe rendre au camp. Camille donne un aſſaut général à la place; &, tandis que les Véïens défendent leurs ramparts, un corps de troupes perce par le souterrain jusque dans le château, & de-là se répand dans toute la ville. Les uns s'emparent des portes, les brisent & les ouvrent à l'armée; les autres fondent sur les Véïens, & mettent tout à feu & à sang.

Av. J.C. 396.

La nouvelle de la prise de Véïes causa à Rome une joie d'autant plus vive, que le siége en avoit été plus long & plus difficile. Camille y rentra en triomphe; mais le soin qu'il prit d'en rendre la cérémonie plus éclatante, indisposa contre lui les Romains jaloux de tout ce qui avoit l'air de prétendre à la supériorité. Il s'étoit fait traîner sur un char attelé de quatre chevaux blancs: cette magnificence extraordinaire servit de fondement à sa disgrace. Il déclara au sénat qu'il avoit voué à Appollon la dixieme partie du butin de Véïes: en conséquence de ce vœu, le sénat ordonna à tous ceux qui y avoient eu part, de rapporter au trésort public la valeur du dixieme de ce qu'ils avoient eu. Cette contribution indisposa encore le peuple contre Camille.

Les tribuns du peuple demanderent qu'on envoyât à Véïes une colonie

Romaine, dont le gouvernement seroit parfaitement semblable à celui de Rome. Une proposition si peu sage allarma le sénat; c'étoit établir à Véïes une puissance plus à craindre pour Rome, que celle qui venoit d'être détruite. Camille s'y opposa avec une fermeté qui acheva de le rendre odieux au peuple. La guerre que l'on fit aux Falisques, & dont Camille fut chargé, suspendit les querelles au sujet de la colonie. Il avoit résolu de traîner cette guerre en longueur, afin, disoit-il, d'attirer au-dehors les humeurs peccantes du dedans; mais elle finit malgré lui plutôt qu'il n'avoit pensé. Un maître d'école de Falérie, dit-on, conduisit à son camp, sous prétexte d'une promenade, la jeunesse confiée à ses soins; &, sous l'espoir d'une récompense, la lui livra. Camille reprocha à ce perfide l'infamie de sa trahison, le fit dépouiller de ses habits, lui fit attacher les mains par-derriere, & le fit reconduire à Falérie par ces jeunes gens mêmes, armés de fouets & de cordes. Les Falisques, touchés d'un tel exemple de justice & de générosité, demanderent la paix à Camille,

son

ſon amitié & celle du peuple Romain. Il fit un traité d'alliance avec eux, retourna à Rome & y rentra en triomphe.

Tout proſpéroit au dehors, & les armées Romaines étoient toujours victorieuſes; mais, au-dedans, la jalouſie inquiète des tribuns du peuple empoiſonnoit les douceurs de la paix. Ils font revivre la demande de l'établiſſement d'une colonie à Véïes; le ſénat s'y oppoſe, & parle au peuple avec tant de chaleur & de bonté, qu'enfin il l'emporte ſur les tribuns, & la loi eſt annullée. Le ſénat, charmé de cette victoire, adjuge par un décret à chaque pere de famille ſept arpens de terre dans le territoire de Véïes. Cette libéralité inattendue appaiſe tous les eſprits, excepté ceux des tribuns, qui ſe vengent ſur Camille. Ce grand homme, voyant ſes concitoyens prêts à porter contre lui un jugement injuſte, s'exile volontairement, & va chercher un aſile chez les Rutules. Les habitans d'Ardée ſe firent gloire de recevoir chez eux un ſi grand homme. Moins généreux qu'Ariſtide, Camille, en ſortant de Rome, prie les dieux, s'il eſt innocent, de réduire bientôt ſes concitoyens à le regretter.

Les Alpes, qui sembloient s'élever entre l'Italie & les Gaules comme une barriere insurmontable, n'avoient pas arrêté les Gaulois. Il y avoit déja long-temps qu'attirés par la beauté & la fertilité de ce climat, ils y avoient fait des établissemens. Un nouvel essaim de ces barbares, attirés par Aronce de Clusium, qui vouloit se venger de ses concitoyens, avoient passé les Alpes, & alloient ravager l'Etrurie sous la conduite de Brennus. Les Trusiens implorent le secours de Rome. Le sénat envoie trois jeunes patriciens auprès du général des Gaulois. Ces jeunes imprudens se conduisirent si mal dans cette négociation, qu'ils attirerent sur Rome l'orage qui ne menaçoit que les Trusiens. Ils demanderent à Brennus de quel droit il venoit s'emparer de l'Etrurie. Brennus répond que les Trusiens ont des terres inutiles qu'ils refusent injustement de lui accorder; que les Gaulois ont sur ces terres le même droit que les Romains avoient sur celles dont ils s'étoient emparés. Les ambassadeurs Romains, dissimulant leur indignation, demandent à entrer dans la ville pour conférer avec les assiégés. Lorsqu'ils y ſont, au lieu de parler de paix, ils ſe mettent à leur tête & combattent. Brennus fait demander à Rome qu'on lui livre les coupables. Le peuple, au lieu de les condamner, les déſigne pour l'année ſuivante au tribunat militaire. Brennus, indigné d'une conduite ſi injuſte, léve le ſiége, & marche droit à Rome. Les Romains, ſous la conduite des tribuns militaires, marchent contre les Gaulois avec des troupes moins nombreuſes; & les généraux, ignorant à quels ennemis il avoient à faire, ſont défaits entiérement à la journée d'Allia. Rome devenoit la proie des Gaulois, ſi Brennus y eût conduit ſon armée victorieuſe. L'alarme s'étoit répandue, la conſternation y étoit générale. Pendant les trois jours que les Gaulois employerent à recueillir le butin & à jouir de leur victoire, les Romains firent paſſer leurs femmes & leurs enfans chez leurs voiſins, s'enfermerent dans le capitole avec tout ce qu'il y avoit d'or, d'argent, de vivres & d'armes dans la ville.

Brennus arrive devant Rome, ſurpris d'en trouver les portes ouvertes & les Av. J.C. remparts ſans défenſe; il y entre avec 390.

précaution. Etonné de ne trouver dans une ville si grande & si peuplée, personne qui lui en dispute l'entrée, il avance en bon ordre jusqu'à la place publique. Un spectacle nouveau y frappe ses yeux : quatre-vingt vieillards vénérables, tous ou pontifes ou personnages consulaires, revêtus de leurs habits de cérémonie, ayant en main le bâton de commandement, immobiles dans leurs chaises curules, attendoient que les barbares vinssent consommer leur sacrifice ; ils s'étoient tous dévoués à la mort pour la patrie. Brennus, saisi d'étonnement, les regardoit comme autant de divinités dont il n'osoit approcher. Un de ses soldats s'approche de Marcus Papirius, & lui passe la main sur la barbe. Le vieillard le frappe rudement de son bâton, & le Gaulois le tue sur le champ. Ce fut-là le signe du carnage ; les vieillards sont tous massacrés ; & le soldat, avide de butin, se répand dans tous les quartiers, massacre tout ce qu'il rencontre, & assouvit son avarice & sa brutalité.

Brennus investit le capitole, fait sommer les Romains de se rendre, &, pour les effrayer, il met le feu à quelques maiſons. Les défenſeurs du capitole répondent qu'ils ſont prêts à mourir plutôt les armes à la main, que de livrer la forterefſe. Un aſſaut, dans lequel Brennus fut repouſſé avec perte, le détermina à bloquer les aſſiégés.

Son armée manquant de vivres, ſe répandoit de côtés & d'autres dans le voiſinage de Rome, pour en aller chercher. Camille, ſenſible aux maux de ſa patrie, réſolut de la délivrer des barbares qui vouloient la détruire; il engagea les Ardéates à prendre les armes. Avec eux, il marche contre les Gaulois, les ſurprend, en maſſacre la plus grande partie, & diſſipe le reſte. Le bruit de cette victoire ſe répand, & tous les Romains qui avoient échappé au fer des Gaulois à la bataille d'Allia, ſe rangent ſous ſes drapeaux, & lui forment une armée aſſez nombreuſe. Il en refuſe le commandement juſqu'à ce qu'il ſoit autoriſé du ſénat renfermé dans le capitole. Un jeune homme offre de s'y rendre, & de faire agréer le choix que l'armée venoit de faire. Il deſcend le Tibre à la nage, arrive heureuſement au pied du capitole, grimpe ſur les rochers, parvient juſqu'à la ſentinelle qui le conduit aux magiſtrats. Le ſénat s'aſſemble, caſſe le décret d'exil de Camille, & le nomme dictateur. Le jeune Pontius Cominius retourne à l'armée muni du décret du ſénat.

Pendant que le dictateur ſe diſpoſe à marcher contre les Gaulois, un de ceux qui étoient au ſiége du capitole, conçoit le projet de le ſurprendre, & le communique à ſes camarades. De rocher en rocher il grimpe avec eux juſqu'au haut; il atteint le parapet, il eſt prêt à y entrer : la ſentinelle étoit endormie; les oies, réveillées par le bruit, ſe mettent à crier, & éveillent Marcus Manlius, patricien, perſonnage conſulaire. Ce brave Romain court au bruit qu'il entend, ſonne l'alarme, & arrive à l'inſtant où le premier Gaulois alloit entrer dans la citadelle. Il le renverſe & le culbute dans le précipice; ſa chute entraîne celle de ſes camarades: les Romains arrivent, & renverſent tous les Gaulois les uns ſur les autres. Le reſte de la nuit ſe paſſa dans l'inquiétude qu'avoit dû cauſer une attaque ſi imprévue. Dès que le jour parut, on condamna la ſentinelle qu'on avoit trouvée endormie, à être précipitée du haut du roc Tarpéïen. Manlius reçut pour récompense la seule qu'on pût lui donner dans de pareilles circonstances, & qui, quoique modique, devenoit très-précieuse pour lui; chacun lui fit présent d'une demi-livre de froment, & d'une petite quantité de vin.

Comme la disette se faisoit sentir dans le camp des Gaulois, aussi-bien que dans la forteresse des Romains, Brennus avoit fait des propositions de paix qui alloient être acceptées, lorsque Camille parut avec son armée, attaqua les ennemis, en fit un carnage horrible, & obligea Brennus à fuir avec le reste. Camille le poursuit sans relâche, l'attaque avec tant de vigueur, qu'il ne reste qu'un petit nombre de ces barbares échappés du massacre général. Camille rentre dans Rome en triomphe, suivi, dans cette auguste & glorieuse cérémonie, de tous les Romains fugitifs, des prêtres, des ministres sacrés & des vestales qui rapportoient les statues des dieux & les choses sacrées.

Après de si vives alarmes, Rome fut rebâtie, mais en très-peu de temps & sans apporter beaucoup de soin à la beauté des bâtimens : de nouvelles brouilleries entre le sénat & les tribuns du peuple empêcherent de penser à l'embellissement de la ville. L'ambition perdit Manlius, ce patricien distingué par sa valeur qui lui avoit mérité trente-sept récompenses militaires. On prétendit qu'il aspiroit à la tyrannie ; il s'étoit déclaré en faveur du peuple contre la noblesse. Cossus, élu dictateur par le sénat, le fit arrêter & mettre en prison. Dès que ce dictateur eut abdiqué, Manlius fut remis en liberté ; &, pour se venger du sénat, il renoua ses intrigues ; mais il en fut la victime : car, ayant été accusé devant le peuple, il fut condamné à être précipité du haut du roc Tarpéïen. On dit que, dans une premiere assemblée, il toucha tellement le peuple en sa faveur, en lui faisant jeter les yeux sur le capitole qu'il avoit sauvé, que l'on fut obligé de tenir l'assemblée hors de la ville, dans un endroit d'où l'on ne pouvoit l'appercevoir. Une peste survint peu de temps après, qui le fit regretter ; & le peuple crédule pensa que Jupiter avoit envoyé ce fléau pour venger la mort de Manlius.

Les peuples voisins de Rome font des courses sur le territoire de la république; ils sont vaincus par Camille, élevé à la dictature pour la troisieme fois. La paix que ses victoires procuroient au dehors, font renaître les divisions intestines. L'ambition d'une femme va changer encore la forme du gouvernement de Rome, & procurer aux plébéïens de nouvelles victoires sur le sénat.

Fabius Ambustus, patricien, avoit deux filles, dont l'une avoit épousé un tribun militaire, & l'autre un riche plébéïen. La derniere, ayant été témoin dans une visite qu'elle faisoit à sa sœur, des honneurs qu'on lui rendoit comme à la femme d'un des premiers magistrats, conçut tant de dépit de se voir privée des mêmes honneurs par l'état de son mari, qu'elle lui en fit des reproches ainsi qu'à son pere. Ce n'est pas la premiere fois que l'on a vu de grands événemens produits par de petites causes. Fabius, qui aimoit tendrement sa fille, lui promit de faire cesser la cause de ses plaintes, & de la rendre bientôt l'égale de sa sœur par les honneurs qui lui seroient rendus. Il concerte avec son gendre Licinius les moyens de parvenir à son but. Ils s'associerent l'un & l'autre un riche plébéïen, nommé *Sextus*, homme de mérite. Ils résolurent ensemble, que le premier pas qu'ils avoient à faire, étoit de briguer le tribunat pour deux d'entr'eux. Licinius & Sextus n'eurent pas de peine à parvenir à leur but. Dès qu'ils furent en charge, ils firent le plan de trois lois également contraires au sénat, & très-favorables au peuple. La premiere portoit qu'on déduiroit sur le capital des dettes, ce qui avoit été payé en arrérages, & qu'on accorderoit trois ans aux débiteurs pour acquitter le reste en trois payemens égaux. La seconde portoit que personne ne pourroit posséder plus de cinq cents arpens de terres. La troisieme, qui étoit le grand objet des tribuns, statuoit que l'on n'éliroit plus de tribuns militaires, qu'on rétabliroit le consulat tel qu'il étoit autrefois, & que l'un des consuls seroit toujours choisi parmi les plébéïens. Ces lois ne manquerent pas de soulever le sénat, comme les tribuns s'y étoient attendus. Les divisions qu'elles causerent durerent cinq ans, dans l'intervalle desquels Camille fut nommé dictateur;

mais cette ressource fut encore inutile. Les factieux tribuns porterent l'insolence jusqu'à menacer le dictateur de le faire mettre en prison. Cette dignité si respectée autrefois, avoit perdu son ancien lustre, parce qu'on avoit trop multiplié les dictateurs, tant il est dangereux de rendre communes les choses qui doivent faire un grand effet ! Ce même Camille fut encore élevé à cette dignité pour la cinquieme fois, à l'âge de quatre-vingts ans. Il s'agissoit d'aller combattre les Gaulois qui avoient fait une nouvelle incursion dans l'Italie. Il les défit entiérement dans une bataille qui se donna proche le Téveron. Depuis cette fameuse victoire, dont il n'échappa que très-peu de Gaulois, les Romains cesserent de les craindre.

Av. J.C. 367.

Enfin, après cinq ans de troubles & de divisions, le consulat fut rétabli, & on éleva pour la premiere fois un plébéien à cette dignité; mais on en sépara les augustes fonctions de juge, qui furent données à deux nouveaux magistrats qui furent créés sous le nom de *préteurs*, & tirés du seul corps des nobles. Cet expédient réunit les deux ordres de l'Etat. On célébra par des jeux solennels & des sacrifices, la concorde rétablie entre les citoyens. A cette occasion, le sénat établit les charges de l'édilité curule, qu'il réserva à la noblesse.

Une peste horrible ravage Rome & lui enleve un grand nombre de citoyens; le coup le plus sensible à la république fut la perte de Camille qui mourut alors; il étoit l'un des plus grands hommes que Rome eût vu naître dans son sein: par ses vertus militaires, il avoit été le défenseur de la patrie, & le plus ferme appui de la république; par ses vertus morales, il avoit été l'ornement & la gloire de Rome.

Pour obtenir des dieux la fin du fléau qui ravageoit la république, on fit la cérémonie du lectisterne. On célébra des jeux scéniques, & l'on nomma un dictateur pour enfoncer le clou dans la muraille du temple de Jupiter Capitolin. Manlius eut à peine déposé les marques de la dignité dont on l'avoit revêtu pour cette cérémonie, qu'il fut accusé devant le peuple. On lui faisoit un crime d'avoir relégué à la campagne un fils qu'il avoit, qui étoit bègue de naissance, & dont l'esprit ne donnoit pas de grandes espérances. Le tribun, son accusateur, avoit donné une tournure si odieuse à son accusation, que le peuple, indisposé contre Manlius à cause de sa hauteur, n'auroit pas manqué de le condamner. Le jeune homme apprend ce qui se passe à la ville, s'y rend sans prévenir personne, & va droit à la maison de l'ennemi de son pere; il le trouve au lit, lui met un poignard sur la gorge, & le menace de le faire périr sur le champ, s'il ne lui fait les plus grands sermens d'abandonner cette affaire. Le tribun n'hésita point, & Tite se retira sans lui faire de mal. Le peuple, informé par son magistrat de ce que la tendresse filiale avoit fait entreprendre à ce jeune homme pour sauver son pere, loua la générosité du fils en pardonnant à l'auteur de ses jours.

Le sort de Rome paroissoit être d'avoir toujours la guerre avec ses voisins, ou d'être troublée au-dedans par les factions de ses tribuns. Des guerres continuelles tenoient la valeur des Romains toujours en haleine; après quelques victoires remportées sur les Herniques & sur les Etrusques, les patriciens réussirent à garder le consulat pendant quelques années. Le peuple ſe plaignit ; on nomma un conſul plébéïen, & l'entrée de la cenſure fut ouverte à cet ordre. Les Samnites attaquoient les Campaniens ; ceux-ci ſe livrent aux Romains qui leur refuſoient leur ſecours, ſous prétexte qu'ils avoient un traité d'alliance avec les Samnites : ils furent reçus avec empreſſement, & l'on envoya des ambaſſadeurs prier les Samnites de ne rien entreprendre contre les Campaniens. Les Samnites indignés ravagent le territoire des Campaniens, & les Romains leur déclarent la guerre. Les délices de Capoue ſubjuguent l'armée Romaine, qui venoit de vaincre les Samnites. Les ſoldats Romains forment l'infame complot de chaſſer de chez eux les Campaniens, & de s'emparer de leur territoire. Le conſul Rutilus les empêche de l'exécuter, & les mutins prennent les armes contre Rome même. Pour arrêter les ſuites de cet attentat inouï, on nomme un dictateur qui engage les ſéditieux à ſe ſoumettre.

Les Latins & les Campaniens ſecouent le joug de Rome ; les conſuls Manlius Torquatus & Décius-Mus ſe ſignalent dans cette guerre. Celui-ci voit les Romains plier, ſe dévoue pour le ſalut de ſa patrie, & ſe jette au milieu des ennemis. Celui-là avoit condamné ſon propre fils à la mort, pour avoir combattu ſans ſon ordre: il remporta une victoire complette qu'on peut attribuer à l'enthouſiaſme que produiſirent ces actions éclatantes, qui réuſſiſſent toujours chez un peuple ſuperſtitieux.

Lorſque les Latins furent ſubjugués, on leur accorda, pour les attacher à la république, le droit de cité; mais on raſa Velitre, on dépouilla les Campaniens, & l'on envoya des colonies dans d'autres endroits. Ces dernieres victoires préſageoient aux Romains la conquête de toute l'Italie.

La guerre des Samnites recommence; Fabius, général de la cavalerie, les attaque & les défait en l'abſence du dictateur Papirius. Les lois ſévères de la diſcipline militaire étoient formelles contre ces ſortes de fautes. Le général pouvoit uſer de ſon droit, & faire mourir le coupable; les Fabius ſe jettent à ſes pieds, le peuple implore ſa clémence, & il pardonne. L'armée Romaine accoutumée à vaincre, ſe laiſſe ſurprendre & conduire dans des défilés où Pontius, général des Samnites, l'avoit attirée. Elle s'y trouve enfermée comme dans une priſon ; il falloit, ſuivant l'avis du pere de Pontius, traiter généreuſement, ou faire périr tous les Romains. Pontius, au contraire, leur laiſſa des forces pour ſe venger, & les y força pour laver la honte dont il les couvrit; il les fit paſſer tous ſous le joug, en faiſant promettre aux conſuls de terminer la guerre. L'endroit où ſe fit cette cérémonie humiliante étoit près de Caudium, & les fourches Candines, qui en avoient pris le nom, furent pour l'armée un monument de honte. Les ſoldats frémiſſoient de colère, & brûloient du deſir de ſe venger. Le ſénat ne ſe crut point lié par la promeſſe du conſul, & l'on recommença la guerre. Les Samnites furent toujours battus pendant pluſieurs années qu'elle dura. Leur général Pontius fut mené à Rome où le vainqueur le fit marcher devant ſon char de triomphe, les mains liées derriere le dos; loin d'honorer ſa valeur, on eut la barbarie de lui faire trancher la tête. Les victoires qu'on avoit remportées ſur les Samnites

Av. J.C. 321.

avoient coûté bien du ſang; on reçut enfin à Rome des propoſitions de paix. Le conſul Curius Dentatus fut chargé d'en régler les articles. Ce perſonnage vertueux prenoit ſon repas dans une aſſiette de bois, lorſque les ambaſſadeurs Samnites vinrent le prier de leur être favorable, & lui offrirent une ſomme conſidérable. « Ma pauvreté, » leur dit-il, vous a peut-être fait eſpérer de me corrompre; mais ſçachez » que j'aime mieux commander à ceux » qui ont de l'or, que d'en avoir moi-» même. » Réponſe noble & digne d'un Romain qui n'étoit pauvre que parce qu'il le vouloit bien. On conclut un traité d'alliance qui termina cette guerre, qui avoit duré quarante-neuf ans.

Les forces des Romains augmentoient chaque jour avec leurs conquêtes. Les Gaulois établis ſur les côtes de la mer Adriatique, ſubirent leur joug. On comptoit à Rome deux cents ſoixante-treize mille citoyens en état de porter les armes. Pouvant mettre ſur pied des armées auſſi nombreuſes; ils ſe mirent en état d'entreprendre des conquêtes chez les peuples les plus éloignés. Il ne falloit qu'une étincelle pour allumer le feu de la guerre qu'ils vouloient porter jusqu'aux extrémités de la terre. Les victoires qu'ils avoient remportées sur leurs voisins, leur avoient frayé le chemin à celles qu'ils méditoient de faire. Ils étoient déja connus dans la Grèce, regardés comme des barbares, & haïs comme de terribles conquérans : sur les côtes méridionales de l'Italie, Tarente, colonie de Sparte, ville opulente, avoit eu quelques démêlés avec eux, lorsque quelques galères de Rome furent insultées en voulant entrer dans le port. Le sénat envoya des ambassadeurs aux Tarentins pour leur demander satisfaction. Non-seulement on la leur reufusa, mais on les traita avec ignominie. L'insolence fut portée jusque-là, que, quelqu'un ayant sali la robe du chef de l'ambassade avec son urine, le peuple applaudit à cette insulte. Posthumius leur dit : « Vous riez à présent, mais vous » pleurerez bientôt; c'est dans votre sang » que seront lavées ces taches. » Ces menaces firent impression sur les Tarentins; ils voulurent s'assurer du secours de Pyrrhus, roi d'Epire, un des plus grands guerriers de la Grèce. Ce prince ambitieux, peu content de son petit royaume, vit naître avec joie l'occasion de faire des conquêtes en Italie. Les Romains, conduits par le consul Lévinus, furent d'abord battus près d'Héraclée par Pyrrhus. Ils n'avoient pas encore vu d'éléphans : ces animaux monstreux chargés de combattans les effrayerent; mais Pyrrhus courut de si grands dangers, & fit de si grandes pertes dans cette bataille, qu'il avoua qu'il ne lui falloit qu'une victoire semblable pour le perdre. Il s'avança jusqu'à sept lieues de Rome, mais il s'en éloigna bientôt à l'approche de deux armées qui marchoient contre lui. Il connoissoit déja toute la difficulté de vaincre les Romains; il envoya Cinéas à Rome pour traiter de la paix : ce ministre y avoit porté de riches présens, qu'il envoya à différens particuliers, hommes & femmes, au nom de Pyrrhus; mais personne ne voulut les accepter. Lorsqu'il s'agit au sénat du traité, on lui répondit fiérement que Pyrrhus n'avoit qu'à sortir de l'Italie, & envoyer demander la paix; mais que Rome lui feroit la guerre tant qu'il resteroit sur les terres de la république, & on lui ordonna de sortir de la ville dans le même jour. Cinéas, en rendant compte de son ambassade, dit à Pyrrhus que Rome lui avoit paru un temple, & le sénat une assemblée de rois.

On dit que le médecin de Pyrrhus offrit aux Romains d'empoisonner ce prince, & que le consul Fabricius lui en donna généreusement avis. Ce fut alors que Pyrrhus dit de ce vertueux Romain, qu'il seroit plus aisé de détourner le soleil de sa route, que Fabricius du sentier de la probité & de la justice. Rome encore pauvre admiroit ces vertus dans un grand nombre de ses citoyens; lorsqu'elle sera devenue riche, elle verra la vertu bannie de leur cœur, & l'on aura peine à y trouver un homme de bien.

Pyrrhus, désespérant de vaincre les Romains, abandonne l'Italie, passe en Sicile, où les Syracusains, en guerre contre les Carthaginois, l'avoient appelé à leur secours. Il repasse en Italie, où il est vaincu près de Bénevent, par le consul Curius Dentatus. Ce fut après
Av. J.C. 275. cette victoire que les Romains, maîtres du camp de Pyrrhus, en examinant la

disposition des différens corps de troupes, apprirent l'art des campemens. Dès le second combat contre Pyrrhus, ils avoient déja appris la maniere de combattre les éléphans, en leur lançant des dards enflammés, & en les perçant à grands coups de piques. Ils perfectionnerent ainsi leur art militaire en étudiant la maniere de combattre de leurs ennemis, & en imitant ce qu'ils trouvoient de meilleur chez eux. Il y avoit six ans que cette guerre étoit commencée, lorsque Pyrrhus abandonna ceux qui l'avoient appelé. Tarente, Crotone, toute la grande Grèce, toute l'Italie proprement dite, fut soumise à la domination des Romains.

La guerre de Pyrrhus avoit empêché de punir la garnison Romaine que la république avoit envoyée à Rhégio, ville qui venoit de se donner à elle; cette garnison, corrompue par les délices qu'elle avoit goûtées, avoit massacré les habitans de la ville, & s'étoit emparé de tout. Un consul, chargé de la vengeance publique, assiégea les rebelles dans Rhégio, les força de se rendre à discrétion après une vigoureuse défense. La plûpart se firent tuer; il n'en resta que trois cents que le sénat condamna au dernier supplice, & qui furent exécutés malgré l'opposition d'un tribun. C'est par ces exemples si fréquens de la plus grande sévérité dans la discipline militaire, que les Romains multiplierent leurs conquêtes & les conserverent.

La censure à Rome n'étoit pas moins sévère pour les mœurs ; & cette sévérité n'épargnoit personne. Cornélius Rufinus, quoiqu'il eût été dictateur & deux fois consul, fut exclu du sénat, parce qu'il possédoit un peu plus de quinze marcs de vaisselle d'argent. Il avoit de la valeur; & Fabricius, qui l'avoit fait parvenir au consulat, disoit de lui : » J'aime mieux être pillé par un consul, » qu'emmené prisonnier par l'ennemi. »

Que penserez vous de la sévérité de la censure, lorsque vous verrez que l'incorruptible Curius lui-même, fut accusé d'avoir détourné à son profit des sommes sur le butin dans la derniere guerre? Pour se justifier, il présenta un vase de bois dont il se servoit dans les sacrifices, & jura que c'étoit-là tout ce qu'il avoit réservé pour lui, du butin fait sur l'ennemi. C'étoient-là les beaux temps de la république : cette austérité de mœurs élevoit l'ame des Romains; elle donnoit au peuple cette fierté, cet amour de l'indépendance, qui ne laissoient échapper aucune occasion de mortifier le sénat. Dans toutes les divisions de ces deux ordres, le peuple acquéroit toujours de nouveaux droits. La même ambition qui avoit porté le peuple Romain à établir entre le sénat & lui la plus parfaite égalité, en partageant avec lui toutes les dignités de l'Etat, lui inspira cet amour des conquêtes avec lequel il ne regarda jamais comme impossibles les entreprises les plus difficiles.

Les dernieres victoires que les Romains venoient de remporter sur tous les peuples d'Italie, avoient apporté à Rome une quantité prodigieuse d'or & d'argent. Ce fut alors pour la premiere fois que l'on pensa à battre de la monnoie de ce métal, que l'on substitua à celle d'airain qui avoit toujours servi dans le commerce. Le trésor public, devenu plus riche, se trouva en état de faire les dépenses qu'exigerent la conquête de la Sicile, & la premiere guerre contre les Carthaginois, dont vous allez parcourir rapidement les principaux événemens.

QUATRIEME ÉPOQUE,

Depuis la premiere guerre Punique, jusqu'à la bataille d'Actium.

Av. J.C. 264.

LES Romains n'avoient plus de conquêtes à faire dans l'Italie, tous les peuples du Latium avoient subi leur joug. Nous allons voir de nouvelles contrées envahies par ces conquérans. La mer qui les environne & qui les sépare des peuples qu'ils vont combattre, n'est point un obstacle assez fort pour les arrêter. Le premier pas qu'ils firent hors de l'Italie, les rendit maîtres de la Sicile, & leur fit entrevoir la possibilité de renverser Carthage, seule rivale redoutable de Rome. Avant que d'entrer dans le détail de ces guerres, qui coûterent tant de sang & aux vainqueurs & aux vaincus, disons un mot des Carthaginois avec lesquels nous allons voir les Romains aux prises.

Carthage fut une colonie de Tyriens, fondée environ soixante & dix ans avant Rome. Elle étoit située sur les côtes

côtes de l'Afrique. Son gouvernement étoit ariſtocratique. Le ſénat, qui étoit le premier corps de la république, étoit composé des citoyens les plus diſtingués par leur naiſſance & leurs richeſſes : ſes déciſions étoient ſouveraines lorſque les ſuffrages avoient été unanimes ; mais, lorſqu'ils étoient partagés, c'étoit l'aſſemblée de la nation qui décidoit. On tiroit du corps du ſénat cent quatre magiſtrats, qui, ſous le nom de conſeil des cents, formoient le premier tribunal de la nation. De ce conſeil on tiroit cinq magiſtrats, dont le pouvoir peut être comparé à celui des Ephores de Sparte. Deux ſuffétes étoient à Carthage ce que les conſuls étoient à Rome, avec cette différence que les conſuls Romains commandoient toujours les armées, au lieu que les ſuffétes ne le faiſoient pas ſans une ſeconde élection.

Les ſénateurs & les membres du conſeil étoient perpétuels. Annibal, qui vit combien cet abus étoit préjudiciable à l'Etat, le réforma, & fit ordonner par le peuple que toutes ces charges ſeroient annuelles. Ce réglement ſi ſage fut une des cauſes de la perte de ce grand homme.

Outre les charges de suffétes, il y avoit à Carthage un premier magistrat que l'on nommoit *préteur*, qui étoit à peu près ce que le dictateur étoit à Rome. Le gouvernement de Carthage, quoique bon en général, avoit de grands défauts. On y donnoit trop de considération aux richesses; &, pour parvenir aux charges de la république, ce n'étoit pas assez d'avoir de la naissance & du mérite, il falloit encore être opulent. On y accumuloit plusieurs charges importantes dans une même famille, & quelquefois sur une même tête; enfin l'art militaire y étoit totalement négligé. La politique des Carthaginois, sur cette partie du gouvernement, étoit fondée sur un principe faux. Leurs armées n'étant composées que de mercenaires, la perte d'une bataille selon eux n'étoit qu'une perte d'argent facile à réparer; l'Etat n'y perdoit rien, le commerce n'étoit point interrompu; &, pour réparer les pertes, il ne falloit que faire de nouvelles levées sans que le nombre des citoyens diminuât. Mais ces prétendus avantages n'avoient rien de réel; car, outre le grand défaut de confier à des étrangers la défenſe de ſon propre pays, au riſque de ſe voir abandonner par ces mercenaires qui vendoient leurs ſervices aux plus offrans, Carthage, dont les citoyens n'étoient que commerçans, lâches & foibles, étoit incapable de réſiſter à un ennemi qui ſeroit venu l'attaquer ſans lui donner le temps de raſſembler ſes forces diſperſées. Mais les Carthaginois, en habiles négocians, calculerent qu'en mettant ſur pied plus de troupes nationales, il leur reſteroit moins de commerçans, & que moins de commerçans donneroient moins d'argent; ils ne virent pas que l'Etat, avec beaucoup d'argent & peu de défenſeurs, n'avoit qu'une force imaginaire & de perſpective.

Cependant Carthage avoit un corps de troupes nationales, compoſé de cinq mille hommes; on lui donnoit le nom de *légion ſacrée.* Mais ce petit corps de troupes étoit-il proportionné à l'étendue de la puiſſance de cette république, qui avoit ſouvent ſur pied une armée de deux cents mille hommes? Il paroît que cette légion ſacrée étoit regardée comme la reſſource de l'Etat. Ce corps étoit formé des citoyens les plus diſtingués, & ceux qui le compoſoient, avoient le droit de porter autant de bagues qu'ils avoient fait de campagnes. Si les Carthaginois euſſent entretenu pluſieurs corps ſemblables à celui-ci, toute la puiſſance Romaine eût échoué contre celle de Carthage.

Plus commerçans qu'aucune autre nation, par conſéquent plus avides d'argent que de gloire, les Carthaginois dédaignoient les arts & les ſciences qui ne conduiſoient pas à la fortune. Quoiqu'il fût peut-être injuſte de ſe former une idée des mœurs des Carthaginois ſur ce qu'en ont écrit les Romains, qui, par haine & par jalouſie, ont exagéré, on ne peut ſe refuſer à croire qu'ils étoient perfides, ingrats, cruels & ſuperſtitieux. Ils pouſſoient l'atrocité de la barbarie juſqu'à immoler des victimes humaines, & leurs propres enfans même, à Saturne; & les parens, étouffant le cri de la nature, voyoient d'un œil ſec ces horribles ſacrifices.

Tandis que les Romains étendoient leur puiſſance dans l'Italie, les Carthaginois s'aſſuroient du commerce, excluſivement à toutes les nations voiſines : en s'emparant de la Sicile & de l'île de Sardaigne, ils s'approchoient de l'Italie. Ces deux nations, dont les vues étoient différentes, avoient fait autrefois plusieurs traités. Par le premier, fait sous le consulat de Brutus, on avoit fixé certaines bornes à la navigation des Romains, & les Carthaginois s'étoient engagés à ne faire aucun dommage dans le Latium. Mais, lorsque la république Romaine, portée par ses conquêtes jusques auprès de la Sicile, eut vu qu'il lui étoit aisé de s'en emparer, elle oublia les traités faits avec la république de Carthage. Les Carthaginois commencerent à regarder cette république d'un œil différent, lorsque, par la conquête d'une partie de la côte, elle eut acquis la facilité de faire passer des troupes en Sicile toutes les fois qu'elle le voudroit. Ils sentirent qu'elle pouvoit devenir redoutable pour eux, & donnerent tous leurs soins à l'empêcher de porter ses armes dans cette île.

Les Carthaginois avoient souvent tenté de s'emparer de la Sicile, qui est la plus considérable des îles de la Méditerranée, tant par son étendue que par sa fertilité. Cette île fut habitée d'abord par des colonies Grèques. La ville la plus remarquable par sa grandeur & sa magnificence, étoit Syracuse, fondée ou au moins rétablie par les Corinthiens. Il est vraisemblable que son gouvernement étoit aristocratique, lorsque Gélon s'empara de la puissance souveraine, & devint le tyran de sa patrie. Si la justice, la vertu & toutes les qualités qui rendent digne du gouvernement, peuvent faire excuser l'ambition d'un républicain qui s'éleve à la tyrannie, Gélon mérite d'être regardé comme un des plus grands rois de l'antiquité. Les Carthaginois l'attaquerent, mais il défit entiérement une armée considérable qu'ils avoient envoyée en Sicile. Il fit une quantité prodigieuse de prisonniers qu'il employa à des travaux publics pour embellir sa capitale. Toujours occupé du bonheur de ses sujets, il encouragea l'agriculture, & la regarda comme le moyen le plus sûr d'enrichir ses peuples, & de les occuper assez pour prévenir les désordres qu'entraîne l'oisiveté. Hiéron, son frere, lui succèda, mais il ne lui ressembla en rien. Les vertus de Gélon adoucirent l'impreſſion que faiſoient les vices d'Hiéron. Il ne fut point déteſté, quoiqu'il ne méritât point d'être aimé. Traſibule, ſon ſucceſſeur, cruel & ſanguinaire, révolta contre lui ſes ſujets qui l'obligerent à s'exiler. La fuite de ce tyran laiſſa la ville de Syracuſe en proie aux factions des citoyens ambitieux qui eſſayerent de s'emparer du gouvernement, & qui périrent. Enfin le fameux Denys, homme de la plus baſſe extraction, parvint au pouvoir ſuprême. Il vainquit les Carthaginois, & les chaſſa preſqu'entiérement de la Sicile. Ce tyran, mépriſé d'abord des Syracuſains, ſe ſoutint ſur le trône pendant trente-huit ans, malgré toutes les factions de ſes ſujets. Il avoit la vanité ridicule de ſe croire poëte. On dit de lui qu'il avoit envoyé aux carrieres (priſon de Syracuſe) le philoſophe Philoxede qui avoit oſé ne pas admirer des vers qu'il avoit faits ; & que, lui en ayant lu d'autres, il lui demanda ce qu'il en penſoit. Le philoſophe, ſans lui répondre, dit au garde qui l'avoit amené : « Qu'on me remene aux car» rieres. » Cependant le tyran, qui pour cette fois entendit la raillerie, ne permit pas qu'on l'y reconduisît. On dit encore qu'ayant besoin d'argent, il fit ôter à une statue de Jupiter un manteau d'or massif dont elle étoit ornée. *Ce manteau*, dit-il, *est trop froid en hiver & trop lourd en été.* Il en substitua un de laine, *qui seroit propre*, dit-il, *pour toutes les saisons.* Ce prince défiant ne vouloit se confier qu'à ses filles pour lui faire la barbe; craignant même le rasoir entre leurs mains, il leur apprit à lui brûler le poil avec des coquilles de noix.

Denys le Jeune, son fils, lui succéda, mais il ne porta sur le trône que l'amour du plaisir & de la débauche. Dion, son beau-frere, le plus vertueux des Syracusains, l'engagea à faire venir Platon à sa cour. Les courtisans voluptueux, qui redoutoient l'austérité des mœurs de ce philosophe, réussirent à le faire renvoyer, & bientôt le tyran fit à Dion le traitement le plus injuste. Ses biens furent vendus, sa femme donnée à un autre, & lui-même obligé de s'exiler. Les Syracusains, opprimés par Denys, reclamerent le secours de Dion; il chassa le tyran, & gouverna quelque temps avec sagesse. Le peuple efféminé, qui n'aimoit point l'austérité de ses mœurs, oublia ses services & le persécuta : il fut assassiné, & Denys remonta sur le trône. Il en fut bientôt chassé par Timoléon, que les Corinthiens envoyerent au secours de Syracuse. Denys fut relégué à Corinthe où il mourut dans la misere.

Les Syracusains ne jouirent pas longtemps de leur liberté. Agatocle, avec le secours des Carthaginois, se rendit maître de Syracuse ; s'étant ensuite brouillé avec eux, il alla leur faire la guerre jusqu'en Afrique. Il y eut quelques succès, & enfin il fut empoisonné. Les habitans de Syracuse, assiégés de nouveau par les Carthaginois, appelerent Pyrrhus à leur secours. Après quelques succès, il fut obligé de retourner en Epire. Les Syracusains choisirent pour roi Hiéron. Les Mamertins, sortis de la Campanie, s'étoient emparés de Messine en égorgeant les habitans. Hiéron les attaqua ; les Carthaginois se déclarerent pour eux ; mais, comme il ne se fioient point à ces protecteurs suspects, ils appelerent les Romains, & tel fut l'origine de la premiere guerre contre les Carthaginois.

Le consul Appius Claudius, que la république avoit envoyé avec une petite escadre, passa le détroit, aborda en Sicile, battit Hiéron & les Carthaginois, laissa garnison à Messine, & retourna partager avec ses concitoyens la joie de cette victoire, la premiere qui fut remportée hors du Continent. Hiéron fit un traité avec Rome, dont il vit que la puissance alloit devenir fatale à Carthage. Ces premiers succès dans la Sicile, accroissent les espérances des Romains ; ils étendent déja leurs vues au-delà des mers; ils forment le projet d'une marine, & l'exécution suit de près leur dessein. Un vaisseau de Carthage, échoué sur leurs côtes, leur sert de modèle: jusqu'alors ils n'avoient eu que des barques. Deux mois suffisent à leur ardeur pour équiper cent galères à cinq rangs de rames, & vingt à trois rangs. Tandis que les ouvriers travaillent dans les atteliers, on exerce sur le bord de la mer des rameurs assis sur des bancs comme s'ils eussent manœuvré à la chiourme. Ils ne pouvoient pas se dissimuler que leurs ennemis avoient sur eux l'avantage de l'habileté que produit une longue expérience; ils y ſuppléerent en inventant le corbeau, ſorte de machine avec laquelle une galère ennemie accrochée & jointe à la leur, formoit un pont pour l'abordage, & leur donnoit moyen de combattre de pied ferme. Le conſul Duilius, qui en fut l'inventeur, s'en ſervit avec tout le ſuccès poſſible. Dans le premier combat, il battit les Carthaginois, leur tua ſept mille hommes, fit un grand nombre de priſonniers, coula à fond un grand nombre de galères, & en prit plus de quatre-vingt. Cette victoire fut ſi agréable aux Romains, qu'ils accorderent à Duilius une récompenſe auſſi honorable qu'elle étoit ſinguliere : lorſqu'il revenoit chez lui le ſoir, il étoit précédé d'un flambeau & d'un joueur de flûte.

Après cette victoire, les Romains ne douterent plus qu'il ne leur fût poſſible d'étendre leurs conquêtes juſques dans l'Afrique même, & de renverſer un jour Carthage. On y envoya de nouvelles troupes & des galères, & en peu de temps on enleva aux Carthaginois la Sardaigne & l'île de Corſe. La bataille d'Ecnome, où les Carthaginois perdirent plus de ſoixante galères, mit les Romains en état de porter la guerre en Afrique. C'étoit le moyen le plus prompt & le plus sûr de vaincre les Carthaginois, dont toutes les forces consistoient dans les armées de mercenaires qu'ils soudoyoient. L'ennemi approchant de chez eux, la crainte s'emparoit de tout le monde, & c'étoit alors qu'ils ne pouvoient plus se dissimuler leur lâcheté & leur foiblesse.

Le consul Régulus passe en Afrique; son année de consulat alloit expirer, il reçoit ordre de continuer la guerre comme proconsul. Il demande au sénat son rappel, allégue pour raison qu'un voleur lui ayant enlevé ses instrumens de labourage, ne pouvant plus cultiver son petit champ, il court risque de mourir de faim avec sa famille: le sénat ordonne que le trésor public lui fournira tout ce qu'on lui a volé, & que le champ de Régulus sera cultivé; le peuple Romain devient son fermier. Régulus s'avance jusques aux portes de Carthage. Les Carthaginois effrayés lui demandent la paix; mais il y met des conditions si dures, qu'il ranime leur courage par le désespoir. Dans ces circonstances critiques, il leur arrive un corps de troupes auxiliaires. Un Lacédémonien, nommé *Xantipe*, reçoit le commandement de leurs troupes; il fait prendre les armes aux citoyens, releve leur courage, les exerce à combattre, les conduit à l'ennemi, & remporte sur les Romains une grande victoire: Régulus est fait prisonnier. Les Carthaginois, lâches, bas & rampans dans l'adversité, passoient rapidement à la confiance la plus orgueilleuse. Xantipe, qui venoit de les sauver, craint leur perfidie, & se retire secrétement. On apprend à Rome la perte de la bataille; on fait de nouveaux efforts, on équipe des galères, on envoie de nouvelles armées. Une tempête détruit toutes les espérances, on renonce à l'empire de la mer. On s'apperçoit de la supériorité qu'il donne aux ennemis; on équipe une nouvelle flotte: le proconsul Métellus remporte une victoire complette près de Palerme; soixante éléphans servent d'ornemens à son triomphe. Les espérances renaissent à Rome; la flotte part, & l'on va mettre le siége devant Lilibée. Les Carthaginois envoient des ambassadeurs pour parler de paix, & proposer l'échange des prisonniers. Ils y envoyent Régulus lui-même, après avoir pris sa parole, de retourner à Carthage si les ambassadeurs ne réussissent pas. Quoiqu'il connût la cruauté des Carthaginois, il détourne le sénat du dessein de faire la paix, & retourne à Carthage subir le supplice le plus affreux. Les Romains, pour venger sa mort, livrerent les principaux prisonniers à la vengeance de sa femme & de ses enfans, qui ne se montrerent pas moins barbares que les Carthaginois.

Amilcar Barcas, pere d'Annibal, épuisoit toutes les ressources de l'art militaire pour empêcher la prise de Libée. Le consul Claudius Pulcher, général imprudent, attaque la flotte des Carthaginois au port de Drépane, & perd entiérement celle des Romains. On dit qu'avant la bataille on vint lui dire que les auspices n'étoient point favorables, & que les poulets sacrés ne vouloient point manger; il se fit aporter la cage, &, en les jetant à la mer: » Qu'ils boivent, dit-il, puisqu'ils ne » veulent pas manger. » Les Romains superstitieux étoient à moitié vaincus lorsqu'ils allerent au combat. Cette perte fut suivie d'autres malheurs qui ruinerent entiérement la marine des Romains ; mais on trouva une grande ressource dans le zèle des plus riches particuliers & du peuple même. Chacun se mit à contribution, & l'on équipa deux cents galères à cinq rangs. L'avantage tourna du côté des Romains ; la flotte des Carthaginois, commandée par Hannon, fut détruite par le consul Lutatius, qui battit ensuite Amilcar, & les ennemis força à demander la paix. Il leur imposa des conditions fort dures ; il exigea qu'ils évacuassent toute la Sicile ; qu'ils payassent aux Romains, dans l'espace de vingt ans, deux mille deux cents talens d'argent (près de deux million de notre monnoie ;) qu'ils rendissent sans rançon les prisonniers. Le peuple Romain ratifia ce traité en ajoutant encore à la dureté des conditions ; il exigea mille talens pour les frais de la guerre, le payement de l'autre somme dans l'espace de dix années, & obligea les Carthaginois à abandonner toutes les îles situées entre la Sicile & l'Italie. Telle fut la fin de cette premiere guerre qui avoit duré vingt-quatre ans, & que les Romains, ignorant absolument la marine, avoient commencée avec quelques barques, durant laquelle ils furent traversés par de fréquentes tempêtes qui leur avoient fait perdre plus de sept cents galères, tandis que Carthage, plus opulente, avoit fait des pertes moins considérables; mais les Romains avoient trouvé dans leur activité des ressources que les richesses de Carthage ne pouvoient fournir à cette république. Rome uniquement guerriere devoit écraser Carthage uniquement commerçante.

Cette république se vit sur le point d'être ruinée par les troupes mêmes qui avoient servi à la défendre. On voulut diminuer la paye de ces mercenaires; & leur mécontentement excita une révolte qui tendoit à la destruction de Carthage, si l'habileté & le courage d'Amilcar ne l'eussent dissipée. Ces mercenaires s'emparent de la Sardaigne, & l'offrent aux Romains qui la refusent d'abord. Ils saisissent ensuite un prétexte pour s'emparer de cette île, obligent les Carthaginois à y renoncer pour toujours, & à payer les frais de l'armement pour cette conquête.

La paix générale dont jouit alors le

peuple Romain, fit fermer le temple de Janus, qui ne l'avoit point été depuis Numa. On le r'ouvrit quelques mois après, & il ne fut refermé que par Auguste.

Le déni de justice & la réponse fière de la reine Teuta, reine d'Illyrie, aux ambassadeurs Romains, furent la cause de la guerre d'Illyrie dont ils s'emparerent.

Les Gaulois, ennemis des Romains, faisoient des préparatifs contre eux; c'étoient les seuls ennemis que redoutât la république. On consulta les pontifes sur les moyens de se garantir de leurs entreprises; &, sur leur réponse, on enterra deux Gaulois tout vifs. On arma contre eux. Le succès de la premiere bataille ne fut pas pour les Romains; mais ensuite ils vainquirent les Gaulois dans plusieurs combats; ils passerent le Pô pour la premiere fois, prirent Milan, se rendirent maîtres de l'Insubrie & de la Ligurie, dont ils firent une province Romaine sous le nom de *Gaule Cisalpine*.

Carthage avoit employé le temps de la paix à réparer ses pertes par les nouvelles conquêtes qu'elle avoit faites en Eſpagne. Ces ſuccès alarmoient Rome. Cette république, qui ne vouloit point laiſſer relever ſa rivale abattue, avoit fait un traité par lequel on étoit convenu que les Carthaginois ne paſſeroient pas l'Ebre, & que Sagonte, ville alliée des Romains, demeureroit libre. Aſdrubal avoit obſervé le traité; mais le jeune Annibal, ſon ſucceſſeur, qui ne reſpiroit que la guerre, & qui, à l'âge de vingt-ſix ans, avoit déja conçu le projet de rendre aux Romains tous les maux qu'ils avoient faits à ſa patrie, obtient du ſénat de Carthage un plein pouvoir d'attaquer Sagonte & les Romains. Cette ville aſſiégée implore le ſecours de Rome; on envoie des ambaſſadeurs, dont les remontrances ne produiſent aucun effet. Après ſept mois de ſiége, les Sagontins, réduits aux dernieres extrémités, brûlent ce qu'ils ont de plus précieux, mettent le feu à leurs maiſons, & y périſſent la plûpart avec leurs femmes & leurs enfans. Ce fut-là le ſignal de la guerre. Les Romains envoyerent des ambaſſadeurs à Carthage pour demander raiſon de cette entrepriſe contraire aux lois du traité; ils exigeoient qu'on leur livrât Annibal. Le sénat voulant justifier le siége de Sagonte, Fabius, sans écouter d'autres raisons, fit un plis dans sa robe, & dit : « Je porte ici la paix ou la guerre, » choisissez. » Le chef du sénat, d'un ton aussi fier, lui dit qu'il pouvoit choisir lui même : « Prenez-donc la guerre, » dit Fabius ; & il se retira.

Rome sollicita en vain les Espagnols & les Gaulois à prendre sa défense, elle fut réduite à ses propres forces. Annibal forma le projet de porter la guerre dans l'Italie même. Après avoir mis en sûreté Carthage & ses conquêtes, & s'être informé exactement de tous les obstacles qu'il pouvoit rencontrer, il partit à la tête de son armée pour exécuter son projet. Il passe l'Ebre & les Pyrénés, traverse une partie de la Gaule ; &, par la promptitude de sa marche, il prévient le consul Publius Scipion, qui s'étoit rendu à Marseille, & se disposoit à l'empêcher de passer le Rhône. La rapidité de ce fleuve, dont les Gaulois défendoient l'autre rivage, ne fut point un obstacle assez fort pour arrêter Annibal ; il arrive aux pieds des Alpes, les trouve couvertes de glace & de neige, les traverse en quinze jours avec des peines infinies, malgré les montagnards féroces qui lui en disputoient l'entrée. Après cinq mois de route, pendant lesquels il avoit fait, à la tête de cinquante mille hommes, environ quatre cents lieues, à travers mille dangers, il arriva en Italie. Dans cette marche fatiguante, il avoit perdu trente mille hommes d'infanterie & dix-huit mille de cavalerie.

Lorsqu'il eut donné quelque repos à ses troupes, il commença son expédition par la prise de Turin. Scipion, qui étoit retourné au secours de l'Italie, combat les Carthaginois au-delà du Tésin; il reçoit une blessure, sa cavalerie le croit mort & prend la fuite. Il repasse le Pô, Annibal le suivant de près. Sempronius avoit été rappelé de Sicile: il a la témérité de combattre malgré les remontrances de Scipion; mais il est vaincu sur les bords de la Trébie. Annibal l'avoit attiré au-delà de cette riviere, où ses soldats, couverts de neige, saisis de froid & souffrans de la faim, pouvoient à peine soutenir leurs armes. Après cette victoire, Annibal passe l'Apennin, où il essuie un orage dont ſon armée eſt accablée pendant deux jours, ſans qu'on puiſſe dreſſer les tentes : il y perd tous ſes éléphans & un grand nombre d'hommes & de chevaux. Au ſortir des montagnes, il attaque Sempronius, paſſe dans l'Etrurie, & traverſe des marais, où pendant quatre jours ſon armée marche les pieds dans l'eau : il y perd lui-même un œil. Au ſortir de tous ces dangers, il rencontre près du lac de Traſimène l'imprudent Flaminius qui s'engage dans un défilé ; Annibal l'inveſtit, l'attaque, le tue, taille ſon armée en piéces, & fait ſix mille priſonniers.

La fortune ſembloit porter ſur ſes ailes ce général hardi & ſi digne de ſes faveurs ; elle ne l'éblouit point. Il traita avec humanité les alliés des Romains, & leur renvoya leurs priſonniers ſans rançon, pour les attirer dans ſon parti : il ſe diſoit leur libérateur & leur vengeur. Malgré ſes avances, les alliés de Rome ne la trahirent point. L'imprudence & l'incapacité des deux généraux qui venoient d'être vaincus, déterminerent le ſénat à nommer un dictateur ; ce fut Fabius, dont la prudence rétablit les affaires de la république. Il s'acquit plus de gloire en évitant de combattre, en laissant l'ennemi se consumer faute de vivres, & en le harcelant continuellement, qu'il n'en eût mérité par des victoires éclatantes. Ce fut en vain que le bouillant Minucius, voyant Annibal ravager les terres des alliés, décria la conduite du dictateur, & lui fit l'injuste reproche de lâcheté; il eut assez de force & de constance pour braver le mépris & le ridicule, & pour sacrifier sa propre gloire aux intérêts de la patrie : « Je serois vraiment lâche, disoit-il, si la crainte des railleries me faisoit commettre des fautes. » Annibal, pour le rendre suspect, épargne les terres du dictateur. Pour appaiser les murmures, Fabius ordonne à son fils de les vendre, & se sert de l'argent pour racheter les prisonniers. On le rappelle à Rome; un tribun l'accuse; il se contente de répondre: « Fabius ne peut être soupçonné par ses concitoyens. » On porte l'injustice & l'aveuglement jusqu'à partager l'autorité du commandement entre lui & son général de cavalerie. Tout étoit perdu, si ce grand homme n'eût pas été un des héros les plus parfaits qu'ait jamais eus Rome. L'imprudent Minucius, ayant sous ses ordres la moitié de l'armée, attaque témérairement les Carthaginois ; Fabius le voit enveloppé de toutes parts & prêt à être vaincu ; il oublie ses torts, vole à son secours, dissipe les ennemis, & arrache Minucius d'entre leurs mains. Le général de la cavalerie, devenu sage par une si belle leçon, remet l'autorité entre les mains de ce grand homme. Lorsque l'Etat est servi par de tels généraux, quels ennemis peut-il avoir à redouter ?

Jamais aucune campagne n'avoit appris aux Romains combien le choix d'un général influe sur les événemens de la guerre ; mais le peuple sçut-il jamais raisonner ? Pour achever ce que la prudence & l'habileté de Fabius avoient commencé, le peuple met à la tête de ses armées Terentius Varron, fils d'un boucher, & qui avoit exercé lui-même ce métier. Cet homme, qui n'avoit d'autre mérite que celui d'avoir flatté le peuple, est élevé au consulat : il avoit pour collégue Emilius, dont les talens militaires & toutes les vertus d'un bon citoyen ne purent prévenir les suites de la témérité de Varron. Les armées s'étoient rassemblées auprès de Canne, en Apulie, (la Pouille :) Varron profita de son jour de commandement pour livrer bataille. L'armée Romaine fut taillée en piéces; le consul Emilius y perdit la vie avec environ quarante mille hommes, dont près de trois mille étoient chevaliers.

La nouvelle de cette défaite porta la consternation dans Rome; mais ce fut alors que le sénat fit paroître sa prudence & sa magnanimité. On ordonne aux femmes de se renfermer dans leurs maisons, elles ne sçavoient que gémir & pleurer. (Les Spartiates auroient couru aux armes.) On empêche les citoyens de sortir de la ville. Les sénateurs se dispersent dans tous les quartiers pour y rétablir l'ordre & la tranquillité. Varron revient à Rome avec dix mille hommes des débris de son armée. Le sénat rassemblé, marche à sa rencontre, & le remercie de n'avoir point désespéré de la république. Il pense à faire de nouvelles levées. Le trésor étoit épuisé, les sénateurs y portent tout leur argent; tous les citoyens imitent leur exemple : on enrôle toute

la

la jeunesse; on arme huit mille esclaves: les alliés fournissent des troupes, & l'armée se met en marche. Annibal s'étoit retiré à Capoue, où il avoit passé l'hiver dans les plaisirs; & ses soldats, qui avoient souffert tant de fatigues, ne résisterent point aux délices de la Campanie. Après la bataille de Canne, il avoit envoyé demander du secours à Carthage; on le lui refusa.

Sempronius, à la tête d'une troupe d'esclaves, défit une armée de Carthaginois; & le consul Marcellus eut la gloire de faire fuir Annibal devant lui. Ce consul passa en Sicile, & s'immortalisa par le siége & la prise de Syracuse, qui, depuis la mort d'Hiéron, s'étoit déclarée contre les Romains. Le génie seul d'Archimède défendit pendant trois ans cette ville contre les attaques des Romains. Par-tout Rome avoit pris le dessus. La Sicile devint province Romaine. Tandis qu'ils assiégent Capoue, Annibal entreprend le siége de Rome, mais il est obligé de le lever; les auteurs de la révolte de Capoue se donnent la mort, les citoyens se rendent; on les disperse. Tarente est enlevée au Carthaginois par Fabius.

Marcellus périt dans une embuscade dans laquelle il donna malheureusement. Publius Scipion, & Cnéius son frere, avoient rétabli en Espagne la supériorité des Romains; ils avoient repris Sagonte; mais ils venoient de périr l'un & l'autre, & leur perte paroissoit irréparable, lorsque le grand Scipion, fils de l'aîné, s'offrit à continuer la guerre. Il n'avoit que vingt-quatre ans: il fut nommé *proconsul*.

Scipion prévint en sa faveur tous les esprits, en tournant au bien de sa patrie le penchant qu'avoient les Romains pour la superstition; ils auroient peut-être regardé le projet du siége de Carthagène comme une entreprise chimérique, s'il ne leur eût dit que Neptune lui-même lui étoit apparu, & lui avoit conseillé de le faire. Il étonne les esprits par un autre prodige, en annonçant comme un miracle le reflux de la mer qui devoit rendre le port guéable. Après avoir ainsi disposé ses soldats, il attaque la ville, & l'emporte d'assaut en un jour. La perte des Carthaginois fut irréparable; Scipion s'empara de dix-huit galères & de cent trente vaisseaux marchands chargés de provisions; les magaſins & les arſenaux étoient pleins, & la ville lui procura des richeſſes immenſes.

Ce fut à Carthagène que Scipion ſe couvrit d'une autre ſorte de gloire qui ne contribua pas peu à lui ſoumettre toute l'Eſpagne. On lui avoit amené une jeune captive dont la beauté avoit charmé ſes yeux ; ayant appris qu'elle étoit fiancée à un prince du pays, il le fait venir & lui rend ſon épouſe. Ce prince reconnoiſſant, parle de lui comme d'un dieu, & lui procure pour alliés tous les princes ſes voiſins. En peu de temps Scipion, aidé de ſon ami Lélius, & de Maſſiniſſa, roi de Numidie, qui avoit quitté l'alliance des Carthaginois pour la ſienne, ſoumit toute l'Eſpagne.

Tandis que les Carthaginois perdoient l'Eſpagne, Aſdrubal, frere d'Annibal, avoit paſſé les Alpes avec une armée nombreuſe. Ce général avoit perdu la vie dans un combat où les conſuls Romains tuerent cinquante mille hommes. Après cette grande victoire, Rome n'avoit plus rien à craindre pour elle ni pour l'Italie. Scipion propoſa de porter la guerre en Afrique.

Le ſénat lui donna le département de la Sicile, avec le pouvoir de paſſer en Afrique s'il le jugeoit à propos. Les premiers ſuccès de Scipion font trembler les Carthaginois ; ils rappellent Annibal qui quitte l'Italie à regret, quoiqu'il y eût déja eſſuyé de grandes pertes. Scipion, aux portes de Carthage, mettoit tout à feu & à ſang; Annibal reçoit ordre de l'attaquer. Ses eſpions ſont arrêtés ; on les conduit au général Romain qui leur fait tout examiner, leur donne de l'argent, & les renvoie. Sur leur rapport, Annibal déſire la paix, demande une entrevue à Scipion, & tâche de lui en inſpirer les ſentimens. Mais Annibal trouvant les conditions du traité trop dures, les deux généraux ſe ſéparent pour donner une bataille qui devoit décider du ſort des deux nations. Les Carthaginois perdirent quarante mille hommes à la bataille de Zama, & Annibal lui-même y courut des riſques. Les Romains n'y perdirent que deux mille hommes. Les Carthaginois éprouverent alors la même terreur que la bataille de Canne avoit inſpirée aux Romains. Annibal fut le premier à dire qu'il n'y avoit de reſſource pour Carthage que dans la paix. Scipion en imposa les conditions, qui furent que Carthage conserveroit ce qu'elle possédoit en Afrique avant la guerre; que les Romains garderoient l'Espagne & les îles de la Médierranée; que les Carthaginois livreroient leurs éléphans & tous leurs vaisseaux de guerre, excepté dix galères à trois rangs; qu'ils payeroient dix milles talens dans l'espace de cinquante années; qu'ils rendroient à Massinissa tout ce qu'ils lui avoient enlevé ou à ses ancêtres, & qu'ils ne pourroient faire la guerre, ni en Afrique ni ailleurs, sans le consentement du peuple Romain; qu'enfin ils donneroient pour ôtages cent de leurs citoyens, au choix de Scipion. Ce traité fut ratifié à Rome.

L'opulente Carthage ruinée, cinq cents galères livrées à Scipion & brûlées à la vue de ces fiers républicains, le trésor public épuisé, & tous les citoyens taxés pour completter les sommes que le vainqueur devoit remporter à Rome; tels étoient les motifs du triomphe des Romains, & telle fut la fin de cette guerre, dont les commencemens avoient été si favorables aux

Carthaginois. Le vainqueur de l'Afrique fut reçu dans sa patrie avec l'enthousiasme de l'admiration & de la reconnoissance. Son triomphe fut magnifique; &, ce qu'il y eut de plus glorieux pour lui, il y reçut le nom d'Africain, & fut le premier Romain qui ajouta à son nom celui d'une nation vaincue. Maîtres de l'Italie, de la Sicile & de l'Afrique, les Romains ne virent plus d'entreprise impossible pour leurs armes. Leur génie ambitieux conçut dès-lors les projets les plus vastes, & leur activité en entreprit sans délai l'exécution. Tout sembloit concourir à leur assurer des victoires. La Grèce languissante, aux prises avec Philippe de Macédoine, appeloit Rome à son secours; & Rome, vindicative & outragée par le traité d'alliance que Philippe avoit fait avec Annibal après la bataille de Canne, brûloit de se venger de ce monarque. Vous avez vu dans l'histoire de ce prince la guerre que Rome lui fit, & comment les victoires des Romains, sur les Macédoniens, leur avoient ouvert l'entrée de la Grèce.

D'un autre côté, l'Egypte, sous un roi pupille, menacée par l'ambitieux Antiochus, en se mettant sous la sauvegarde de Rome, ouvroit à cette république l'entrée de l'Asie. Vous avez vu avec quelle hauteur le sénat de Rome rabaissa la fierté d'Antiochus, la conquête de la Syrie & la suite des victoires des Romains dans toute l'Asie; ne revenons point sur ces objets, & reprenons l'histoire particuliere de cette république fameuse. Ses victoires ne lui furent pas moins fatales, qu'elles l'avoient été aux peuples vaincus. Ses armes soumirent les peuples de l'Asie, mais le luxe asiatique corrompit les mœurs dont la sévérité avoit été la premiere cause de sa fortune, & du sein même de la prospérité, sortit la cause des malheurs & de la décadence de la république. En vain le célèbre Caton le Censeur, ennemi de toute espece de luxe, déclamoit contre les abus que sa sévérité lui faisoit prévoir. Autant le zèle qu'il fit paroître pour le maintien des bonnes mœurs est louable, autant l'acharnement injuste avec lequel il poursuivit les Scipions est blamable. Sa vertu farouche, si toutefois c'en est une qu'un zèle rigide, plein d'amertume & de fiel, suscita deux tribuns qui accuſerent le grand Scipion de s'être laiſſé corrompre par l'or d'Antiochus ; mais, au milieu de l'aſſemblée du peuple, ce héros, dédaignant de ſe juſtifier, déchire ſes livres de compte, & dit : « A pareil jour qu'aujourd'hui j'ai » vaincu Annibal & les Carthaginois ; » ſuivez-moi Romains, montons au ca» pitole en rendre graces aux dieux. » Le peuple le ſuit, & laiſſe ſes vils accuſateurs couverts de honte. Quelque temps après ayant été accuſé de nouveau, il quitta Rome, & ſe retira à la campagne où il mourut âgé de quarante-ſept ans. Il fut un des plus grands héros qu'ait produit Rome ; aux talens de l'art militaire il joignit le mérite rare alors d'aimer les ſciences & les lettres.

Il reſtoit un autre Scipion, ſon frere, ſurnommé l'*Aſiatique ;* c'étoit celui qui avoit fait la guerre à Antiochus. Caton le pourſuivit avec autant d'injuſtice & d'animoſité. Il le fit accuſer d'avoir reçu des ſommes conſidérables du roi de Syrie ; il fut condamné à une amende ſi forte, que ſes biens ne ſuffirent pas pour la payer. On n'avoit trouvé dans ſes papiers aucune preuve du crime dont on l'avoit accuſé ; l'injuſtice fut reconnue & réparée. Scipion l'Asiatique avoit trouvé un zélé défenseur dans le tribun Sempronius Gracchus, qui en fut bien récompensé par son mariage avec la célèbre Cornélie, fille de Scipion l'Africain. La sévérité de Caton le Censeur n'épargnoit pas même les citoyens les plus illustres : ce réformateur outré, dont la conduite particuliere n'étoit pas exempte de blâme, dégrada un sénateur pour avoir embrassé sa femme en présence de ses filles. Il exclut sans raison Scipion l'Asiatique de l'ordre des chevaliers, où il étoit entré après sa disgrace. Il condamnoit à l'amende tous ceux qui portoient des ornemens superflus. Haï de la noblesse & des premiers sénateurs, il étoit l'idole du peuple à qui il en imposoit par son extérieur & son excessive austérité de mœurs.

Ce même Caton fut un des commissaires que Rome envoya à Carthage pour terminer les différends de cette république avec Massinissa, qui, fier de l'alliance & de la protection de Rome, venoit d'usurper quelques terres des Carthaginois. A son retour, il exagéra à Rome les forces de Carthage, &

proposa la destruction de cette république. Scipion Nasica, plus juste & moins violent, s'opposa de toute sa force à ce projet; mais ce fut en vain. Les Carthaginois prirent les armes contre Massinissa; ce roi les vainquit dans un combat, où ils perdirent environ cinquante mille hommes. Les Romains, par l'injustice la plus odieuse, se déclarerent contre les vaincus : les Carthaginois eurent beau faire des soumissions, & offrir de se reconnoître sujets de Rome, on n'écouta rien; le sénat leur promet en termes équivoques de leur laisser la liberté, s'ils se soumettent aux ordres qu'ils recevront des consuls. Marcius & Manilius arrivent à la tête d'une armée formidable : ils reçoivent les députés de Carthage, qui se plaignent de ce que le sénat leur envoie une armée pour faire un traité de paix. Les consuls répondent à ces plaintes si justes : vous êtes sous la protection de Rome, vous n'avez plus rien à craindre de vos ennemis; livrez-nous vos armes, Rome se charge de vous défendre: obéissez. Dès qu'ils eurent remis leurs armes & leurs machines de guerre, les consuls leur déclarerent qu'il falloit qu'ils sortissent de la ville; qu'ils pouvoient aller s'établir ailleurs, pourvu qu'ils observassent de fixer leur nouvelle demeure à dix mille de la mer, & qu'elle fût sans aucune fortification; que Carthage alloit être détruite. Ce fut alors que le désespoir s'empara de tous les cœurs: le peuple, frémissant de rage, massacre les sénateurs qui avoient été d'avis de livrer les armes; il court dans les palais & dans les temples, ramasse tout ce qui peut servir à faire de nouvelles armes, y travaille avec une ardeur infatigable. L'or & l'argent tiennent lieu du fer & du cuivre; les femmes elles-mêmes sacrifient leurs ornemens, & leurs cheveux servent à faire des cordes. La ville n'est plus qu'un grand attelier où tous les citoyens sont occupés du même ouvrage.

Les Romains attaquent cette ville, & ne s'attendent pas à y trouver de la résistance; ils sont repoussés vivement, & les assiégés brûlent leur flotte. Il ne falloit rien moins qu'un Scipion Emilien, fils du grand Paul Emile, pour arrêter les efforts d'Asdrubal à la tête des Carthaginois désespérés & victorieux. Ce héros, avec trois cents cavaliers, arrêta la pourſuite de l'armée victorieuſe, & couvrit la retraite des légions Romaines. Caton, qui n'avoit jamais loué perſonne, & qui pour cela n'en étoit pas plus louable, donna de grands éloges à ſa valeur & à ſa prudence. On lui rendit la même juſtice à Rome, où il fut nommé conſul ſans le faire tirer au ſort, & quoiqu'il n'eût pas l'âge requis par les lois. Il attaque plus vivement Carthage, & ſe rend maître d'une porte; les Romains entrent dans la ville, mettent le feu aux maiſons, & paſſent au fil de l'épée tout ce qui leur réſiſte. Aſdrubal ſe préſente ſans armes, & demande lâchement la vie; ſa femme l'accable de reproches, égorge ſes enfans, & ſe précipite elle-même dans les flâmmes qui conſument ſon palais. La plûpart des citoyens périſſent. La ville eſt livrée au pillage; & Scipion, pour remplir le vœu de ſa république, y fait mettre le feu. L'incendie dura dix-ſept jours. Le deſtructeur de Carthage retourne à Rome, où le triomphe le plus magnifique couronne ſes exploits.

Av. J.C. 146.

Les armes des Romains n'avoient pas été moins heureuſes dans la Grèce.

Corinthe y fut détruite, & les Achéens, derniers défenſeurs de la liberté des Grecs, ſubirent la loi de ſes vainqueurs.

En Eſpagne, Viriathe, général des Luſitaniens, s'étoit formé un royaume en ſoulevant différens peuples contre les Romains; dans une occaſion où il auroit pu les tailler en piéces, il ſe contenta de faire avec eux un traité de paix qui lui aſſuroit le royaume dont il étoit en poſſeſſion, & par lequel il abandonnoit aux Romains tout ce qu'il poſſédoit en Eſpagne. Par la plus horrible perfidie, le conſul Servilius Cépion rompit ce traité, attaqua Viriathe, le pourſuivit, & le fit aſſaſſiner par des traîtres pendant ſon ſommeil.

Numance, ville conſidérable d'Eſpagne, ſe repoſoit ſur deux traités faits avec les Romains. Ceux-ci les rompent injuſtement, & attaquent les Numantins qui ſe réſolvent à défendre leur liberté juſqu'à la derniere goutte de leur ſang. Le deſtructeur de Carthage, nommé une ſeconde fois conſul, contre toutes les lois, eſt chargé de la réduction de cette ville. Il aſſiége Numance: les Numantins réduits aux dernieres extrémités, après avoir mangé dans les horreurs de la famine jusqu'aux cadavres, plusieurs aimerent mieux se donner la mort que de se soumettre aux Romains. Cependant, pressés vivement, ils prirent la funeste résolution de s'ensevelir plutôt sous les ruines de leur ville, que de se soumettre aux Romains qui les avoient réduits à cette extrémité. Ils réduisirent leur ville en cendres, & périrent tous avec leur patrie, dont ils défendoient la liberté depuis quatorze ans. Telle fut la fin de cette guerre injuste, dont l'ambition des Romains avoit été la seule cause.

Les divisions intestines avoient été suspendues par les guerres du dehors; les causes de ces dissentions subsistoient toujours; & les richesses qu'avoient procurées les victoires remportées sur les peuples vaincus, n'avoient fait que les multiplier. Rome, jusqu'à présent, nous a paru plus avide de gloire que de richesses; malgré les séditions de ses tribuns, le bien public & la gloire de l'Etat animoient tous les citoyens; quelques ambitieux, qui ont paru de loin en loin, n'ont fait que donner plus de lustre au zèle patriotique & à l'amour de la liberté. Nous ſommes arrivés à l'époque funeſte de la décadence de cette fameuſe république. Quelle en fut la cauſe? La même qui a déja occaſionné la chute de tant d'empires & de républiques, la ſoif inſatiable des richeſſes, une énorme inégalité de fortune entre des citoyens, dont les pauvres étoient ceux qui verſoient leur ſang pour acquérir des terres & des poſſeſſions immenſes à des hommes qui ne faiſoient rien eux-mêmes pour la patrie. Avec l'heureuſe ſimplicité des anciens Romains, vous allez voir diſparoître les mœurs, la juſtice, la bonne foi, l'amour de la pauvreté. Rome embellit ſes temples & ſes édifices publics des chefs-d'œuvres de la Grèce; vous y verrez bientôt la magnificence du luxe aſiatique; mais, avec les arts & les ſciences, plus de politeſſe, plus de goût, vous verrez s'établir inſenſiblement l'ambition ſans bornes, le luxe & la débauche, la perfidie & le meurtre, la tyrannie & les horribles proſcriptions; enfin l'amour de la patrie & le zèle pour le bien public vont s'éteindre dans le ſang des citoyens, répandu par d'autres citoyens.

Il y avoit tant de disproportion entre la fortune des nobles & celle du peuple accablé de misere, qu'il n'y avoit qu'une violente révolution qui pût rétablir l'équilibre si nécessaire. Deux hommes d'un mérite distingué, Tibérius & Caïus Gracchus, fils de la célèbre Cornélie, tenterent une réforme que les circonstances rendoient impossible. Ils étoient plus capables qu'aucun autre Romain d'une entreprise aussi hardie, s'ils eussent joint à leurs talens plus de douceur. Ils avoient reçu de leur mere la meilleure éducation; avec les plus belles qualités de l'ame, ils avoient l'esprit très-cultivé, & sur-tout le talent de l'éloquence. Tibérius, avantageusement connu par la gloire qu'il s'étoit acquise dans les armes, & par le crédit dont il jouissoit dans l'intérieur de la république, étoit justement irrité contre le sénat qui avoit porté un arrêt flétrissant contre son général Mancinus & contre lui, pour avoir négocié un traité qui avoit sauvé à la république plus de vingt mille citoyens. Il se déclare contre les patriciens, brigue la charge de tribun & l'obtient : il entreprend alors de rétablir l'ordre dans la république, en rappelant les citoyens à l'ancienne égalité qui pouvoit seule les rendre tous heureux. Au mépris de la loi Licinia, qui ordonnoit que chaque citoyen ne pourroit posséder plus de cinq cents arpens de terre, les grands avoient étendu leurs domaines en usurpant la plus grande partie des terres de la république. Tibérius proposa de faire revivre la loi Licinia; il y mit cependant une condition qui auroit dû calmer les inquiétudes des riches, si l'avarice, par ses calculs, n'eût fait disparoître à leurs yeux les avantages réels de cette loi, remise en vigueur avec la clause que proposoit Tibérius. C'étoit, en réduisant tous les particuliers à cinq cents arpens, de racheter aux dépens du trésor public ce que chacun d'eux en possédoit au-delà.

L'opposition des patriciens ne fit qu'augmenter le zèle du tribun. Les bêtes sauvages, disoit-il, ont des tanieres; & des Romains à qui l'on donne le titre de maîtres du monde, manquent de maisons pour se mettre à couvert, & ne possedent pas un pouce de terre pour leur sépulture. Après bien des débats, la loi Licinia est renouvellée; Tibérius lui-même est nommé commiſſaire, avec Caïus ſon frere, & Appius Claudius ſon beau-frere. Tibérius ne s'en tint pas à ce premier avantage, il fit ajouter à la loi, que l'on reprendroit les terres uſurpées ſur la république; &, comme dans la diſtribution de ces terres on ne trouvoit pas de quoi contenter tous les pauvres, il leur fit diſtribuer les tréſors d'Eumène, roi de Pergame, qui avoit légué ſon royaume & ſes richeſſes au peuple Romain. Après ces diſpoſitions ſi contraires aux vues des patriciens & des riches, il prévoyoit bien l'orage qui le menaçoit lorſqu'il ſeroit ſorti du tribunat; il demanda à être continué; & les ſénateurs, qui crurent qu'il ne pouvoit leur arriver rien de plus déſavantageux, prirent le parti d'employer la violence pour l'empêcher de réuſſir. Ils montent au capitole où ſe tenoit l'aſſemblée. Tibérius, averti du danger, porte les mains à ſa tête pour implorer le ſecours de ſes concitoyens: ſes ennemis l'accuſent de demander le diadême; ce bruit ſe répand & augmente le tumulte que le conſul Mucius Scévola s'efforce en vain d'appaiſer; l'autre conſul, Scipion Naſica, couſin-germain du tribun, s'écrie : « Le consul nous trahit, suivez-» moi. » Tous les sénateurs & les patriciens, accompagnés de leurs clients armés de bâtons, montent en foule au lieu de l'assemblée, & Tibérius meurt assommé avec plus de trois cents Av. J.C. de ses amis. Révolution funeste, qui fut 121. la premiere où l'on vit couler le sang des citoyens. Le sénat, bien différent de ce qu'il étoit autrefois, approuva ce qui s'étoit fait, & envoya Scipion Nasica ambassadeur en Asie, pour le soustraire à la vengeance du peuple.

Tibérius Gracchus avoit tellement indisposé contre lui les nobles, que Scipion Emilien, son beau-frere, approuva lui-même le meurtre. La populace l'ayant un jour insulté à cette occasion, il prit le parti de se retirer à sa maison de campagne. Etant revenu à Rome s'opposer à de nouvelles prétentions du tribun Corbon, les troubles renaissant au sujet de la loi agraire; il alloit être nommé dictateur, lorsqu'on le trouva mort dans son lit.

Caïus Gracchus, aussi vertueux que son frere, mais plus éloquent que lui, s'étoit reriré à la campagne après la mort de Tibérius. Son zèle pour le bien public, le ramena à Rome, où, malgré les conseils de Cornélie, il brigua le tribunat & l'obtint. Aux grandes vues de son frere, il avoit ajouté des vues particulieres non moins favorables au peuple. Au partage des terres, il ajouta un établissement qui lui fit le plus grand honneur : c'étoient des magasins de blé, d'où les pauvres en pouvoient tirer une certaine quantité chaque mois à très-bas prix. Maître du peuple, dont il étoit le bienfaiteur, il fut continué dans le tribunat. Il avoit pris à tâche de diminuer l'autorité du sénat; & il fit transporter aux chevaliers Romains, qui appartenoient à l'ordre des plébéïens, le jugement de toutes les causes entre des particuliers : il fit renouveler la loi qui défendoit d'exécuter aucune sentence capitale contre un citoyen Romain, sans le consentement du sénat & du peuple. Mais ce qui alarma le plus le sénat, c'est qu'il entreprit de faire accorder le droit de bourgeoisie à tous les alliés de Rome dans l'Italie. Pour détourner ce coup trop favorable à la puissance du peuple, on le mit à la tête d'une colonie qui devoit rebâtir Carthage,

&, pendant ſon abſence, le ſénat gagna un des tribuns qui lui enleva la plûpart de ſes partiſans; on éleva au conſulat Opimius, ſon ennemi mortel, & il ne put lui-même obtenir un troiſieme tribunat.

Le jour où le peuple aſſemblé devoit prononcer ſur les lois propoſées par Gracchus, ſi contraires aux intérêts du ſénat, un des licteurs d'Opimius, paſſant près des amis de Gracchus, leur dit: *Retirez-vous, mauvais citoyens;* & il fut tué ſur le champ. Le conſul porte ſes plaintes au ſénat, qui l'autoriſe à faire tout ce qu'il jugera expédient à la république : formule uſitée dans les grands dangers, & qui donnoit au conſul un pouvoir abſolu. Opimius fait armer les chevaliers : Gracchus ſort de ſa maiſon ſans armes, malgré les efforts d'une tendre épouſe, qui, pour le retenir, lui rappelle la fin malheureuſe de ſon frere. Le peuple, ſous la conduite de Fulvius, s'étoit retiré ſur le mont Aventin; Opimius, à la tête des troupes, promet une amniſtie générale à ceux qui mettront bas les armes, & promet de payer au poids de l'or la tête de Fulvius & celle de

Gracchus : ils périssent l'un & l'autre dans cette émeute, & avec eux plus de trois mille de leurs partisans. Le barbare Opimius, après avoir fait jeter tous les cadavres dans le Tibre, eut l'audace d'élever un temple à la Concorde.

Le sénat, devenu maître, prit les moyens les plus sûrs pour anéantir les lois des Gracques. On ne dépouilla point les riches des terres usurpées, mais on établit un impôt qu'ils devoient payer au trésor public. Cette taxe ne tarda pas à être supprimée, & la misere du peuple ne fut point diminuée. Quelle différence dans les mœurs ! Opimius, accusé du massacre de tant de citoyens, gagna sa cause; & l'on alla même jusqu'à ouvrir la porte aux séditions & aux meurtres, en décidant qu'un consul, sans attendre la décision des comices, pouvoit délivrer la république de citoyens dangereux, pourvu qu'il fût autorisé par le sénat.

L'infortunée Cornélie, dont la plus grande gloire avoit été de présider elle même à l'éducation de ses enfans, & de leur inspirer l'amour de la vertu & de la gloire qui la rendoit elle-même la plus respectable des Romaines, s'étoit retirée à Misènes après la mort de Tibérius. Elle soutint avec la même force & le même courage la perte de son second fils; elle les regardoit, avec le peuple Romain, comme deux victimes qui s'étoient dévouées au bien public, & que la jalousie du sénat avoit sacrifiées au plus sordide intérêt. Elle disoit que les lieux où ses fils avoient été massacrés, & qui étoient devenus comme des temples, étoient des tombeaux dignes des Gracques. Les ames communes auroient pris pour insensibilité la force de son courage; mais tout ce qu'il y avoit de gens éclairés admiroient en elle combien l'éducation jointe à la noblesse des sentimens & aux plus belles qualités de l'ame, sont une ressource précieuse dans l'adversité.

Pendant que ces scènes sanglantes se passoient à Rome, les esclaves révoltés en Sicile, demanderent toute l'attention de la république. On y envoya des troupes : trois consuls leur firent successivement la guerre, & elle finit par la prise d'Enna.

C'est dans ce temps que les Romains firent des conquêtes dans les Gaules. Ils triompherent successivement des habitans des pays que l'on nomme aujourd'hui la *Savoie*, le *Dauphiné*, la *Provence*. Ils s'établirent dans la Gaule Transalpine. Narbonne & Aix en Provence furent fondées. Ils vainquirent les Allobroges & les Auvergnacs. Ils subjuguerent les Dalmates.

Les exemples de grandeur d'ame étoient devenus rares depuis que les mœurs commençoient à se corrompre. En voici un qui peut servir de modèle. Papirius Carbon, cet ennemi des Gracques, qui avoit fait, étant consul, l'apologie d'Opimius, étoit accusé par l'orateur Crassus qui étoit encore très-jeune : un esclave de Papirius lui apporta une cassette remplie de papiers secrets, dans lesquels il auroit pu trouver des preuves de conviction contre son ennemi ; mais, détestant la perfidie de l'esclave, il le renvoya, chargé de chaînes, à son maître avec la cassette, & lui fit dire qu'il aimoit mieux voir un ennemi criminel se sauver, que de le faire périr par une trahison si odieuse. Cette modération ne fit point sauver le coupable ; il fut convaincu, & s'exila volontairement.

Les trésors de toutes les nations vain-

cues

cues par les Romains sembloient en avoir bannis la justice & la vertu. Avec de l'argent, on étoit sûr d'obtenir tout ce qu'on demandoit. Le sénat n'étoit plus que le tribunal de l'injustice & de la fraude. Le sordide intérêt y décidoit tout. L'histoire de Jugurtha est dans celle de Rome, le monument le plus honteux de la corruption des mœurs de cette république.

Massinissa avoit toujours été fidèle à l'alliance qu'il avoit faite avec les Romains; il étoit mort fort âgé, & avoit laissé trois fils, à qui Scipion avoit partagé le royaume qu'il leur avoit laissé. Miscipsa, par la mort des deux autres, se trouva seul maître de tout le royaume. Quoiqu'il eût deux fils, il avoit adopté Jugurtha, fils naturel d'un de ses freres. Ce jeune prince, déja fameux par ses exploits, lui ayant donné de l'inquiétude, il l'envoya en Espagne. Jugurtha s'y couvrit de gloire & retourna en Numidie. Miscipsa mourut, & Jugurtha ne dissimula plus ses projets ambitieux. Il fit mourir Hiempsal, l'aîné des fils de Miscipsa. Adherbal, son frere, craignant pour lui-même un sort semblable, se mit à la tête d'une armée pour défendre ses Etats ; il en perdit une partie, & implora la justice des Romains pour conserver le reste.

Jugurtha, convaincu qu'avec de l'argent il pouvoit colorer aux yeux des Romains le plus noir attentat, répandit à Rome des sommes immenses. Il ne se trompa point ; le sénat fermant les yeux sur l'atrocité de son crime, nomma des commissaires pour aller en Numidie concilier les intérêts des deux princes. Ce que l'avarice avoit commencé à Rome, l'argent de Jugurtha l'acheva en Numidie. Il gagna les commissaires, & fut déclaré innocent du crime dont on l'accusoit. Les commissaires lui accorderent la paix, & il en obtint du royaume d'Adherbal tout ce qu'il pouvoit raisonnablement en attendre. On vit bien à Rome qu'il avoit acheté la paix & que les députés s'étoient laissé corrompre. Opimius, chef de la commission, fut accusé d'avoir vendu la paix à Jugurtha, & condamné à l'exil.

Enhardi par ces premiers succès, Jugurtha résolut d'envahir ce que les commissaires n'avoient pas voulu lui rendre. Contre la foi du traité, il poursuit Adherbal & l'assiége dans Cirtha. On est indigné à Rome de ce procédé, on y envoie une nouvelle commission. Jugurtha met en œuvre l'artifice & l'argent; ces moyens lui réussissent encore. Les commissaires retournent à Rome. Adherbal abandonné capitule avec son ennemi; Jugurtha l'assassine & se met en possession de son royaume. Ce fut alors qu'à Rome on se plaignit hautement de cet attentat; le peuple voulut en connoître, & le sénat, pour appaiser ces murmures, ordonna qu'on feroit la guerre à cet usurpateur. Les consuls Calpurnius, Pison & Scaurus lui rendirent la paix & retournerent à Rome.

Le sénat gardoit le silence, mais le tribun Memmius éleva la voix contre les prévarications de ces généraux mercenaires. Le peuple ordonna que Jugurtha lui-même viendroit à Rome rendre compte de sa conduite, & s'expliquer clairement sur sa soumission. Jugurtha, qui comptoit sur le grand nombre de partisans que son argent lui avoit faits à Rome, n'hésita point à s'y rendre; il eut même la hardiesse d'y faire assassiner un de ses parens qui demandoit son royaume, & ce nouveau crime demeura impuni. En sortant de Rome, il s'écria : « O ! ville vénale, tu perdrois » bientôt ta liberté s'il se trouvoit quel- » qu'un assez riche pour t'acheter. »

Quelque temps après, comme il étoit évident que tous les députés qui avoient traité avec Jugurtha s'étoient laissé corrompre, on établit une commission pour punir les coupables. C'est ici où paroît le comble de l'infamie. Scaurus, qui étoit à la tête de cette commission, eut l'effronterie d'exiler Calpurnius, son complice, & quantité d'autres sénateurs.

La guerre recommença contre Jugurtha; il eut au commencement quelques heureux succès par l'imprudence & l'inhabileté du général Aulus Posthumius; il fit passer l'armée Romaine sous le joug; mais on envoya contre lui le consul Métellus qui le battit plusieurs fois. Ce consul avoit pour lieutenant un plébéïen de naissance obscure; Marius, grossier, ignorant, mais ambitieux, sobre, infatigable & entreprenant. Les actions éclatantes qu'il avoit faites au siége de Numance lui avoient mérité l'estime de Scipion l'Africain. De simple soldat, il avoit été successivement tribun, tribun du peuple

& prêteur. Il portoit ses vues jusqu'au consulat. Pendant que Métellus continuoit la guerre, il s'étoit rendu à Rome, où, pour se donner de la considération, il blamoit publiquement la lenteur de Métellus; il fit si bien par ses intrigues, qu'il fut nommé consul & chargé de la guerre de Numidie. Métellus, en arrivant à Rome, n'eut pas de peine à dissiper l'impression qu'avoient pu faire les invectives de Marius; il y reçut les honneurs du triomphe & le surnom de Numidique.

Marius qui s'étoit flatté de terminer bientôt la guerre de Numidie, ne le fit point par des conquêtes mais par une trahison insigne. Silla, qui étoit pour lors son questeur, & que vous verrez bientôt son rival, détacha de l'alliance de Jugurtha Bocchus, roi de Mauritanie & son beau-pere, qui, craignant pour lui-même les suites de cette guerre, livra son gendre aux Romains. Marius le fit charger de fers, & le Av. J. C. 104.
conduisit à Rome où il parut aux yeux de la populace, & fut le jouet des soldats le jour du triomphe. Après cette cérémonie, il fut jeté dans un cachot, où il périt victime de sa scélératesse &

de ſon ambition. Les Romains recueillirent des richeſſes immenſes de la conquête de la Numidie.

Cette guerre n'étoit pas encore terminée, qu'ils ſe virent expoſés à une autre plus dangereuſe. Des peuples ſortis du nord de l'Europe, c'étoient les Cimbres & les Teutons, s'étoient jetés ſur la Gaule où ils avoient fait un ravage affreux, & battu ſucceſſivement cinq conſuls. Marius fut le ſeul que l'on jugea capable d'arrêter ces barbares dans leurs courſes; on le fit conſul pour la ſeconde fois, avant ſon retour d'Afrique. Il garda le conſulat pendant quatre ans, que dura la guerre contre les Cimbres & les Teutons.

Marius, en ſervant la république, ne s'écartoit point du projet ambitieux de dominer. Il ſe fit nommer une ſixieme fois au conſulat, &, pour affermir ſon crédit, il fit exclure le grand Métellus qui lui portoit ombrage. Il ſe lia d'une amitié très-étroite avec le tribun Saturninus & le prêteur Glautia, deux hommes vendus à l'iniquité. Il fit exiler Métellus qui refuſoit de ſouſcrire à une loi propoſée par le tribun, qui portoit que le ſénat s'obligeroit par ſerment à confirmer tout ce qui feroit statué par le peuple, sous peine, à tout opposant, d'être dégradé & condamné à une amende de vingt talens. Ce tribun factieux fut enfin la victime de ses fureurs; voulant élever Glautia au consulat, il fit assassiner publiquement Memnius, son compétiteur. Le sénat ordonna au consul de pourvoir à la sûreté de la république; on prit les armes, Saturnius & Glautia furent poursuivis & massacrés quoique Marius eût désiré de les sauver. Peu de temps après, il eut le chagrin de voir rappeler le grand Métellus.

Les vues patriotiques du tribun Drusus, distingué par sa naissance & par ses talens, mirent la république en danger, en occasionnant la guerre sociale. Ses vues étoient droites, il vouloit remédier aux désordres de l'Etat; mais il n'y avoit déja plus de remède. Depuis long temps les alliés de Rome, en Italie, demandoient qu'on leur accordât le droit de bourgeoisie. Drusus forma le dessein de satisfaire en même temps tous les ordres de l'Etat & les alliés même. Il proposa des lois agraires, des établissemens de colonies, des distributions de blé pour le soulagement du peuple. Il vouloit aussi partager entre les sénateurs & les chevaliers l'administration de la justice dont ceux-ci abusoient, & il demandoit que l'on soumît au jugement les magistrats prévaricateurs. Malgré les vives oppositions qu'il rencontra, toutes ces lois passerent ; il s'étoit attaché les alliés en leur promettant de leur faire accorder le droit de bourgeoisie, & ce fut en ce point qu'il rencontra des difficultés insurmontables. On rapporte de lui un trait bien propre à donner une haute idée de sa vertu. Un architecte qui lui bâtissoit une maison, lui proposa de la tourner de maniere que personne n'auroit vue sur lui : « Faites au contraire, lui répondit » Drusus, que mes actions soient ex» posées aux yeux de tout le monde. » Ce vertueux citoyen fut assassiné.

Sa mort fut pour les alliés le signal de la guerre & de la révolte, ennemis d'autant plus dangereux pour Rome, que leur bravoure & leur intrépidité dans les combats avoient le plus contribué aux victoires des Romains : ils combattirent avec succès contre les meilleurs généraux Marius, Sylla, Pompée ; & Rome se vit obligée d'accorder à ceux qui mettoient bas les armes, ce dont on laissoit entrevoir l'espérance à ceux qui s'obstinoient dans la révolte. Par ce moyen, on parvint à rompre la ligue; on trouva le moyen de les priver bientôt des avantages du droit qu'ils venoient d'acquérir. On en composa huit tribus que l'on ajouta aux trente-cinq autres, dont elles auroient trop augmenté le pouvoir si on les y eût incorporées.

Toutes les lois de Drusus avoient été abolies aussitôt après sa mort; cependant les chevaliers perdirent leur juridiction par un nouvel arrangement du tribun Plausius. Il demanda & fit passer en loi que chaque tribun nommeroit quinze citoyens pour juger les causes civiles; mais à quoi pouvoient servir toutes ces lois contre la méchanceté qui ne pouvoit plus supporter de frein? Les anciennes lois étoient sans vigueur, pouvoit on espérer que les nouvelles fussent mieux observées? Les bons citoyens qui entreprenoient de s'opposer aux violences des méchans, périssoient assassinés, sans que l'on punît ces crimes atroces. Le prêteur Asellion fut assassiné dans le temps qu'il faiſoit un ſacrifice, & ce meurtre demeurra impuni. Ce vertueux citoyen protégeoit les pauvres contre les uſures & les violences des créanciers.

La république, ſur le penchant de ſa ruine, n'attendoit plus qu'un maître aſſez entreprenant pour eſſayer de lui donner des fers. La guerre ſociale avoit préſagé les guerres civiles; Rome étoit dans cet état de trouble où les citoyens vertueux ſont réduits à gémir en ſecret ſur les malheurs publics, tandis que les audacieux & les ambitieux cherchent à s'emparer d'une puiſſance qui les met au-deſſus de leurs concitoyens.

Deux ambitieux vont ſe diſputer la gloire d'aſſervir leur patrie. Des flots de ſang vont couler, non pour repouſſer l'oppreſſion, mais pour aſſouvir la vengeance de l'un & de l'autre. Marius & Sylla donnerent le funeſte exemple d'armer les citoyens les uns contre les autres. Vous connoiſſez le premier, le ſecond étoit de l'illuſtre famille de Cornélia; il deſcendoit de Cornélius Rufinus, chaſſé du ſénat par les cenſeurs, parce qu'on trouva chez lui plus de quinze marcs de vaiſſelle d'argent; perſonne de cette branche n'étoit depuis parvenu au consulat. Sylla avoit reçu de ses parens, quoique pauvres, une éducation solide & brillante. Il réunissoit aux agrémens de la figure tous les charmes d'un esprit cultivé par les lettres grèques & latines. Son ame étoit grande, mais remplie d'ambition; son caractere souple & liant prenoit toutes les formes qui pouvoient convenir à ceux à qui il vouloit plaire; il aimoit le plaisir, mais ses attraits ne diminuoient rien de son amour pour la gloire & de son attachement à remplir ses devoirs; il s'étoit fait un grand nombre d'amis par sa souplesse à flatter les grands, & un grand nombre de créatures parmi le peuple par sa libéralité & ses largesses; il avoit fait ses premieres armes sous Marius, dans les guerres de Numidie. Ce général connoisseur en mérite militaire, se l'étoit attaché, & lui avoit donné sa confiance; mais la jalousie les brouilla, & la rivalité les arma enfin l'un contre l'autre; ils vouloient tous deux dominer. Sylla, qui avoit sur Marius l'avantage de la jeunesse, avança dans les honneurs malgré les intrigues de son rival. Dans la guerre sociale il avoit éclipsé Marius, & ses exploits lui mériterent le consulat. Il fut chargé de la guerre contre Mithridate, roi de Pont. Marius jaloux employa pour se faire donner le commandement de cette armée, les intrigues du tribun Sulpicius, homme d'une audace effrénée, qui, pour ménager à Marius des suffrages, fit incorporer dans les anciennes tribus celles que l'on avoit formées des peuples alliés, &, par ce moyen, lui fit donner le commandement de l'armée contre Mithridate.

Sylla étoit déja rendu à son camp, lorsqu'il apprit l'affront qu'on venoit de lui faire à Rome. Il part aussitôt, marche à Rome, y entre l'épée à la main, & menace de mettre tout à feu & à sang si on fait la moindre résistance. Il comptoit y surprendre Marius & Sulpicius; mais, au premier bruit de la marche de Sylla, ils en étoient sortis. Il casse les lois du tribun, & rétablit l'autorité du sénat. Il fait déclarer ennemis de la patrie Marius, son fils, Sulpicius & neuf de leurs principaux partisans. Il étoit le plus fort, le peuple étoit alarmé, le sénat porta le décret de proscription. Sylla envoya des émissaires qui apporterent à Rome la tête de Sulpicius, elle fut exposée sur la tribune aux harangues, & fut un objet de terreur pour tous ceux qui auroient voulu faire quelqu'entreprise. Marius s'étoit caché dans les marais de Minturnes, ou d'un regard effrayant il arrêta le coup qu'alloit lui porter un soldat qui devoit être son boureau. Il s'enfuit en Afrique. Le commandant de cette province lui ayant fait signifier un ordre d'en-sortir, Marius répondit à l'officier qui lui avoit été envoyé : « Vas » dire à Sylla que tu a vu Marius fugitif » au milieu des ruines de Carthage ; » il passa ensuite dans une île, où, avec son fils, il attendit quelque révolution favorable.

Elle ne tarda pas à arriver, Cinna, ennemi juré de Sylla, parvint au consulat, le fit accuser par un tribun, & l'obligea de se retirer en Asie pour la guerre de Mithridate. Marius profite des circonstances, retourne en Italie ; Cinna le déclare proconsul, & tous deux de concert ils assiégent Rome : ils promettent d'épargner le sang des Av. J.C. 87. citoyens, mais, après y avoir été reçus, ils massacrent tous ceux qu'ils regardent comme leurs ennemis, & s'assurent ainſi de l'autorité dans cette ville malheureuſe, devenue le théâtre des ſcènes les plus ſanglantes. Après s'être défaits de tous ceux qui pouvoient s'oppoſer à leurs deſſeins, Marius & Cinna s'emparent du conſulat. Le farouche Marius trouva dans les excès du vin une mort digne de ſa brutalité.

Sylla faiſoit la guerre à Mithridate & aux Grecs alliés du roi de Pont. Après avoir remporté pluſieurs victoires qui obligerent Mithridate à demander la paix, il la lui accorda, & ſongea alors à ſe venger de Fimbria, ſon ennemi perſonnel, qui, abandonné de ſes troupes, ſe perça lui-même de ſon épée. Après avoir triomphé des ennemis de l'Etat & des ſiens, Sylla retourne à Rome exercer contre les partiſans de Marius & de Cinna la plus cruelle vengeance. Il trouve une armée de plus de deux cents mille hommes qui s'oppoſe à ſon retour; mais la plus grande partie paſſe ſous ſes drapeaux, &, après avoir vaincu le reſte dans pluſieurs batailles, il entre dans Rome où il ſe livre à toute la fureur de la vengeance. On ne ſçauroit voir ſans frémir le récit des barbaries atroces des proſcriptions. Je vous épargne ce détail dégoutant, il vous suffira de sçavoir que la vengeance de Sylla & de ses partisans donnant un libre essor à ses fureurs, proscrivit une quantité prodigieuse de citoyens de tout rang & de tout âge; le pere n'épargnoit point son fils, & le fils, qui auroit donné un asile à son pere, eût été proscrit comme lui. On récompensoit l'esclave qui avoit accusé son maître, & la tête d'un proscrit étoit payée deux talens. Leurs biens étoient confisqués, & leurs enfans déclarés infâmes & incapables de posséder aucune charge. L'inquiétude du sort qui l'attendoit étoit pour chacun des citoyens un supplice plus cruel encore que la mort. Rome n'étoit pas le seul théâtre de ce carnage; les provinces régorgerent aussi de sang. Le fils de Marius, qui étoit consul, se voyant prêt à tomber entre les mains de ses ennemis, qui l'assiégeoient dans Préneste, se donna la mort. Carbon, son collégue, qui avoit quitté l'Italie, étoit poursuivi par Pompée, qui le fit tuer malgré sa soumission.

Le cruel Sylla, maître absolu dans Rome, sans autre titre que son pouvoir tyrannique, voulut en avoir un autre pour se maintenir dans son usurpation. Il sçavoit trop combien le titre de roi étoit odieux aux Romains, il proposa d'élire un dictateur perpétuel pour réparer les maux de l'Etat, & il s'offrit à remplir lui-même cette charge. C'étoit dire assez clairement aux Romains qu'ils ne devoient point jeter les yeux sur un autre pour remplir cette dignité. Aussi les suffrages du peuple le rendirent despote dans la république. Revêtu du pouvoir absolu de la dictature, Sylla fit des lois très-sages pour réprimer le meurtre & les violences; il rendit au sénat les tribunaux; il destina trois cents chevaliers à remplir les places que les proscriptions avoient rendues vacantes dans ce corps illustre. Il fit revivre les anciennes lois, restreignit la puissance tribunitienne, en ôtant aux tribuns le pouvoir de législation : il ordonna même que ces magistrats seroient tirés du sénat, & qu'ils ne pourroient prétendre à une dignité supérieure.

S'il est étonnant que Sylla, après avoir fait périr tant de citoyens par les armes, un nombre prodigieux de sénateurs & de chevaliers par les proscriptions, ait pensé à abdiquer la dictature & à abandonner le pouvoir souverain pour rentrer dans l'ordre de simple citoyen, malgré les risques qu'il pouvoit courrir; on seroit plus surpris si l'on ne sçavoit qu'il avoit pris de bonnes précautions pour se mettre à l'abri de toutes recherches. Que risquoit-il en effet, en offrant de rendre compte de sa conduite? Plus de dix mille esclaves affranchis, tous les anciens soldats devenus ses créatures par les bienfaits dont il les avoit comblés, étoient autant de défenseurs sur lesquels il pouvoit compter. Un jeune homme l'ayant insulté le jour de son abdication, Sylla se contenta de dire à ceux qui l'accompagnoient : « Cet homme sera cause qu'un » autre, parvenu à la place que j'oc» cupois, ne pensera jamais à la quit» ter. »

Au milieu des plaisirs & de la débauche auxquels il se livra sans réserve, il conserva toujours l'activité de son génie, & n'abandonna point le soin des affaires. Il mourut âgé de soixante ans. Cet homme actif, entreprenant, heureux même, ne connut jamais le vrai bonheur, puisque, devenu le tyran de sa patrie, il avoit acheté tous ces succès aux prix du sang de ses concitoyens.

Les succès d'un tyran sont un exemple dangereux dans une république, ils apprennent à chaque citoyen que la liberté peut être asservie, & le pouvoir souverain devenir le prix du premier audacieux qui osera s'en emparer. Après la mort de Sylla, les factions se multiplierent. Le consul Lépidus voulut suivre ses traces; mais il trouva de puissans adversaires dans Catulus, son collégue, & dans Pompée qui, ayant pris les armes, le vainquit, & l'obligea de se retirer en Sardaigne, où il mourut de chagrin.

Pompée, que je viens de nommer, entra dans la carriere par ses victoires sur Lépidus & sur le grand Sertorius, qui relevoit en Espagne le parti de Marius. Sertorius étoit aussi grand capitaine que politique habile; l'armée que lui avoient confiée les Lusitaniens, avoit été grossie du temps de Sylla d'une foule de mécontens, avec lesquels il avoit résisté à plusieurs généraux Romains. A la tête de plus de cent mille hommes, le factieux Perpenna, qui cherchoit à s'établir en Espagne, avoit été contraint par ses soldats de se joindre à Sertorius. Métellus avoit attaqué plusieurs fois, mais sans succès, cet ennemi redoutable. Pompée fut envoyé en Espagne, mais ses efforts & ceux de Métellus furent inutiles, ils n'eurent pas honte de mettre à prix d'argent la tête de l'ennemi qu'ils n'avoient pu vaincre. Le traître Perpenna le fit lâchement égorger dans un festin, pour s'emparer du commandement. Il n'avoit pas pour la guerre les talens du grand homme qu'il venoit de faire mourir; ayant été vaincu par Pompée, il fut pris & voulut racheter sa vie, en trahissant une seconde fois Sertorius; il proposa à Pompée de lui livrer ses papiers dans lesquels il pouvoit découvrir ses liaisons avec les principaux de Rome. Pompée les reçut, les brûla sans les lire, & ordonna le supplice de ce traitre. De retour à Rome, il reçut les honneurs du triomphe.

Spartacus, à la tête des esclaves révoltés, donne de l'inquiétude aux Romains par différentes victoires qu'il remporte. On envoie contre lui Crassus, le plus habile général qu'eût alors la république. Il remporte une grande victoire sur les esclaves, leur chef est tué dans la mêlée; cinq mille fuyards se rassemblent, Pompée marche contre eux, & les bat aisément. Il cherchoit déja à fixer sur lui les yeux des Romains; il écrit à Rome: « Crassus a » vaincu les esclaves, mais j'ai coupé » jusqu'aux dernieres racines de la re» bellion. » Cette fanfaronade eut tout l'effet qu'il en attendoit; elle éblouit la multitude. Parvenu au consulat, il devint l'idole du peuple & l'emporta sur Crassus, son collégue, qui se ruinoit par ses profusions pour balancer son pouvoir & son crédit. Il fut chargé de la guerre contre les Pirates, qui ravageoient les côtes de la Cilicie. Un des tribuns porta une loi qui permettoit à Pompée de prendre dans le trésor public tout l'argent dont il auroit besoin sans être obligé de rendre compte, & de se choirsir quinze lieutenans parmis les sénateurs. Cette loi trouva de fortes oppositions; mais, comme il avoit aboli les meilleurs lois de Sylla & rétabli la puissance tribunitienne, celle-ci, dont il pouvoit si facilement abuser, passa malgré la fauſſe modeſtie qu'il y oppoſa lui-même. Quatre mois lui ſuffirent pour terminer cette guerre. Ces ſuccès redoublerent pour lui l'enthouſiaſme populaire, ſes partiſans s'en ſervirent adroitement pour lui faire donner le commandement de l'armée qui étoit en Aſie ſous les ordres de Lucullus, & qui faiſoit la guerre contre Mithridate, roi de Pont. On lui continua le pouvoir preſqu'abſolu qu'on lui avoit donné en l'envoyant en Cilicie; il ſe trouvoit à la tête de toutes les forces de la république. Les plus zélés républicains s'indignerent contre une loi ſi injuſte; mais les intérêts de l'ambitieux Céſar, & de l'éloquent Cicéron, qui, préteur alors, avoit beſoin de l'amitié de Pompée, la firent paſſer.

Quel étonnant tableau que celui de l'ame d'un ambitieux! Qu'on y découvriroit la baſſeſſe, ſi l'on pouvoit y lire! Ce même Pompée qui venoit d'employer tout le crédit de ſes partiſans à Rome, pour obtenir ce que la loi de Manilius venoit de lui accorder, en recevant cette nouvelle, fit parade d'une modeſtie dont la fauſſeté choqua même ſes amis les plus intimes. Il ſe plaignit des honneurs qu'on lui accordoit, & de ne pouvoir s'y soustraire pour mener une vie privée dans le sein de sa famille : je vous ai parlé ailleurs de ses succès en Asie, je ne me répéterai point.

Il n'étoit pas encore de retour à Rome, lorsque la république fut menacée du plus grand danger par la conspiration de Catilina. Cet ambitieux, d'une naissance illustre, animé par l'audace que lui inspiroit l'état embarrassant où il se trouvoit, perdu de réputation par ses crimes, & accablé de dettes, il ne lui restoit plus que la ressource du désespoir. La corruption des mœurs avoit réduit un grand nombre de citoyens, de tous les ordres de l'Etat, à l'affreuse extrémité de chercher dans les malheurs d'une révolution générale les moyens de sortir de la misere où ils étoient plongés. Catilina les gagna tous & les associa à l'horrible projet d'exterminer tous les sénateurs, & d'établir sa tyrannie sur les ruines de la liberté publique.

Rome alloit périr & devenir la proie de ce tyran, si le hasard n'eût découvert à Cicéron tout le secret de cette conjuration. Cet orateur, fameux par son éloquence, ses lumieres & ses vertus, briguoit le consulat. Catilina, pour assurer l'exécution de ses complots, s'étoit mis sur les rangs pour demander cette dignité. Curius, l'un des conjurés, étoit l'amant de Fulvie, femme d'une haute naissance. Désespéré de se voir méprisé d'elle, après lui avoir sacrifié toute sa fortune, il espéra regagner ses bonnes graces en lui révélant le secret de la conspiration, & lui faisant entrevoir les grands avantages qu'il pouvoit en espérer. Pouvoit-il penser qu'une femme déshonorée par ses infidélités, pût garder le secret d'un amant disgracié? Elle parla, & Cicéron fut instruit de tout le complot. Il s'en servit habilement pour écarter du consulat son concurrent, & faire tomber sur lui les suffrages. Il eut pour collégue Antoine, dont l'indolence étoit propre à lui laisser toute la gloire du gouvernement.

Catilina, jaloux de la préférence accordée à Cicéron, presse l'exécution de son projet; il prépare tout pour l'incendie de Rome, & place ses conjurés dans les postes les plus avantageux

Av. J.C. 63.

de la ville; il détermine l'assassinat de Cicéron, & en marque le moment; le consul est averti, il assemble le sénat, lui dévoile tout le complot, & peint Catilina des couleurs les plus noires. Le danger paroît éminent, on donne au consul un pouvoir illimité; il ordonne à tous les citoyens de prendre les armes; Catilina sort de la ville, on arrête les autres chefs de la conspiration, ils sont convaincus & mis à mort. Catilina à la tête d'une troupe de rebelles alloit passer dans la Gaule pour la soulever; on marche contre lui; vaincu dans la premiere bataille, il se jette au fort de la mêlée, & s'y fait tuer. Sa mort rendit pour quelque temps le calme à la république.

Un autre ambitieux avoit tenté de se rendre maître de la république, en flattant le peuple par la proposition d'une loi agraire, dont l'exécution eût entraîné la ruine de l'Etat. Rullus avoit proposé l'établissement d'un collége de décemvirs, revêtus pour cinq ans d'une autorité presque absolue. Cicéron avoit renversé tous ses projets. Un autre patricien, d'une naissance plus illustre, d'un mérite plus distingué, d'un génie plus actif, avec des

des vues & des projets mieux concertés, Jules César parut sur la scène parmi ceux qui aspiroient à gouverner la république. On se défioit d'autant moins de lui, que, livré dès sa jeunesse aux plaisirs, à la mollesse & au libertinage, il avoit été mis au nombre des jeunes patriciens, dont la république n'avoit rien à espérer ni à craindre. Sylla, à qui on l'avoit dépeint comme tel, paroît avoir développé l'intérieur de César en répondant à ceux qui lui en parloient : « Ne voyez vous pas dans ce » jeune homme plus d'un Marius? » Le jeune César s'étoit enfui de Rome; mais il y revint dès qu'il eut atteint l'âge d'aspirer aux dignités. Il y rapporta les avantages de l'éloquence & de la plus adroite politique; il gagna les faveurs du peuple par des largesses, & après avoir fait le premier pas dans la carriere des honneurs, il ranima les restes du parti de Marius.

Deux autres rivaux partageoient la faveur du peuple, & sembloient être un obstacle invincible aux projets de César. Pompée, accoutumé au commandement, ne vouloit souffrir ni supérieur, ni égal. Crassus, qui, par ses talens militaires s'étoit acquis une grande réputation, balançoit son crédit; ils se haïssoient l'un & l'autre. César, qui vouloit être consul, avoit besoin du crédit de l'un ou de l'autre, il ne pouvoit s'attacher à l'un des deux, sans se faire un ennemi de l'autre; il les réconcilia tous deux; & trouva moyen d'unir ses intérêts aux leurs. Il obtient le consulat par leur moyen, propose une loi agraire, &, marchant toujours vers son but avec adresse, il donne sa fille en mariage à Pompée; &, se défiant du zèle de Cicéron & du fameux Caton, il trouve moyen de les écarter tous deux. Le premier prévient le décret de son exil, & se retire en Grèce; le second est chargé d'aller détrôner Ptolémée, roi de Cypre.

César venoit de faire sa premiere campagne dans les Gaules, & avoit éclipsé toute la gloire de Pompée. Celui-ci reconnut enfin qu'il avoit été la dupe de la politique de César, il fit rappeler alors Cicéron qu'il avoit lâchement abandonné au moment de sa disgrace. Ses intérêts étoient tellement liés à ceux de César, qu'il ne pouvoit plus les séparer. Les triumvirs s'unirent donc par de nouveaux engagemens; Pompée & Crassus furent nommés consuls; ils se firent donner pour cinq ans le département de l'Espagne pour Pompée, & celui de l'Asie pour Crassus; César fut continué dans celui des Gaules. Vous avez vu le détail de l'expédition de l'insatiable Crassus contre les Parthes, & sa fin malheureuse.

La mort de Crassus rompoit l'équilibre entre César & Pompée; également puissans, également ambitieux, il falloit que l'un des deux succombât, & le triomphe du vainqueur ne pouvoit être que la suite des guerres civiles. Pompée, qui ambitionnoit la dictature, étoit prêt de l'obtenir; mais Caton détourna ce coup en le faisant nommer seul consul, voulant qu'il demeurât toujours comptable de sa conduite. Néanmoins on lui donna de nouvelles troupes, & on lui continua son gouvernement d'Espagne en lui accordant la permission d'y envoyer des lieutenans.

César, vainqueur des Suisses, des germains, des Belges & de toute la Gaule, au milieu de ses conquêtes, veilloit toujours sur les intrigues de

Rome. Le terme de ſon gouvernement approchoit: en quittant les armes, il alloit redevenir ſimple citoyen; c'étoit l'eſpoir de Pompée. Le tribun Curion, vendu aux intérêts de Céſar, détruiſit cette eſpérance en propoſant d'obliger ces deux généraux également à craindre pour la république, à abdiquer leurs gouvernemens, & à les déclarer tous deux ennemis de la république, s'ils ne mettoient bas les armes. Céſar, plus adroit que Pompée, conſentit à abdiquer, pourvu que ſon rival abdiquât lui-même. Pompée, par ſon refus, donna le ſignal de la guerre civile. Il imaginoit que les troupes de Céſar abandonneroient leur général. Il avoit pour lui les conſuls & le ſénat; Céſar avoit le peuple & ſon armée victorieuſe. Il avoit été déclaré ennemi de la république, & ſon rival étoit chargé de la défendre. Il arrive ſur les bords du Rubicon, petite riviere qui ſépare la Gaule Ciſalpine du reſte de l'Italie. Il s'arrête, il héſite, « je ſuis perdu, dit-il, ſi je ne » paſſe pas, & ſi je paſſe de quel mal» heur Rome eſt menacée? » Déterminé par la haine de ſes ennemis, il paſſe la riviere & s'empare de Rimini.

L'allarme ſe répand dans Rome, on prend les armes, Pompée abandonne la ville & l'Italie; Céſar y entre en vainqueur, s'empare du tréſor public, & paſſe en Eſpagne où étoit toute la force du parti de Pompée; il en revient vainqueur, & pourſuit ſon rival juſques dans la Macédoine. La fameuſe bataille de Pharſale, où Pompée fut vaincu ſans reſſource, termina cette guerre. Pompée ſe retira en Egypte, où il fut aſſaſſiné.

La bataille de Pharſale & la mort de Pompée furent ſuivies de la guerre d'Alexandrie, dont vous avez vu le détail dans l'hiſtoire d'Egypte. Après avoir mis Cléopâtre ſur le trône, Céſar marcha contre Pharnace, fils de Mithridate. C'eſt de cette guerre dont Céſar, rendant compte au ſénat, dit ces trois mots: « Je ſuis venu, j'ai vu, j'ai » vaincu. »

Après la défaite de Pompée, il avoit tâché de réparer par des actes de clémence les maux dont il ſe plaignoit d'être la cauſe; il avoit jeté au feu les papiers de ſon rival ſans en lire aucun. Cette conduite raſſura les Romains qui le nommerent conſul pour cinq ans, dictateur pour un an, & chef perpétuel du collége des tribuns, avec le pouvoir de faire la paix & la guerre comme il le jugeroit à propos. Les plus zélés républicans, à la tête desquels s'étoient mis Caton & Scipion, avoient rassemblé des forces en Afrique, où ils se disposoient à faire une vigoureuse défense; mais pouvoient-ils espérer de vaincre César? Trois batailles qu'il remporta consécutivement, leur enleverent toutes leurs espérances. Caton, renfermé dans Utique, manquant de secours pour la défendre, après avoir pourvu à la sûreté de tous les patriciens qui l'accompagnoient, résolut de ne point survivre à la liberté de sa patrie. Après avoir conversé tranquillement avec deux philosophes, & avoir lu le dialogue de Platon sur l'immortalité de l'ame, essayant son épée, il dit: « Je suis en» fin mon maître. » Il s'endormit, &, à son réveil, il se perça; on accourut au bruit qu'il fit en tombant, on pansa la blessure qu'il s'étoit faite; mais étant revenu à lui, il la saisit de ses deux mains, la déchira, & mourut. Utique ouvrit ses portes à César, qui, apprenant le sort de Caton, s'écria: « Je

» t'envie ta mort, ô! Caton, puisque » tu m'as envié le plaisir de te sauver » la vie. » Ce grand homme, si recommandable par ses vertus, ne fut d'aucun secours pour sa patrie, parce qu'il manqua le but de la véritable sagesse. Ce n'est pas en heurtant de front les vices d'un peuple corrompu qu'on parvient à le corriger, c'est une maladie grave où les remèdes violens irritent le mal au lieu d'en détruire les principes.

Le retour de César, après ces victoires, ne ressembla point à celui de Sylla. On craignoit tant qu'il ne pensât à se venger, qu'on lui sçut gré de ne penser qu'à se rendre maître de la république. On rendit son pouvoir absolu en le nommant dictateur perpétuel; on lui prodigua les honneurs, & l'on poussa la flatterie jusqu'à placer sa statue dans le capitole à côté de celle de Jupiter, avec cette inscription, *à César demi-dieu*. Ses profusions pour le peuple lui gagnoient tous les cœurs, il accoutumoit les Romains à la servitude en les rassasiant de plaisirs. Sa douceur, son application aux affaires, la sagesse de ses lois, l'ordre qu'il rétablit dans la ville, la population qu'il ranima, les excès du luxe réprimés, étoient autant de moyens dont il se servoit pour couvrir ses desseins ambitieux.

Cependant les deux fils de Pompée ranimoient leur parti en Espagne ; il s'y rendit lui-même, & la victoire qu'il remporta près de Monda, porta le dernier coup à la liberté. Il rentra en triomphe dans Rome, & ce fut alors qu'on lui donna les titres de dictateur perpétuel & celui d'empereur, titre militaire que les soldats lui avoient donné, & que vous verrez bientôt devenir celui sous lequel régneront despotiquement tous ses successeurs.

Puisque la liberté publique devoit être annéantie, quel maître pouvoit-on choisir qui fût plus en état de rendre les Romains heureux ? La jalousie lui avoit suscité des ennemis, mais la crainte les tenoit en respect. Une imprudence qu'il commit réveilla la haine que l'on portoit à la tyrannie. Un jour que le sénat lui apportoit de nouveaux honneurs, il ne se leva point pour le recevoir ; cette hauteur déplacée, marque de mépris, offensa même le peuple. Quelque temps après il fonda les dispositions des Romains en se faisant présenter par Antoine, son collégue, un diadême qu'il refusa. Le peuple, sans être dupe de cette modestie, y applaudit beaucoup; mais ses ennemis ne tarderent pas à répandre le bruit qu'il aspiroit à la royauté. Une conspiration se forma contre lui. Cassius en fut le chef, il y engagea Brutus que César aimoit tendrement, & qu'il avoit comblé de bienfaits. Cassius l'avoit disposé à entrer dans la conspiration en ranimant en lui l'esprit républicain que l'amitié de César avoit endormi. Il étoit préteur alors, ayant trouvé sur son tribunal un billet dans lequel il lut ces paroles : « Tu dors Brutus, tu n'es plus » le même. » Dès ce moment, violemment agité par son irrésolution, Porcie, sa femme, illustre fille de Caton, s'appercevant que son mari avoit dans la tête quelque grand dessein qu'il ne communiquoit point, s'avisa d'essayer ses forces contre la douleur. Elle se fit une profonde blessure à la cuisse. Sûre de pouvoir braver les tourmens, & garder un secret malgré la torture, elle fit voir sa plaie à Brutus, & lui découvrit le motif de cette action courageuse.

Fasse le ciel, lui dit Brutus, après lui avoir révélé le secret de la conspiration, que je me montre le digne époux de Porcie. La vertu stoïque du grand Caton avoit passé dans l'ame de sa fille, & l'avoit mise au-dessus des hommes de son siécle.

César étoit sur le point de partir pour l'Asie, où il devoit aller faire la guerre aux Parthes, les conjurés avoient résolu de l'assassiner en plein sénat. Des pressentimens vagues furent sur le point de l'empêcher de se rendre à l'assemblée; mais ils les regarda comme une crainte frivole, & se persuada aisément qu'on n'oseroit jamais rien attenter contre lui. Au moment qu'il entroit dans le sénat, les conjurés tirent leurs poignards, & le percent de coups. A la vue de Brutus, il s'écrie: « Et toi aussi mon » fils Brutus, » cessant alors de se défendre, il s'enveloppe la tête de son manteau & tombe sous les coups. Les meurtriers sortent du sénat, & parcourent la ville le poignard à la main, en criant: « Le roi de Rome, le tyran, » vient d'expirer. » Leur attente fut trompée: le peuple ne témoigna que de la consternation & des regrets; &

les conjurés se retirerent au Capitole.

Le consul Marc Antoine, & Lépidus, général de la cavalerie, se montrent alors prêts à venger la mort du dictateur. Le sénat s'assemble, on étoit sur le point de flétrir la mémoire de César par les titres odieux de tyran & d'usurpateur, lorsqu'Antoine fit remarquer adroitement que, si ce décret avoit lieu, il faudroit que tous ceux que César avoit élevés aux dignités les abandonnassent, & que c'étoit exposer la république à de nouveaux troubles & aux guerres civiles. On convint donc de ne point poursuivre les meurtriers de César, & de laisser subsister toutes ses ordonnances. Marc Antoine étoit resté maître de ses papiers, & la lecture publique qu'il fit de son testament, dans lequel plusieurs de ses meurtriers étoient nommés avec honneur, & où le peuple Romain avoit des legs considérables, excita de nouveau les regrets du peuple, & ranima sa fureur contre les conjurés. Antoine saisit cet instant, & échauffa les esprits par le pompeux éloge qu'il fit de César, & par le récit de ses victoires & des services qu'il avoit rendus à l'Etat;

alors déployant sa robe ensanglantée, il fit voir les blessures qu'il avoit reçues; ce discours pathétique fit une telle impression, que la populace en fureur vouloit mettre le feu aux maisons des conjurés, ils sortirent de la ville.

Les choses étoient en cet état lorsqu'Octavius, petit fils de Julie, parut à Rome pour y recueillir l'héritage de César qui l'avoit adopté. Antoine ayant refusé de lui remettre les biens du dictateur, il saisit cette occasion de se concilier l'amour du peuple, & de rendre Antoine odieux. Il vendit son patrimoine pour payer au peuple les legs que César lui avoit faits. Ce procédé les brouilla ensemble, ils se raccommoderent ensuite, ils se brouillerent de nouveau. Cicéron favorisa ouvertement le jeune César, & lui procura dans le sénat autant de créatures qu'il lui fut possible d'en gagner. Antoine venoit de se faire donner le gouvernement de la Gaule Cisalpine, mais Décimus Brutus, à qui Jules César l'avoit donné, vouloit s'y maintenir. Ce fut-là la cause de la guerre. Il assiégeoit déja Décimus dans Modène, on ordonna aux deux consuls de marcher contre lui ſur les repréſentations de Cicéron, & l'on envoya Céſar avec le titre de propréteur pour ſe joindre à eux. Antoine vaincu paſſa dans la Gaule tranſalpine, & ſe joignit à Lépidus.

Tout alloit changer de face après la défaite d'Antoine, le ſénat commençoit à ne plus ménager Octavius, il avoit donné le commandement de l'armée à Décimus Brutus, & le parti républicain étoit prêt à ſe relever. Octavius ſentit alors le beſoin qu'il avoit d'unir ſes intérêts à ceux de Lépidus & d'Antoine. Il marcha vers Rome à la tête d'une armée, & ſe fit élire conſul. Le premier acte d'autorité fut de faire condamner par le ſénat les meurtriers de Céſar. Brutus & Caſſius s'étoient retirés l'un en Grèce & l'autre en Aſie, où la victoire avoit fortifié leur parti. Octave ne pouvoit rien entreprendre contre eux ſans le ſecours de Lépidus & d'Antoine; il fit révoquer le décret du ſénat qui les avoit déclarés ennemis de la patrie; il les joignit à Modène où ils eurent pendant trois jours des conférences, dont le réſultat fut qu'ils partageroient entre eux le pouvoir suprême pendant cinq ans, sous le nom de triumvirs; que Lépidus resteroit à Rome tandis qu'Antoine & Octave feroient la guerre aux conjurés, & qu'avant de partir ils feroient périr, par une proscription générale, tous leurs ennemis communs. Ils ne rentrerent dans Rome que pour y exercer toutes les horreurs qui l'avoient désolée du temps de Sylla. Ils se sacrifierent mutuellement leurs parens, leurs amis, leurs créatures : Lépidus laissa proscrire son frere, Antoine, son oncle, & Octave Cicéron qui l'avoit si bien servi. Après le plus horrible carnage & les plus injustes véxations, les triumvirs penserent à exécuter leurs projets. Lépidus resta à Rome, Octave & Antoine marcherent contre les conjurés. Brutus & Cassius vaincus près de Philippe sur les confins de la Macédoine, désespérant de relever jamais le parti républicain, se tuerent eux-mêmes; ils furent appelés les derniers Romains.

Octave avoit l'ambition de régner seul, il avoit laissé Antoine en Cilicie, où ce guerrier se laissa captiver par les charmes de Cléopâtre. Vous sçavez déja les suites funestes de cet amour. Octave profita de toutes les fautes de son rival pour le rendre odieux aux Romains. Après avoir vaincu, par ses généraux, Sextus Pompée qui, maître de la Sicile & de la Sardaigne, lui avoit causé de vives inquiétudes, il trouva moyen de se défaire de Lépidus, qui, content de conserver sa vie, regarda comme une grace de pouvoir en passer le reste dans l'obscurité. Il n'avoit plus à craindre qu'Antoine; mais les soins qu'il avoit pris de le rendre suspect aux Romains, l'assuroient déja que ce rival n'étoit point redoutable pour lui hors de l'Italie. Après s'être déchirés mutuellement par des invectives, la guerre fut résolue. Antoine s'y prépara au milieu des fêtes que lui donnoit la reine d'Egypte; mais enfin la bataille d'Actium, où Antoine prit honteusement la fuite pour suivre Cléopâtre qui l'avoit elle-même abandonné au fort de l'action, termina la guerre, & est l'époque fameuse de l'anéantissement de la république Romaine. L'Egypte fut bientôt réduite sous les lois d'Octave, &

Av. J.C. 31.

la mort d'Antoine lui assura la paisible possession du pouvoir souverain qu'il avoit ambitionné dès sa jeunesse, & auquel il étoit parvenu enfin par des cruautés atroces & des crimes multipliés.

Fin du cinquieme Volume.

TABLE
DES MATIERES
Contenues dans ce Volume.

Fin de la Table.

DE FRANCE

FIN

7 11100

Entier

R 116662

e : 96+1 Volts : 116 :6.5

te : 17.07.98 MAG

www.ingramcontent.com/pod-product-compliance
Lightning Source LLC
Chambersburg PA
CBHW050559230426
43670CB00009B/1190
* 9 7 8 2 0 1 3 4 8 3 5 3 7 *